코로나
화폐전쟁

코로나
화폐전쟁

코로나
화폐전쟁

방현철 지음

이콘

2020년 초 글로벌 경제는 아주 생소한 위기에 빠져 들었다. 중국 우한
武漢에서부터 시작된 코로나 바이러스[1] 확산 사태가 3개월여 만에 전 세
계 180여 국으로 퍼지며 총체적 타격을 입었다. 백신이 없는 상황에서 코
로나가 퍼지는 것을 막기 위해 음식점, 쇼핑몰은 물론이고 공장들도 문을
닫았다. 직격탄을 맞은 항공업, 여행업은 마비됐다. 많은 사람들이 일자리
를 잃었다. 각국 정부는 실업 급여, 지원금 등으로 서민들이 생활을 이어
가게 했다. 중앙은행들은 금리를 낮추고, 회사채까지 사들이며 시중에 돈
을 풀었다. 그간 세계 경제는 1970년대 오일 쇼크, 1990년대 아시아 금

---

1 2019년 말 중국 우한에서 시작돼 전 세계로 퍼진 신종 전염병에 세계보건기구(WHO)가 매긴 공식 명칭은
COVID-19이지만, 우리 정부는 '코로나19'로 부른다. 미국에선 'coronavirus disease', 중국에선 '新冠肺炎', 일본에
선 '新型コロナ' 등으로 통칭한다. 이 글에서는 코로나로 부르기로 한다.

융위기, 2008년 글로벌 금융 위기 등 갖가지 위기를 겪었지만 근래 들어 전염병으로 인한 경제 위기는 처음 보는 일이었다. 수요와 공급이 동시에 충격을 받는 일도 드문 일이었다. 충격의 속도도 너무 빨랐다.

코로나 사태의 심각성은 국제통화기금^{IMF}의 세계 경제 성장 전망에서 확연히 드러났다. 2020년 1월만 해도 IMF는 세계 경제가 전년 성장률 (2.9%)보다 높은 3.3% 성장해 예년 수준으로 순항한다고 내다봤다. 그러나 4월엔 −3.0% 역^{逆}성장한다고 전망을 바꿨다. 6월엔 −4.9% 역성장 전망으로 더 비관적인 예측 결과를 내놨다. 기타 고피나스^{Gopinath} IMF 수석 이코노미스트는 "2020년 세계 경제는 글로벌 금융 위기 때를 넘어서 1930년대 대공황 이후 최악의 경기 침체를 겪을 것"이라고 했다. 코로나 위기에 앞서 세계 경제를 크게 흔들었던 2008년 금융 위기 때는 세계 경제가 2008년 3.0% 성장하는 데 그쳤고 2009년에는 −0.1%로 역성장했었다. 그 정도에도 이전에 5%대 성장하던 세계 경제가 전에 보지 못했던 위기에 놓여 있다고 부들부들 떨었다. 2020년 말인 현재, 아직 세계 경제가 '경제 성적표'를 받아 보진 못했다. 하지만 2020년의 성장 전망 수치만 봐도 코로나 경제 위기의 파장이 얼마나 심각할 지 가늠할 수 있을 것이다.

문제는 여기서 그치지 않는다. 앞으로 코로나 사태의 파장이 얼마나 더 커질지, 얼마나 더 갈지 예측하기 힘들 것이다. 단순히 세계 경제에 큰 상처를 남기는 데서 끝나지 않고 새로운 경제 체제로 전환되는 시작점이 될 것이라는 전망이 쏟아지고 있다. 《뉴욕타임즈》 칼럼니스트 토머스 프리드먼^{Friedman}은 BC$^{Before\ Corona}$와 AC$^{After\ Corona}$로 갈리는 역사적인 대전환이 올 것이라고 얘기했다. 《파이낸셜 타임즈》 칼럼니스트 마틴 울프^{Wolf}는 "최근까지 당연하게 여겼던 '정상 상태^{normality}'로는 돌아가지 못할 것"이라고 했다. 앞서 세계 경제가 '장기 침체^{secular stagnation}' 상태에 접어들었다고 해 왔던 래리 서머스 전 미국 재무장관은 코로나 팬데믹(대유행)을 세계사의 한 국면이 접히고 새로운 국면이 열리는 '경첩^{hinge}'에 비유하기도 했다. 코로나 사태는 글로벌 경제에 장기적으로도 적지 않은 변화를 가져올 것이 분명하다. 전염병을 앓고 나면 후유증이 남듯이, 코로나를 극복하고 나더라도 세계 경제에 남은 상처는 하루아침에 치유되지 않을 것이다.

코로나 사태의 파장이 얼마나 될지 현재로선 완벽하게 가늠하기 힘들지만, 그것이 세계 경제의 비접촉화, 디지털화를 가속하는 계기가 될 것은 뚜렷하다. 그중에서도 이 책은 화폐 영역에서 벌어질 일을 시작으로 해서 전반적인 금융 시스템의 변화에 대해 가늠해 보고자 한다. 화폐 영역에서 비접촉화, 디지털화는 이미 상당히 진행돼 왔다. 그러다 보니 이제 남은 이슈는 중앙은행이 발행하는 지폐와 동전의 디지털화가 마무리될 시점이라고 할 수 있다. 이는 곧 디지털 달러, 디지털 위안화로 대표되는 중앙은행 디지털 화폐^{Central Bank Digital Currency, CBDC}가 언제 등장할 것이냐는 이슈와 맞물려 있다.

코로나 사태로 세계 1, 2위 경제대국인 미국과 중국에서 무대 뒤에만 있었던 디지털 달러, 디지털 위안화 등 중앙은행 디지털 화폐에 대한 논의가 심화되고 있다. 우선 미국에서는 2020년 3월 말 2조 2000억 달러의 코로나 경기부양 패키지를 마련하는 과정에서 '디지털 달러' 이슈가 등장했다. 성인 한 명에게 1200달러를 지급하기 위해 중앙은행인 연방준비제도(연준)가 개인에게 계좌를 개설하고 '디지털 달러'를 주자는 방안이 미국 민주당이 마련한 부양책 초안에 포함된 것이다. 최종 방안에서 빠지긴 했지만 '디지털 달러'가 본격적으로 논의됐다는 데 의미가 있다.

중국에선 2020년 4월 들어 쑤저우, 선전 등 일부 지역에서 '디지털 위안화' 시험을 하고 있다는 보도가 나왔다. 중국 중앙은행인 중국인민은행은 2014년부터 중앙은행이 발행하는 디지털 화폐를 연구, 준비하고 있었다. 그 동안 장막 뒤에서 준비하고 있었지만, 조만간 국민들에게 디지털 위안화를 선보일 예정이라고 한다. 중국의 디지털 위안화는 장기적으로 중국이 달러 패권을 넘어서 위안화를 전 세계에 통용되게 하려는 위안화 국제화 전략과 맞물려 있어 보인다.

여기에 더해 기존 디지털 영역에서는 민간 디지털 화폐들이 영향력을 확대하고 있다. 민간에서 자생적으로 등장한 비트코인 등 암호화폐가 불안정한 가치 흐름에도 불구하고 소액 거래 등에서 영역을 확대하고 있다. 가치 저장 수단으로서도 인정을 받아가고 있다. 이용자가 26억 명에 달하는 세계 1위 소셜미디어인 페이스북이 '리브라'라는 글로벌 디지털 통화를 만들려는 시도도 하고 있다. 중앙은행이 발행하는 디지털 달러나 디지털 위안화 같은 중앙은행 디지털 화폐에 대한 논의가 점차 강화되는 데는 이처럼 민간 영역에서 자생적으로 생긴 디지털 화폐로 인해 통화정책과 금융안정이 위협받을 우려가 커지고 있는 것도 영향을 미치고 있다.

미국, 중국 외에도 영국, 프랑스, 스웨덴 등 유럽 국가들과 일본도 중앙은행 디지털 화폐에 관심을 보이고 있다. 디지털 달러나 디지털 위안화가 국제 거래에서 자유롭게 쓰이게 되는 경우 국제 통화 질서가 바뀔 가능성이 있기 때문이다. 현재 국가 간 무역, 외환 거래는 대부분 달러로 통용되고 있다. 하지만 디지털 위안화가 국가 간 거래를 빠르게 이어주고 믿을 수 있는 국제 통화로 성장한다면 미국 달러의 위상이 흔들릴 수 있다. 미국 최대 은행 JP모건 체이스는 2020년 5월 "중앙은행 디지털 화폐가 미국 달러의 패권hegemony를 위협할 수 있다"는 보고서를 내기도 했다. 이 같은 변화에 대비하거나 도전하기 위해 각국이 중앙은행 디지털 화폐를 연구하는 것은 당연히 할 일이라고 하겠다.

이 책에선 코로나 사태 이후 속도가 빨라진 미국과 중국의 중앙은행 디지털 화폐 발행 움직임을 시작으로, 중앙은행 디지털 화폐에 관한 다양한 이슈를 다룰 것이다. 우선 왜 중앙은행 디지털 화폐가 코로나 사태 이후에 등장해야 하는가를 따져 본다. 우리가 쓰는 주요한 화폐는 과거 동전에서 지폐로, 이제 다시 디지털 화폐로 이행하는 과정을 거쳤다. 덴마크 경제학자 올레 비여그Bjerg 코펜하겐비즈니스스쿨 교수는 이를 영어로 "Mint(주조), Print(인쇄), 그리고 Type(타자)"라고 표현했다. 금, 은, 동을 틀에 넣어 주조하는 동전에서 종이에 인쇄하는 지폐로, 그것이 이제는 컴퓨터에 한번의 클릭으로 디지털 화폐가 생겨나는 세상으로 바뀌고 있다는 것이다.

현재 금융 소비자들은 중앙은행이 발행한 화폐 중 지폐와 동전을 일상생활에서 사용하고 있다. 그리고 온라인상에서 상품과 서비스를 구매할 때는 겉으론 신용카드와 페이 서비스를 쓰지만 그 속을 들여다보면 중앙은행 화폐 단위로 표시된 은행의 예금, 즉 신용 화폐를 주로 사용하고 있다. 그러나 화폐의 디지털화가 더 진행되면 지폐와 동전의 사용은 줄어들면서 '현금 없는 사회'가 도래하게 될 것이다. 현금 없는 사회는 비접촉화, 디지털화의 속도가 더 빨라질 코로나 이후 경제에서 더 속도를 낼 것이다. 온라인상에선 중앙은행 디지털 화폐와 신용 화폐, 그리고 민간이 만들어 낸 암호화폐 등을 섞어 쓰는 방식이 일반화 될 것이다. 화폐는 스마트폰 화면 속에 있는 숫자라는 인식이 사람들 사이에 퍼지게 된다는 것이다. 이런 측면에서 중앙은행 디지털 화폐 발행이 왜 불가피하고 어떤 역할을 하게 될지 따져볼 필요가 있다. 다른 나라에 비해 '현금 없는 사회'로 빠르게 나아가고 있는 한국에서도 디지털 원화를 발행해야 할 필요성이 점차 커질 것이다. 특히 디지털 달러, 디지털 위안화 등 강대국의 디지털 화폐가 등장하면 불가피하게 디지털 원화를 발행할 수밖에 없을 것이다.

다음으로 중앙은행 디지털 화폐의 형태는 어떻게 될 것인가가 관심이다. 현재 우리나라에서 금융 소비자들은 디지털 화폐로 'OO페이'라고 이름 붙은 민간 디지털 화폐나 은행 예금을 송금하는 식의 디지털 형태를 주로 쓰고 있다. 디지털 원화가 발행되면 이들과 크게 다르지 않은 디지털 형태를 띠게 될 것이다. 중앙은행이 제공하는 디지털 화폐는 크게 두 가지 형태로 개발되고 있다. 하나는 누구나 중앙은행에 계좌를 갖고 디지털 화폐를 서로 이체하는 방식의 '계좌 방식'이고, 또 하나는 누구나 디지털 지갑에 중앙은행 디지털 화폐를 갖고 다니는 '디지털 토큰 방식'으로 선보이게 될 것이다.

그런데 중앙은행 디지털 화폐 발행은 겉으로 보이는 게 전부가 아니다. 형태보다는 통화정책 운용이 변화하게 되면서 실생활에 큰 영향을 미치게 될 가능성이 높다. 특히 경제가 장기 저성장하는 국면에서는 중앙은행 디지털 화폐가 유용한 통화정책 수단을 제공할 수 있다. 디지털 화폐에는 지폐나 동전과 같은 현금과 달리 금리, 사용처 등 정보를 넣을 수 있는 '프로그램 기능'이 들어갈 수 있다. 디지털 화폐에 화폐 유통 기한, 사용처 등 다양한 정보를 넣어 경기 부양에 활용할 수 있게 된다는 것이다. 이미 한국에서는 코로나 위기에 대응하기 위해 긴급재난지원금을 주면서 사용처와 기한 등을 제한하는 방식을 실험해봤다.

또 중앙은행 디지털 화폐에는 지폐와 동전과 달리 플러스(+) 금리는 물론 마이너스(-) 금리를 쉽게 적용할 수 있게 된다. 이에 디지털 원화가 발행되는 경우엔 한국에서 장기 저성장이 나타날 때 마이너스 금리 적용이 가능하게 될지 따져볼 필요가 있다.

한편 중앙은행 디지털 화폐가 발행되면 금융 시스템 내에서 은행이 수행하는 역할은 상당히 축소될 가능성이 크다. 은행 예금이 대거 중앙은행 디지털 화폐로 전환되면서 은행의 신용 창조 기능이 위축될 수 있다는 것이다. 이런 이슈들도 사전에 점검해 볼 필요가 있다. 더 나아가 최근 정책 서클에서 회자되는 코로나 대응책인 헬리콥터 머니, 기본소득 등과 중앙은행 디지털 화폐가 어떻게 연결이 되는 지도 따져 볼 필요가 있다.

디지털 달러와 디지털 위안화로 대표되는 해외 중앙은행 디지털 화폐가 글로벌 시장에서 본격적으로 사용되는 경우 한국은 어떤 영향을 받게 되고 어떤 방식으로 대응해야 될지도 살펴보고자 한다. 코로나 시대에 디지털 달러, 디지털 위안화 등이 등장하면서 바뀔 화폐 전쟁의 양상과 그것이 경제에 줄 다양한 영향을 분석할 필요가 있다.

마지막으로 중앙은행 디지털 화폐가 등장하면 자산 관리 시장에 어떤 변화가 나타날지도 살펴본다. 화폐의 주요한 세 가지 기능인, 교환의 매개, 가치 척도, 가치 저장 중에서 가치 저장 수단으로서의 기능에 초점을 맞춰볼 필요가 있다. 이는 자산 관리 시장의 변화도 가져올 것이다. 중앙은행 디지털 화폐는 마크 카니Carney 전 잉글랜드 은행 총재의 말을 빌리면 '최고의 무위험 자산'으로서의 역할도 할 수 있기 때문이다.

2020년 12월 현재 코로나 팬데믹으로 인한 감염자는 7500만 명을 넘었다. 사망자도 160만 명을 넘어섰다. 그러나 그 위세는 좀처럼 수그러들지 않고 있다. 2020년 10월 2일 세계 최대 강국인 미국의 도널드 트럼프Trump 대통령 부부가 확진됐다는 소식에 전 세계 금융시장이 흔들렸다. 누구도 코로나 위기에서 안전하지 않은 세상에 산다는 걸 새삼 확인하게 된 것이다.

전염병 팬데믹으로 인한 경제적인 상처는 공급과 수요 양 측면에 남으면서 장기간 지속된다는 특징이 있다. 14세기 이후 10만 명 이상이 사망한 전염병 팬데믹 15가지를 분석한 결과, 팬데믹으로 인한 거시경제적인 영향이 40년간 지속됐다는 연구도 있다.[2] 14세기 유럽을 강타했던 흑사병은 기존 귀족 중심의 봉건 사회를 무너뜨리고 자본주의의 탄생을 가져왔다는 시각도 있다.

글로벌 투자은행 골드만삭스는 2020년 5월 '그레이트 리셋Great Reset'이란 보고서에서 '코로나는 규칙을 바꾸는 큰 사건COVID-19 is a rule changing event'라고 정의했다. 이 정의에는 코로나 이후 전환기에 나타나는 '임시 성공'과 '궁극적인 성공'을 구분해야 한다는 취지가 깔려있다. 단기와 장기의 투자 이슈와 트렌드가 일치하지 않는다는 것이다. 당장 코로나를

....

2 Oscar Jorda et al.(2020).

극복한 비즈니스 모델 같아 보여도 규칙이 바뀌고 혁신이 완성된 후에도 살아남을 비즈니스 모델인지는 불분명하다는 것을 명심하라는 지적이다. 그런 만큼 코로나 위기로 인한 장기 변화를 예측하기란 어렵다. 그럼에도 불구하고 장기적인 변화를 내다보고 움직여야 할 것이다.

미국 외교 전문지 《포린 폴리시Foreign Policy》는 2020년 4월 '코로나 팬데믹 이후 경제는 어떤 모습일까How the Economy Will Look After the Coronavirus Pandemic'란 제목으로 조셉 스티글리츠Stiglitz 컬럼비아대 교수, 로버트 실러Shiller 예일대 교수, 기타 고피나스 IMF 수석 이코노미스트, 카르멘 라인하트Reinhart 하버드대 교수, 애덤 포젠Pozen 미 피터슨국제경제연구소장 등 9명 석학들의 글을 모아 실었다. 그들의 얘기를 들어보면 코로나 팬데믹 이후 세계 경제가 장기적으로 어떤 모습으로 바뀔지 예측하는 데 도움이 될 것이다. 석학들은 2차 대전 후 지속돼 왔던 경제의 글로벌화, 국제 무역의 확장, 세계적인 공급 사슬의 확대 등은 점차 쇠퇴할 것으로 내다봤다. 그 부작용들을 코로나 팬데믹으로 체감하게 됐기 때문이다. 또 일부 석학들은 코로나 팬데믹으로 사라진 많은 일자리가 되살아나지 않을 가능성이 크다고 봤다. 대면 접촉이 불가피한 일자리는 사라지고 디지털화는 강화될 것이라는 것이다.

그렇다면 우리 앞에 나타날 세계 경제는 지금보다는 세계 각국이 경제나 무역에 있어서 더 멀어지는 모습을 보일 것이다. 특히 미중 무역 갈등으로 불거진 미국과 중국 경제의 분리는 앞으로 더 가시화될 것이다. 한때 '차이메리카(중국과 미국의 합성어)'라고까지 불리던 두 나라 경제의 거리가 멀어진다면 세계 무역은 줄어들고, 자국 중심주의는 더 심해질 것이다. 미국과 중국이 경제와 무역에 있어서 한국에게 어느 한 편을 선택하라고 요구하는 수위가 더 높아질 수 있다.

그 와중에 등장하는 디지털 달러와 디지털 위안화의 패권 다툼은 적지 않은 파장을 세계 경제에 몰고 올 것으로 보인다. 또 페이스북의 리브라와 같은 '스테이블 코인(달러 등 담보가 뒷받침돼 안정적인 디지털 화폐)'이 디지털 달러와 디지털 위안화 사이를 비집고 들어갈 수도 있다. 2020년 1월 다보스포럼에서 리브라의 공동 개발자인 데이비드 마커스^{Marcus}는 "웹은 30년이나 됐지만, 사람들이 디지털 머니에 쉽고 싸고 효율적으로 접근하지 못하고 있다"면서 조만간 디지털 화폐 영역에서 혁신이 일어날 것으로 내다봤다. 중앙은행 디지털 화폐가 등장하는 와중에 디지털 화폐로 '쏠림 현상'이 벌어지면 은행 시스템 등 금융 시스템이 근본적인 변화에 직면할 수 있다. 글로벌 정보기술^{IT} 기업들이 은행의 지위를 위협할 수도 있다. 더구나 화폐는 교환의 매개일 뿐만 아니라 동시에 가치 저장 수단이기도 하다. 그렇기 때문에 가치 저장 수단에 대한 선호가 변하면 글로벌 투자 환경도 일거에 바뀔 수 있다.

대외 의존도가 높은 한국으로서는 험난한 미래가 앞에 놓인 것이다. 당장 다른 나라에 비해 코로나 피해를 덜 받았다고 위안할 일은 아닌 것이다. 10년 정도 되는 장기적인 관점에서 세계 경제의 변화를 따져봐야 한다. 한국이 코로나 이후 시대를 준비하기 위해선 지금은 무대 뒤에 있는 디지털 달러와 디지털 위안화가 어떻게 등장하고 무대 위에 나와서는 어떤 움직임을 보일지 따져보는 일이 중요한 이유다.

달러와 위안화, 그리고 디지털 머니에 대해서는 평소 관심을 많이 두는 주제이긴 하지만, 이 책은 아주 우연한 기회에 구상하게 됐다. 2019년 6월쯤 홍콩을 찾았을 때 홍콩 금융가에서 일하는 친구와 저녁을 먹을 기회가 있었다. 그 친구는 '달러와 위안화'에 대한 책을 써보라고 권했다. 한국 경제가 맞닥뜨릴 가장 큰 도전 중 하나가 달러와 위안화의 패권 다툼인데, 그걸 분석해 보라는 얘기였다. 하지만 달러와 위안화는 그 동안 수많은 저자들이 다뤘던 주제라 어떻게 요리할 수 있을지 쉽게 답을 얻지 못했다.

그러는 사이 몇 달이 지났다. 그러던 중 2020년 1월 중국 우한에서 코로나 사태가 터졌다. 당시 중국 관영 통신사인 신화통신 홈페이지에 올라온 영상들을 찾아 봤다. 선전용으로 제작된 영상이었지만, 쉽게 풀릴 문제가 아니라는 것을 직감했다. 우한에 의료진이 부족해서 중국 전역에서 의료진들이 우한으로 이동하는 영상들이었다. 병상이 부족한지 체육관에 칸막이를 해 놓고 환자들을 그저 수용하고 있는 영상들도 있었다. 홍콩에서 만났던 친구의 제안이 다시 떠올랐다. 그래서 코로나로 인한 위안화의 움직임을 점검해 보는 데, 글로벌 암호화폐 1위 거래소인 바이낸스의 장링張霎 부사장이 소셜미디어에 올린 디지털 위안화 실험 소식이 눈에 들어왔다. 꼬리에 꼬리를 물고 자료를 찾다 보니 코로나 위기에 대응하기 위해 미국 의회에서 디지털 달러를 논의하는 움직임도 포착됐다. 마침 한국은행도 중앙은행 디지털 화폐 파일럿 테스트를 하겠다는 일정표를 발표했다. 몇 달간 숙제처럼 묵혀뒀던 달러와 위안화에 대한 얘기를 써봐야겠다는 생각이 다시 들었다. 이후 관련 자료와 책자를 모아 가면서 디지털 달러, 디지털 위안화 그리고 디지털 머니에 대한 생각을 정리했다. 그 결과물을 이렇게 책으로 엮을 수 있었다.

디지털 달러와 디지털 위안화에서 출발해 각국 중앙은행의 디지털 화폐 개발 움직임, 그리고 한국의 디지털 원화 이슈까지 묶어 내는 게 쉬운 일은 아니었다. 학술적인 논문들에서 다루지 않는 자산 시장에 미칠 영향까지 점검하는 건 더욱 어려웠다. 그래도 국내에서 아직 이런 작업을 한 사람이 없다는 것도, 또 누군가는 이 작업을 해야 한다는 생각에 쉬지 않고 스토리를 엮어 봤다. 글을 쓰다 뭔가 부족하다는 생각이 들면 누군가 비어 있는 부분에 대한 한 마디 조언을 주기도 했고, 과거에 스크랩해 놨던 기사와 칼럼이 문득 눈에 띄기도 했다.

여기저기 흩어져 있는 말들의 조각을 이어 붙여서 스토리로 만드는 데는 기자가 전문성이 있다고 자부한다. 조금 복잡한 이슈는 수박 겉핥기식으로 소개하면서 지나가기도 했다. 이 책의 타깃 독자를 전문가들이 아닌 금융 이슈에 관심이 있는 일반 금융 소비자로 잡았기 때문이다. 이 책이 중앙은행 디지털 화폐라는 '가 보지 않은 길'을 가는데 지도 역할을 할 수 있기를 바란다.

1장

무대 뒤
디지털 달러

코로나 바이러스가 불러낸 디지털 달러

2020년 3월 27일 미국 도널드 트럼프 대통령은 의회에서 통과된 2조 2000억 달러 규모의 코로나 재정 지원 법안에 서명했다.[3] 이법은 'Coronavirus Aid, Relief, and Economic Security Act(코로나바이러스 지원, 구호, 경제 안정법)'로, CARES법이라고 불린다. 성인 한 명당 최대 1200달러를 지원하는 게 골자다. 코로나 확산을 막기 위해 미국 전역 곳곳이 봉쇄되면서 많은 국민들의 수입이 끊기자 긴급 생활 자금을 주겠다는 것이었다.

....

[3] 2020년 11월 3일 미국 대통령 선거에서 공화당의 도널드 트럼프 현 대통령과 민주당의 조 바이든Biden 후보가 맞붙어, 바이든이 승리를 거뒀다. 2021년 1월 20일 제46대 대통령 취임식 이후에 백악관의 주인은 바이든으로 바뀌게 된다.

그런데 미국 상하원이 이 법안을 논의하는 과정에서 '디지털 달러'란 새로운 용어가 갑자기 등장했다. 3월 22일 민주당 출신의 낸시 펠로시Pelosi 하원의장이 마련한 1119쪽에 달하는 코로나 재정 지원 법안인 'Take Responsibility for Workers and Families Act(근로자와 가계 책임 부담법)' 초안에 성인 한 명당 '디지털 달러'로 2000달러를 주겠다는 내용이 포함된 것이다. 즉, 초안

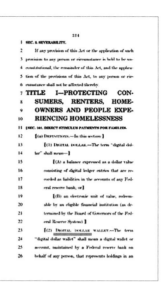

314~325쪽에 걸쳐 지원금을 가계에 직접 지급하는 방안으로 '디지털 달러' 지급 방식을 구체적으로 담았다. 디지털 달러를 미국 중앙은행인 연방준비제도(연준)에 개설된 개인 구좌인 '디지털 달러 지갑'을 통해서 지급하겠다고 했다. 다만 디지털 달러로 지원금을 지급하겠다는 내용은 펠로시 의장이 3월 24일 의회에 제출한 최종안에는 포함되지 않았다. 당연히 트럼프 대통령이 서명한 CARES법에도 들어가지 않았다.

코로나 재정 지원 법안 초안에 '디지털 달러'란 용어와 '디지털 달러'를 이용한 지원금 지급 방안이 들어간 것을 단순한 해프닝으로 넘길 수 없다. 민주당 의원들이 준비했던 각종 코로나 지원 법안에 이 개념이 들어가고 있기 때문이다. 미국 민주당 소속 하원 의원이자 하원 금융서비스위원회 위원장인 맥신 워터스Waters가 마련해 3월 23일 의회에 제출한 'Financial Protections and Assistance for America's Consumers, States,

Businesses and Vulnerable Populations Act(미국 소비자, 주정부, 기업, 취약계층 금융 보호지원법)'에도 펠로시 의장이 마련한 코로나 재정 지원 법안과 같은 내용의 '디지털 달러' 관련 내용이 반영돼 있다. 오하이오주 민주당 소속 상원 의원이자 상원 은행위원회 간사인 세로드 브라운[Brown]도 3월 24일 연준이 발행하는 '디지털 달러'를 지급할 수 있는 '디지털 달러 지갑'을 만들도록 하는 내용의 법안을 제출했다. 역시 민주당 소속의 하원 의원인 러시다 털리브[Tlaib]가 마련해 4월 16일 의회에 제출한 코로나 지원 법안인 'Automatic BOOST to Communities Act(지역 사회를 위한 자동 부양법, ABC법)'에도 코로나 사태가 종식될 때까지 '디지털 달러'로 매달 1000달러를 전 국민에 지급하자는 방안이 들어 있다. 털리브는 팔레스타인계로 일한 오마[Omar] 의원과 더불어 미국 최초의 무슬림 여성 의원으로 주목받는 의원이기도 하다.

그런가 하면 2020년 4월 23일 민주당 소속 하원 의원인 대런 소토[Soto] 등 11명의 미국 의원들은 스티븐 므누신[Mnuchin] 재무장관에게 CARE법에 따른 코로나 재난 지원금을 지급하고 추적하기 위해 블록체인이나 분산원장 기술과 같은 민간의 혁신을 활용할 것을 촉구하는 공개서한을 보냈다. 이 서한에는 민주당 의원 다섯 명 뿐만 아니라 공화당 의원 여섯 명도 서명을 했다. 초당적인 요구였다. 의원들은 서한에서 돈과 유동성을 빠르고, 안전하고, 투명하게 이전할 수 있는 기술로 블록체인과 분산원장 기술을 들었다. 명시적으로 '디지털 달러'를 지칭하진 않았지만, 지폐와 동전이 아닌 디지털 방식으로 달러 지원금을 빠르게 국민들에게 지급할 기술을 활용할 것을 촉구한 것이다. 게다가 이들 의원들은 중국이 국가적인 블록체인 플랫폼을 만들 계획을 발표한 것을 미국이 놓쳐

미국의 코로나 지원금 수표 샘플.

출처: 미국 정부.

서는 안 될 포인트로 지적했다. 이는 중국이 '디지털 위안화'를 출시하는 것에 대응해야 한다는 의미로 해석된다.[4]

코로나 사태 와중에 미국에서 이처럼 정치권에서 '디지털 달러'를 들고 나오게 된 데는 코로나 확산이 워낙 빨라 재난 지원금 지급이 시간을 다툴 정도로 시급했기 때문이다. '디지털 달러'란 중앙은행인 연준이 지폐나 동전 대신에 발행하는 전자 화폐다. 만약 미국 국민들이 전부 스마트폰을 사용하고 그 스마트폰에 연준이 개설한 계좌에서 이체나 지급이 가능한 애플리케이션(앱)이 설치돼 있다면, 연준이 그 계좌에 '디지털 달러'를 넣어줘 실시간으로 사용이 가능하다는 것이다. 미국 은행들은 계좌를 개설하고 이용하는데 대해 일반적으로 수수료를 받고 있지만, 연준에 개설한 계좌는 '무료'로 이용할 수 있도록 하겠다고 했다. 저소득층도 수수료 부담 없이 쓸 수 있는 것이다.

....

4 "Digital Dollar and Foreign Rivals Gain Support in 2020", *Bloomberg Law Analysis*, 11 May 2020.

일단 미국 정부와 의회가 만든 CARES법에 따른 코로나 지원금 지원 방식은 미국 국세청에 은행 계좌가 등록돼 있는 경우엔 국세청이 계좌로 직접 송금해주고 계좌가 등록돼 있지 않은 저소득층의 경우엔 개인용 수표를 우편으로 발송해 준다. 미 국세청은 코로나 재정 지원을 받을 수 있는 사람이 1억 5000만 명 정도 된다고 추정했는데, 국세청이 확보하고 있는 계좌는 6000만 개 정도에 불과하다고 했다. 미국 언론 등에 따르면 9000만~1억 1000만 명이 개인용 수표를 받을 대상인데, 1주일에 발행할 수 있는 수표의 수량은 500만 건 정도여서 모든 사람이 개인용 수표를 받으려면 20주, 약 5개월 가까이 걸린다는 계산이 나온다.

코로나 사태는 기존 경제 위기와는 다른 상황이다. 과거에 경제 위기나 금융 위기가 생겼을 때는 실업이 생기고 돈이 돌지 않아도 경제가 멈추지는 않았다. 하지만 코로나 바이러스는 비말飛沫 접촉으로 전염이 되기 때문에 일시적으로 경제 활동을 멈춰야만 확산을 막을 수 있다. 때문에 실제로 경제가 멈추는 현상이 불가피하다. 그렇다면 당장 소득이 끊긴 취약계층에게 최소한의 생활을 유지할 수 있는 지원금을 손에 쥐어 줘야 하는데, 지급에 수개월이 걸린다면 경제 충격이 더 확대될 수 있다. 게다가 개인용 수표나 지폐, 동전 같이 접촉을 통해서 사용하는 지불 수단으로 지급한다면 실제로 사용하기도 어렵다. 때문에 즉시 지급이 가능한 비접촉 화폐인 '디지털 달러'가 필요하다는 주장이 나오는 것이다.

파월 연준 의장
"디지털 달러 연구,
실험은 하고 있다"

그렇다면 '디지털 달러'란 무엇인가? 펠로시 의장이 마련한 코로나 재정 지원 법안 초안에는 다음과 같이 정의하고 있다. 첫째, '지역연방준비은행 계좌에 채무로 기장된, 디지털 항목으로 구성된 달러 가치로 표현되는 잔액'[5]이거나 둘째, '(연방 준비 제도가 지정한) 적격 금융회사가 교환해 줄 수 있는 전자 가치의 단위'[6]라는 것이다. 평소 접해 보지 못하던 전문적인 용어들을 빼고 쉽게 이해하자면 '통상 쓰던 달러 지폐와 동전을 디지털 형태로 바꿔 중앙은행 전자 계좌에 넣어 놓고 쓸 수 있게 하겠다'는 것이다. 현재는 개인이 중앙은행에 계좌를 틀 수 없기 때문에, 이런

---

[5] a balance expressed as dollar value consisting of digital entries that are recorded as liabilities in the accounts of any Federal reserve bank.
[6] an electronic unit of value, redeemable by an eligible financial institutions(as determined by the Board of Governors of the Federal Reserve System.)

점을 고려한다면 완전히 새로운 화폐 이용방식처럼 보인다.

그러나 두 번째 정의를 보자. 이는 연준이 지정한 은행 같은 금융회사에서도 기존에 쓰던 달러 지폐와 동전 같이 디지털 형태로 사용할 수 있다는 것이다. 중앙은행이 뒤에서 가치를 보증하고 은행에서 받는다면 디지털 달러를 어디서나 쉽게 쓸 수 있을 것이다. 이렇게 되면 실제 사용에 있어서는 지금 쓰고 있는 온라인 계좌 이체나 모바일 송금, 결제와 크게 달라 보이지 않는다. 아직 어떤 형태로 '디지털 달러'가 발행될지는 모르는 상황이나, 일단 지금 상황에선 모든 사람이 중앙은행이 계좌를 갖게 되고 지폐와 동전 대신에 중앙은행이 발행한 디지털 달러를 스마트폰에서 송금하고 결제할 수 있는 형태라는 정도로 이해하면 될 것이다.

미국에서 달러 지폐는 연준이, 동전은 재무부가 발행을 맡고 있다.[7] 그런데 전체 미국 지폐와 동전 발행액의 97%는 지폐여서, 미국에서 화폐 발행의 책임은 연준이 지고 있다고 보면 된다.[8] 또 실제 동전도 연준이 재무부 조폐국에 발행 주문을 하고 주문 전망을 하는 등의 방식으로 통제하고 있으며 연준을 통해서 유통된다. 때문에 동전은 발행 주체가 재무부로 다르긴 해도 화폐 발행은 전적으로 연준이 맡고 있다고 봐도 무방하다. 화폐 발행의 책임이 연준에 있기 때문에 디지털 달러 발행의 책임도 연준의 관할 아래 있다고 볼 수 있다.

그렇다면 '디지털 달러' 발행에 대한 연준의 입장은 어떻게 될까? 우선 연준은 '디지털 달러'라는 용어 대신 '중앙은행 디지털 화폐Central Bank

. . . .

7 한국에서는 중앙은행인 한국은행이 지폐와 동전을 독점적으로 발행하고 있다.
8 2019년 1월 31일 기준으로 미국의 화폐 발행액은 약 1조 7000억 달러인데, 이중 연준 지폐가 1조 6552억 달러로 97.4%를 차지한다. 동전 발행액은 472억 달러로 2.8%의 비중이다. 기타 지금은 발행되지 않는 미국 재무부 발행 지폐가 2억 달러 정도 있다.

Digital Currency, CBDC'라는 전문 용어를 쓴다. 코로나 사태가 벌어지기 전부터 경제 정책을 고민하는 중앙은행가, 경제 관료, 학계 등에선 중앙은행이 발행하는 디지털 화폐에 대한 논의가 이뤄지고 있었다. 중앙은행이 아닌 민간에서 만드는 디지털 화폐는 시장에 이미 등장해 있었다. 2008년 글로벌 금융위기를 계기로 생겨난 비트코인 등 민간에선 암호화폐가 생소한 것은 아니었다. 또 페이스북이 2019년 리브라라는 글로벌 민간 디지털 화폐를 발행하겠다고 나서면서 법정 화폐에 대한 도전이 거세지고 있었다. 이에 화폐 발행 당국의 대응이 불가피한 상황이 찾아오고 있었던 것이다. 미국 말고도 다른 나라들에서도 움직임이 있었다. 이미 중국은 2014년부터 중앙은행이 발행하는 디지털 화폐에 대한 연구를 시작했다. 영국, 스웨덴 등의 중앙은행도 관련 연구에 착수했고, 일부는 테스트를 하고 있다.

2019년 9월 공화당 소속 하원 의원 프렌치 힐^{Hill}과 민주당 소속 하원 의원 빌 포스터^{Foster}는 제롬 파월^{Powell} 연준 의장에게 공개서한을 보내 미국 달러의 디지털 화폐 준비 상황에 대해 질의했다. 두 의원은 하원 금융서비스 위원회 소속으로 중국이 위안화의 디지털 화폐 발행에 대해 높은 관심을 두고 있었고, 미국도 이에 대항해서 디지털 달러를 개발해야 하는 것 아니냐는 입장을 갖고 있었다. 파월 의장은 같은 해 11월 20일 두 의원에게 보낸 공개 답장에서 "현재 중앙은행 디지털 화폐를 개발하고 있지는 않지만, 우리는 미국에서 비용과 편익을 조심스럽게 계속해서 분석하고 평가하고 있다"고 밝혔다. 파월 의장은 구체적으로 "또 범용 CBDC에 대한 가능한 기술의 기회와 한계를 보다 잘 이해하기 위해서 실무 경험을 줄 수 있는 소규모 연구 중심 기술 실험 등 범용 CBDC에 대한 자체 연구를 계속 수행하고 있다"고 밝혔다. 즉, 중앙은행 디지털 화폐를 당장 개발하고 있지는 않지만, 중앙은행 디지털 화폐를 개발할 수 있는 연구와 실험은 수행하고 있다는 것이다.

파월 의장은 2020년 2월 11일 미 하원 금융서비스 위원회에 출석해서 포스터 의원이 디지털 달러 개발에 대한 질문을 하자, "가능한 한 디지털 통화와 관련된 비용과 이점, 그리고 장단점을 이해하는 것이 매우 중요하다고 생각한다"고 밝혔다. 역시 연구를 계속하고 있다는 얘기를 한 것이다.

다만 연준이 '디지털 달러'를 당장 발행할 수 있는 단계까지 오지는 않은 것으로 보인다. 파월 의장이 의원들에게 보낸 공개서한에서 "중앙은행 디지털 화폐를 개발하지 않고 있다"고 한 이후, 므누신 재무장관도 2019년 12월 6일 미 하원 금융서비스 위원회에 출석해 이와 관련한 입장을 밝힌 바 있다. 므누신은 당시 "파월 의장과 이 문제(디지털 화폐의 발행)에 대해서 논의해 오고 있다"며 "우리 둘은 가까운 장래, 즉 5년 이내에, 연준이 디지털 화폐를 발행할 필요는 없다고 본다"고 했다.[9]

미국의 재무장관와 연준 의장은 매주 한번씩은 만나서 각종 금융 이슈에 대해 의견을 나눈다. 그렇기 때문에 이런 식으로 의원들 앞에서 재무장관이 연준 의장의 생각까지 밝힐 수 있는 것이다. 정리하자면 연준은 실제 디지털 달러 발행이 당장 필요하지도 않고 개발도 하고는 있지 않지만, 연구는 하고 있겠다는 입장인 것으로 보인다.

....

9 "Mnuchin, Powell See No Need for Fed to Issue Digital FX", *Bloomberg*, 6 Dec. 2019.

디지털 달러를 향해 빨라지는 연준의 발걸음

'연구는 하고 있다'는 연준의 입장은 '중앙은행이 디지털 화폐를 발행할 필요가 없다'는 과거의 입장과는 다소 달라진 것이다. 여전히 '디지털 화폐를 발행할 계획이 있다'고 밝히지는 않지만 연구는 계속하고 있다는 것으로 외면하고 있는 건 아니라는 정도로 해석할 수 있다.

연준 내에서 금융안정, 금융소비자, 지급결제 업무 등을 총괄하고 있는 연준 이사인 레이엘 브레이너드Brainard는 2018년 5월 연준의 컨퍼런스에서 "연준이 디지털 화폐를 발행해야 할 강력한 필요는 없다"고 했다. 브레이너드 이사는 2019년 10월 피터슨국제경제연구소 등이 주최한 '디지털 시대의 화폐의 미래' 컨퍼런스에서도 "범용 사용을 위해 중앙은행이 발행하는 디지털 화폐는 법, 정책, 운영에 있어 깊은 문제를 발생시킬 수 있다"며 조심스러운 입장을 표명했다. 예컨대 개인정보 보호와 불법 행위를 적발하는 것 사이에 균형을 맞추는 문제를 제기했다. 불법 행위를 적발하고 거래를 투명하게 하기 위해서는 중앙은행이 모든 디지털 화폐 거래 데이터를 집중해서 관리해야 하는데 이는 개인정보 보호와 충돌할 수 있다는 것이다. 또 실제 중앙은행이 법적으로 디지털 화폐를 발행할 수 있는지, 일반 대중에게 디지털 지갑을 제공할 수 있는지도 따져 봐야 한다는 것이다. 금융 안정 측면에서도 은행 계좌에 있는 돈이 중앙은행 디지털 화폐로 이동한다면 은행 예금 인출 사태가 발생할 수도 있고, 더 나아가 은행의 역할에 대한 근본적인 질문도 제기될 수 있다. 실제 중앙은행이 운영 측면에서 전 국민의 계좌를 관리할 수 있느냐도 풀어야 할 문제다.

하지만 브레이너드 이사는 2020년 2월 스탠포드대에서 열린 '지급 결제의 미래 심포지엄'에서 가진 기조연설에서는 다소 변화된 모습을 보인다. 그는 "달러의 중요한 역할에서 볼 때, CBDC관련 연구와 정책 개발에 있어서 미국이 프런티어에 남아 있는 게 중요하다"며 "다른 나라 중앙은행처럼, 연준도 분산 원장 기술과 디지털 화폐에 잠재적으로 활용할 수 있는 분야의 연구와 실험을 하고 있다"고 했다. 그는 미국에서 '디지털 달러'와 같은 중앙은행 디지털 화폐를 발행하기 전에 풀어야 하는 세 가지의 과제를 제시했다. 첫째, 중앙은행 디지털 화폐가 비용과 운영상의 취약점을 줄일 수 있는 지다. 둘째, 어떤 은행과 금융회사가 디지털 화폐를 제공하고, 그들은 누가 감독할지이다. 셋째, 디지털 화폐가 어떤 형태로 금융 안정에 리스크를 발생시킬 것인가이다.

브레이너드 이사는 같은 해 8월에는 연준이 진행하고 있는 중앙은행 디지털 화폐 관련 연구에 대해서 구체적으로 소개하기도 했다. 미국의 디지털 심장인 '실리콘밸리' 인근에 있는 샌프란시스코 연방준비은행이 주최한 '이노베이션 오피스 아워'라는 화상 세미나를 통해서이다. 그는 코로나 사태로 혁신 기술을 사용해서 결제 효율성을 높이고, 취약 계층에 대한 금융 포용을 확대할 필요성이 높아졌다는 것 등을 전제로 하고, 비트코인과 페이스북의 리브라 등장, 중국의 중앙은행 디지털 화폐 가속화 등으로 디지털 화폐가 기회와 위험을 동시에 보여주고 있다고 했다. 그러면서 "연준은 분산 원장 기술과 디지털 통화의 잠재적 사용 사례와 관련된 연구 및 실험을 적극적으로 수행하고 있다"고 밝혔다. 구체적으로 연준 내부에는 '테크놀로지 랩Technology Lab' 등에서 몇 년 전부터 분산원장 플랫폼 같은 시험을 하고 있다. 여기에는 클리블랜드, 댈러스, 뉴욕 등 지역연방준비은행에서 온 개발자들이 참가하고 있다. 또 보스턴 연방준비은행이 매사추세츠공대MIT의 연구진과 함께 중앙은행이 사용할 수 있는 가상의 디지털 화폐를 테스트하고 있다고도 밝혔다. 그는 "연준이 진행하는 이런 연구와 시험의 목표는 디지털 통화 시스템의 안전성과 효율성을 평가하고, 민간 부문과의 협력에 대한 우리의 이해를 알리고, 중앙은행 디지털 화폐를 구현하기 위한 기술의 기회와 한계를 이해할 수 있는 실무 경험을 제공하는 것"이라고 밝혔다.

코로나 사태로 미국 의회에서 2020년 3월 하순 '디지털 달러' 논의가 갑자기 튀어 나온 후 한 달이 채 지나지 않아 민간 디지털 화폐 진영에선 실망스런 얘기가 터져 나왔다. 민간 디지털 화폐 진영에서 '글로벌 단일 디지털 화폐'를 꿈꾸던 '리브라Libra'가 각국 화폐에 연동된 여러 종류의 디지털 화폐를 발행하는 것으로 방향을 틀었다는 발표가 나온 것이다. 4월 16일 민간 디지털 화폐 발행기구인 리브라협회는 이 같은 '리브라 2.0' 계획을 발표했다. 이 협회는 소셜미디어 페이스북이 주도해 스위스에 설립한 곳이다.

리브라 2.0은 각국의 규제에서 벗어난 글로벌 단일 디지털 화폐를 만들겠다는 2019년 6월 발표한 '리브라' 프로젝트의 방향을 완전히 바꿨다. 주요 내용은 크게 세 가지로 정리된다.

첫째, 단일한 하나의 디지털 화폐를 만들지 않는다. 대신 각기 다른 법정 화폐에 일대일 대응되는 일련의 다른 디지털 코인을 발행하고, 이 중 일부 디지털 코인으로 구성된 리브라 코인을 만든다는 것이다. 예컨대 우선 달러 기반의 리브라 코인, 유로화 기반의 리브라 코인 등을 개발한다는 것이다. 당초 리브라는 하나의 단일한 스테이블 코인(stable coin, 안정 코인)으로 발행하려는 계획이었다. 스테이블 코인은 미국 달러, 일본 엔화, 유로화 등 기축통화나 국채, 금 등 가격 변동이 상대적으로 안정적인 법정통화나 금융자산, 실물자산 등을 담보물이나 예치금으로 확보해서 이를 기반으로 발행하는 디지털 암호 화폐를 가리킨다.

비트코인 등 채굴을 통해 발행하는 디지털 암호 화폐는 가치 기반이 없어 가격 변동성이 큰 단점이 있는데 이를 보완한다는 개념이다. 2019년 9월 페이스북이 독일의 한 의원에게 밝힌 리브라를 구성하는 통화 바스켓의 비율에 따르면 달러 50%, 유로화 18%, 일본 엔화 14%, 영국 파운드 11%, 싱가포르 달러 7% 등이었다. 중국 위안화는 없었다. 이렇게 주요국 법정 통화가 바탕이 된 새로운 디지털 화폐를 만들어 전 세계 페이스북 사용자들이 쓰도록 하겠다는 것이다. 페이스북 사용자들은 리브라로 제품이나 서비스를 살 수도 있고 개인 간P2P 송금도 할 수 있게 만들겠다는 계획이었다.

이 외에 두 가지는 규제와 관련 된 것이다. 둘째, '허가가 필요 없는' 시스템으로 간다는 야망도 포기한다. 셋째, 디지털 코인을 운영하는 협회, 즉 리브라협회가 네트워크상에서 전자 지갑을 조사하고 무슨 일이 일어나는지 세심하게 살피는 것을 강화한다.

2019년 6월 발표된 리브라 프로젝트는 전 세계적으로 큰 반향을 일으켰다. 페이스북 사용자들 26억 명은 각국에 퍼져 있다. 때문에 태생적으로 리브라는 글로벌 디지털 화폐가 될 수밖에 없다. 예컨대 전 세계 어디서나 스마트폰에서 페이스북에 접속해 리브라로 결제할 수 있게 된다. '커피 한 잔에 1리브라' '택시 5분 거리에 1리브라' 이런 식으로 계산의 단위가 될 수도 있다. 더 나아가 리브라의 가치가 안정적으로 높아진다면 리브라에 투자하는 펀드 등도 등장할 수 있다. 페이스북이 주도해서 민간에서 만들지만 미국 달러, 일본 엔화, 유로 등 각국의 법정 화폐와 마찬가지로 교환의 매개체, 가치의 저장수단, 계산의 단위 등 화폐의 3대 기능을 모두 갖출 수 있다는 것이다.

미국 행정부와 의회는 리브라를 경계의 눈으로 바라보기 시작했다. 트럼프 미 대통령은 2019년 7월 "나는 비트코인이나 암호화폐의 팬이 아니다"라며 "페이스북의 리브라는 기반도 없고 믿을만하지 않다"라는 내용을 트위터에 올렸다.[10] 의회에서도 페이스북의 독과점적 지위 남용, 개인정보 유출, 불법거래 행위 등을 따지면서 전통적인 금융권에 대한 충격이나 통화정책, 외환정책의 불확실성을 높인다는 이유 등을 들어 부정적인 시각을 내비쳤다. 또 주요 선진국들도 부정적인 시각이 많았다. 2019년 7월 17일 프랑스에서 열린 G7(선진7개국) 재무장관 및 중앙은행 총재 회의에선 리브라 규제를 위한 포괄적 대책을 마련에 대한 공동합의가 이뤄지기도 했다.

페이스북 창업자이자 최고경영자CEO인 마크 저커버그Zuckerberg는 2019년 10월 미국 의회 청문회에 출석해 리브라의 필요성을 주장했지만

....

10 https://twitter.com/realdonaldtrump/status/1149472282584072192.

결국 "페이스북은 미국 규제기관이 승인하기 전까지는 리브라 결제 시스템을 시작하지 않을 것"이라고 했다. 그 결과 2020년 4월 리브라의 후퇴 선언이 나온 것이다. 글로벌 단일 디지털 화폐의 꿈은 포기하고 현재 미국에서 운영되고 있는 민간 인터넷 결제 시스템인 페이팔, 벤모 수준의 서비스를 준비해보겠다는 것으로 풀이된다.

리브라가 던진 질문

2019년 10월 저커버그를 불렀던 미국 의회의 리브라 청문회에서 흥미로웠던 것은 페이스북이 리브라를 만들고자 한 이유였다. 페이스북이 글로벌 단일 디지털 화폐가 필요성을 인식했던 것은 쉽게 추측할 수 있다. 환전할 필요도 없고 각국 외환 규제의 문턱에도 걸리지 않는 '글로벌 단일 디지털 화폐'가 있다면 페이스북 사업 확장에 큰 도움이 될 것이다. 전세계에 퍼져 있는 26억 명의 사용자가 페이스북 플랫폼을 통해 상품과 서비스를 사고팔고 서로 송금을 쉽게 할 수 있을 것이기 때문이다. 그런데 왜 페이스북은 새로운 글로벌 단일 디지털 화폐로 '리브라'를 스스로 만들려고 했을까. 기존에 있는 화폐들을 활용하면 되지 않았을까. 이에 대해 저커버그는 청문회 모두 발언에서 다음과 같은 얘기를 했다.

"우리(미국)가 혁신하지 않는 위험에 대해 얘기하고 싶습니다. 우리가 이런 문제에 대해 토론하는 동안, 다른 세계는 기다리지 않습니다. 중국은 앞으로 몇 달 안에 (리브라와) 비슷한 아이디어를 내놓기 위해 빠르게 움직이고 있습니다. 리브라는 주로 달러로 뒷받침될 것입니다. 이는 미국의 금융 리더십뿐만 아니라 전 세계에 우리 민주주의의 가치와 감독을 확대할 것입니다. 미국이 혁신을 이루지 못하면 우리의 금융 리더십은 보장되지 않을 겁니다."

저커버그의 말은 리브라 구상과 같은 글로벌 단일 디지털 화폐를 만드는 혁신을 하지 않는다면, 전 세계에서 달러가 지금과 같은 금융 리더십을 유지할 수 있다고 보지 말라는 것이다. 잘 곱씹어서 들으면 혁신적인 형태의 디지털 위안화가 등장한다면 언제라도 금융 리더십은 무너질 수 있다는 경고다. 그걸 페이스북도 막지 못할 것이란 두려움이 읽혀진다. 디지털 위안화가 국제 거래에서 자유롭게 사용되고 디지털 위안화가 그 영역을 넓혀간다면 어떻게 할 것인가란 질문을 미국에 던진 것이다. 정부와 중앙은행이 움직이지 않는다면, 페이스북이 민간 회사로서라도 리브라라는 글로벌 단일 디지털 화폐를 만들어서 움직여보겠다는 얘기다.

이 때문에 리브라 프로젝트에 대해 미국 정부와 정치권이 우선 경계심을 나타내기는 했지만, 물 밑에서는 '디지털 위안화에 대한 대비가 필요하고, 디지털 달러를 준비해야 하는 것 아니냐'는 생각에 불을 댕기기도 했다. 앞서 얘기했듯이 2019년 9월 공화당의 프렌치 힐 의원과 민주당의 빌 포스터 의원은 연준에 공개서한을 보내 중국이 디지털 위안화를 2020년에 발행할 수 있다고 하면서 미국 달러의 디지털 화폐 준비 상황에 대해 물었다.

또 실제 파월 미 연준 의장의 말을 들어 보면 리브라가 미국에서 디지털 달러 발행 가능성을 따져보게 하는 데 일조했다는 걸 알 수 있다. 파월 의장은 2020년 2월 11일 미 하원 금융위원회에서 포스터 의원이 모바일 결제가 갑자기 확장되는 상황을 언급하면서 이에 대응한 디지털 달러 발행을 위한 시간표가 있냐고 묻자 리브라 얘기를 꺼냈다. 파월 의장은 "솔직히 리브라가 그런 것에 불을 지폈다. 리브라는 이런 것들이 매우 광범위하고 체계적으로 중요한 방식으로 다가오고 있다는 것에 대한 어느 정도의 '모닝콜'이었다"고 말했다.

학계에서도 리브라와 디지털 위안화, 그리고 디지털 달러는 의미 있는 토론 주제가 됐다. 배리 아이켄그린Eichengreen UC버클리대 교수는 2019년 6월 리브라 프로젝트가 공개되자 "페이스북이 의심스러운 거래를 걸러내서 미국 국세청이나 법무부에 통지할 수 있을까, 전 세계 200여개 정부와 비슷한 협력을 한다고 생각할 수 있을까"라는 의문을 제기했다.[11] 예를 들어 국제 결제 서비스를 하는 신용카드 회사들은 각국 정부의 감독을 받으면서 자금 세탁이나 불법이 의심되는 거래를 걸러내는 일 등도 하고 있다. 하지만 페이스북은 어느 나라의 감독을 받을지 알 수 없고 결국은 국제적인 범죄의 온상이 될 수도 있다는 얘기다. 미국 중앙은행이 발행하는 달러와 달리 감독받지 않는 글로벌 통화인 '리브라'가 자금 세탁이나 불법 자금 은닉의 통로로 사용될 수 있는 것을 어떻게 걸러낼 것인지 의문을 제기한 것이다.

케네스 로고프Rogoff 하버드대 교수는 2019년 11월 "기술이 미디어, 정치, 기업을 뒤엎었듯이 미국이 화폐에 대한 신뢰를 관리할 수 있는 능력

....

11 Eichengreen, Barry, "Facebook's venture into cryptocurrency is a terrible idea", *The Washington Post*, 25 Jun. 2019.

을 뒤엎을 순간에 놓여 있다"며 "리브라가 중국발ㅤㅤ 법정 디지털 화폐가 제기한 미래의 혼란에 대한 대답이 될 수 없다면, (미국을 포함한) 서구의 정부들은 더 늦기 전에 이에 대한 대답에 대해 고려해야 한다"고 주장했다.[12] 애디티 쿠마르Kumar 하버드대 케네디스쿨 벨퍼센터 소장은 리브라에 대해 "이는 벤모나 페이팔 등을 뛰어 넘는 것으로, 금융 시스템 내에서 하나나 둘의 연기자가 전권을 쥐게 만들게 하는 것"이라며 경계감을 표시했다.[13] 벤모나 페이팔은 우리나라 페이 서비스처럼 미국에서 달러를 충전해 놓으면 온라인 결제를 중개해주는 핀테크 서비스들이다. 동시에 디지털 위안화에 대해선 "서구는 중국의 디지털 위안화에 어떤 방식으로든 대답을 해야 한다"면서 "우리는 그것(디지털 위안화)에 대해 기술적으로뿐만 아니라 법적으로도 대비가 돼 있는가"라고 반문하기도 했다. 하버드대 벨퍼센터는 2019년 11월 래리 서머스Summers 전 재무장관, 네하 나룰라Narula MIT 디지털화폐연구소장 등 10명의 민간 전문가들을 불러 '디지털 화폐 전쟁' 상황 때 백악관 국가안전보장회의를 시뮬레이션(모의운영)하는 프로그램을 진행하기도 했다. 시뮬레이션은 디지털 위안화가 등장해 미국의 달러 네트워크를 우회할 수 있게 된 상황을 가정하고, 미국이 어떻게 대처할 것이냐는 가상의 대안을 논의하는 방식이었다. 디지털 달러를 발행하자는 대안도 나왔지만, 현재 달러 시스템을 강화해서 충분히 막을 수 있다는 의견도 적지 않았다.[14]

결국 당초 계획했던 리브라의 계획은 후퇴했지만, 리브라와 리브라

....

12 Kenneth Rogoff, "The High Stakes of the Coming Digital Currency War", *Project Syndicate*, 11 Nov. 2019.
13 "Brace for the Digital-Money Wars", *Wall Street Journal*, 7 Dec. 2019.
14 "Cryptocurrency and national insecurity", *The Harvard Gazetta*, 20 Nov. 2019.

2.0 프로젝트를 통해 '디지털 달러'는 국경이 없기 때문에 단순히 미국만의 문제가 아니라 글로벌 화폐 문제로 접근해야 한다는 문제의식만큼은 충분히 전달된 셈이다. 글로벌 금융과 무역, 그리고 개인 간P2P 거래의 무대에 '글로벌 디지털 화폐'의 등장이 불가피하다는 점도 토론의 장에 나왔다. 또 그에 대비해 미국 등 각국 정부가 시급하게 대응책을 준비할 필요가 있다는 점도 인식이 됐다. 예컨대 '디지털 달러'로 미국에서 코로나 재난지원금이 지원됐는데, 이 돈으로 미국 가계가 알리바바와 같은 중국 기업이 운영하는 글로벌 웹사이트인 알리익스프레스에서 중국산 마스크를 구입했다면 어떻게 봐야 하느냐하는 등의 문제가 등장할 수 있다는 것이다. 리브라 프로젝트가 디지털 달러와 디지털 위안화에 대해 많은 질문을 만들었지만, 아직 미국 정부나 연준은 명확한 답변은 내놓지 않고 있는 것이다.

'디지털 달러 프로젝트'의 디지털 달러 백서

미국에는 디지털 달러 도입 주장을 강하게 외치는 민간단체도 있다. 2020년 5월 29일 민간 싱크 탱크인 '디지털 달러 프로젝트'는 디지털 달러 백서白書를 발행했다. 백서에는 미국이 도입해야 할 디지털 달러는 어떤 형태가 돼야 하는지 이들의 주장이 담겼다.

디지털 달러 프로젝트는 전前 상품선물거래위원회 위원장인 크리스토퍼 지안카를로Giancarlo를 중심으로 뭉친 디지털 달러 재단과 글로벌 컨설팅 회사 액센츄어가 2020년 1월 만든 단체다. 뉴욕 변호사 출신인 지안카를로는 2017년 8월~2019년 7월 선물, 옵션 등 파생상품 시

디지털 달러 백서 표지

장을 감독하는 상품선물거래위원회 위원장을 지냈으며, 위원장 재직 당시 암호화폐 진영에 우호적인 입장을 보여 '크립토 대드Crypto Dad(암호화폐의 아빠)'란 별명도 갖고 있다. 지안카를로는 2019년 10월 15일《월스트리트저널》에 "미국이 사람을 달에 보냈듯이, 사이버공간에는 디지털 달러를 보낼 수 있다"며 디지털 달러를 선도적으로 발행해서 선도해야 한다는 주장을 폈다.[15] 이후 민간 부문에서 디지털 달러 도입을 주장하는 진영을 대표하는 듯한 위치에 있다. 미국 의회가 개최하는 디지털 달러 관련 청문회에서도 지안카를로는 단골 증인으로 나서고 있다. 액센츄어에선 금융서비스와 블록체인 등을 담당하고 있는 데이비드 트리트Treat 전무가 참여하고 있다.

디지털 달러 프로젝트의 디지털 달러 백서는 미국이 도입해야 할 디지털 달러가 크게 두 가지 특징을 가져야 한다고 정리했다.[16] 첫째는 2단계two-tier 구조이다. 중앙은행인 연준이 디지털 달러를 발행해서는 상업은행과 금융회사 등에 공급하고(1단계), 은행과 금융회사는 이들 다시 개인과 기업 등에 공급한다는 것이다(2단계). 이는 현재 지폐와 동전이 유통되는 것과 같은 구조이고, 중국이 추진하고 있는 디지털 위안화와 같은 구조이기도 하다.

둘째는 '토큰 방식'으로 발행해야 한다는 것이다. 디지털 달러는 미 연준이 모든 미국 국민이 계좌를 갖는 '계좌 방식'과 개인과 기업이 갖고 있는 디지털 지갑에 담아 유통하는 '토큰 방식'이 가능한데, 이 중 토큰 방식으로 발행해야 한다고 주장했다. 이는 현재 지폐와 동전을 유통

15 "We Sent a Man to the Moon. We Can Send the Dollar to Cyberspace", *Wall Street Journal*, 15 Oct. 2019.
16 Digital Dollar Project(2020).

하는 방식과 같다. 개인간 P2P거래에서 중앙은행 계좌를 통하지 않고 직접 스마트폰 등에 있는 디지털 지갑에서 디지털 달러를 주고받게 된다는 것이다.

백서는 디지털 달러가 사용할 기술로는 암호화폐인 블록체인 등에서 사용되는 '분산 원장 기술'을 선호한다고 했다. 그리고 '프로그램 가능한' 화폐로 도입하는 걸 환영한다고 했다. 그리고 분산 원장 기술과 관련해 민간과 정부가 합작한 기관이 거래를 인증하는 시스템을 제안하기도 했다. 이와 관련 액센츄어의 데이비드 트리트 전무는 이와 관련 "혁신의 물결을 이끌기 위해 어떤 형태로든 민간과 정부가 협력하는 것을 우리는 기대하고, 지지하고 열려 있다"고 말하기도 했다.

백서는 "잘 설계돼 있고, 지속될 수 있고, 보편적으로 사용할 수 있는 디지털 달러를 탐구하는 것은 '국익'이다"라며 "성공적으로 디지털 달러를 창출하는 것은 엄청난 작업이고, 신중하고도 완벽하고 사려 깊게 수행될 필요가 있다"며 디지털 달러를 만들 것을 촉구하는 것으로 마무리했다.

이 같은 디지털 달러 프로젝트의 백서는 사장되지 않고 미국 의회 등에서 디지털 달러를 논의하는 기초로 사용되고 있다. 2020년 6월 17일 열린 미 하원 금융서비스 위원회에서 공화당 출신의 톰 엠머Emmer 의원은 제롬 파월 미 연준 의장에게 디지털 달러 프로젝트의 백서를 콕 찍어서 어떻게 생각하는지 질문을 던졌다. 이에 파월 의장은 "이는 중앙은행이 디자인해야 하는 사안이다. 통화 공급을 창출하는 데 민간 부문이 개입해서는 안 된다. 이는 중앙은행의 일이다"라고 단호하게 얘기했다. 다만 이런 입장이 디지털 달러를 외면하고 연구하지 않겠다는 것은 아니었다. 파월 의장은 "이것이 미국 경제와 세계 기축 통화인 달러를 위해 좋은 것이라면 우리는 누구보다 먼저 그리고 가장 잘 이해할 필요가 있다"며 "그런 점에서 우리는 열심히 노력하고 있다"고 했다. 파월 의장은 또 "우리는 이것(중앙은행 디지털 화폐)을 이해하는 걸 우리의 의무라고 생각한다"며 "우리가 단지 기술적인 변화를 놓쳐서 어느 날 갑자기 깼을 때 달러가 더 이상 기축 통화로서의 역할을 하지 못한다는 걸 인식하는 일은 없을 것이다"라고 했다. 디지털 달러 등 중앙은행 디지털 달러와 관련된 금융적인 측면 뿐 아니라 기술적인 측면에 있어서도 다른 어느 나라에 뒤질 생각은 없다는 것을 분명히 한 것이다. 다만, 법정 화폐 발행은 공적인 영역이기 때문에 민간과 공개적으로 협력하는 방식으로 일을 진행하지는 않겠다고 한 것이다.

달러 스와프는 전 세계에
뿌리는 '디지털 달러'

이제까지는 무대 뒤에 있던 '디지털 달러'를 무대 앞으로 끌어내리려는 노력에 대해서 살펴본 셈이다. 페이스북의 리브라를 둘러싼 논쟁은 개인과 가계가 쓸 수 있는 소매retail형 또는 범용 '디지털 달러'에 대한 얘기다. 그렇다면 중앙은행이 발행한 디지털 달러 역시 실생활 무대에서 볼 수 있을까?

사실 이미 중앙은행과 은행들 사이에서 디지털 달러가 거래되고 있다. 미국 은행들은 연준이 발행한 달러를 '지급준비금'이란 형대로 미 연준에 달러를 예치해 놓고 있는데, 그 형태는 실물인 지폐와 동전이 아니라 디지털이기 때문이다. 금융 소비자들이 은행에 예금 계좌를 개설해 놓고 온라인 송금을 하듯이, 미국 은행들은 중앙은행인 미 연준에 계좌를 개설해 놓고 디지털 달러를 주고받고 있다. 명목 상 이름은 지급준비금이지만, 사실은 디지털 달러인 것이다.

그런데, 이런 무대 뒤에 있던 디지털 달러가 글로벌 위기 상황을 맞아서는 전 세계에 공급되기 시작했다. 2008년 글로벌 금융위기 때 그런 일이 있었고, 2020년 코로나 팬데믹(대유행) 위기에서도 같은 일이 벌어졌다. 무슨 얘기냐 하면 미 연준이 세계 주요국과 맺은 통화 스와프 협정은 그 속을 들여다보면 디지털 달러를 전 세계에 뿌리는 것을 의미한다는 것이다.

미 연준이 디지털 달러를 전 세계에 공급하는 매커니즘에 대해 좀 더 자세히 알아보기로 하자. 2020년 초반 코로나가 전 세계로 확산되면서 글로벌 금융 시장에도 달러 가뭄이 나타날 조짐을 보이자 미 연준은 글로벌 시장에 달러를 직접 공급하겠다고 나섰다. 연준은 3월 19일 우리나라를 비롯해 호주, 브라질, 멕시코, 싱가포르, 스웨덴 중앙은행과 각각 600억 달러, 덴마크, 노르웨이, 뉴질랜드 중앙은행과 각각 300억 달러 등 19국과 통화 스와프 협정을 체결했다. 통화 스와프swap(맞교환)는 두 나라의 통화를 교환하는 것인데, 사실상은 세계 1위 기축통화국인 미국의 달러를 위기 때 쉽게 빌려 쓸 수 있게 하는 것이다. 미국은 기존에 유럽연합EU, 캐나다, 영국, 스위스, 일본 등 5국과 무기한, 무제한 통화 스와프 협정을 맺고 있다. 그런데 국제 금융 시장에 달러 부족 조짐을 보이자 2020년 3월 이를 대폭 확대한 것이다. 연준은 금융 완화 정책을 단순히 미국 국내에만 한정하지 않고 글로벌 시장까지 넓혔다.

2020년 3월 19일 미 연준이 통화 스와프 협정 대상국을 넓히자마자, 스와프 자금 공급량은 기존의 약 5000만 달러에서 하루 만에 1625억 달러로 크게 늘어났다. 그런데 이날 달러 자금을 쓴 곳은 유럽연합, 영

단위: 억달러

	2월 말	3월 말	3월 말	4월 말	5월 말	6월 말	7월 말	8월 말
금액	0.5	3577	3577	4462	4476	2269	1072	890

출처: 미 연준

국, 일본, 스위스 등 기존 협정국이었다. 3월 30일 덴마크 중앙은행을 시작으로 추가로 스와프 협정을 맺은 나라들도 연준의 스와프 자금을 쓰기 시작했다. 한국은 4월 초 87억 2000만 달러를 시작으로 해서 자금 사용을 늘리기 시작해 5월 중순 187억 8700만 달러까지 늘렸다. 미 연준이 전 세계에 푸는 스와프 자금은 5월 말이 되면 4476억 달러까지 늘어나게 된다. 그 이후 글로벌 시장의 돈 가뭄 현상이 잦아들면서 각국의 달러 스와프 자금 사용액은 점차 감소하는 추세를 보이게 된다.

미 연준은 여기서 그치지 않았다. 3월 31일엔 어느 나라 해외 중앙은행이라도 달러가 필요하면 미국 국채 등을 담보로 달러를 공급해주는 'FIMA 레포Repo(환매조건부채권)' 창구를 도입하겠다고 했다. 이는 2008년 글로벌 금융 위기 때도 없었던 조치다. 통화 스와프 협정을 맺은 나라들 뿐 아니라 신흥국 등 세계 어느 나라에서도 달러 현찰이 부족해 위기 상황으로 치닫는 것은 놔두지 않겠다는 뜻이다. 이를 두고 보수 싱크탱크인 미국기업연구소AEI의 코리 샤크Schake 이사는 "미 연준이 사실상 세계의 중앙은행 역할을 맡게 됐다"고 평가했다.[17]

그런데 다시 말하지만 미 연준이 글로벌 시장에 직접 공급하겠다는

. . . .

17 "Digitizing the dollar in the age of COVID-19", *Atlantic Council*, 22 Apr. 2020.

달러는 중앙은행이 발행해서 직접 각국 중앙은행 계좌에 넣어주는 '디지털 달러'이다. 통화 스와프는 다음과 같은 절차를 거친다. 통화 스와프 협정을 맺은 각국은 미국 뉴욕에 있는 뉴욕연방은행에 자기 이름으로 된 계좌를 갖고 있다. 예컨대 한국은행은 뉴욕연방은행에 한국은행 명의로 계좌를 개설해 놓고 있다는 것이다. 한은이 통화 스와프 자금을 10억 달러 쓰고 싶다고 미 연준에 요청을 하면, 연준은 10억 달러 어치 지폐 뭉치를 한국에 보내주는 게 아니라 그저 뉴욕연방은행에 개설된 한은 계좌에 10억 달러를 '디지털 달러'로 넣어줄 뿐이다.

대신 한은은 미 연준 명의로 한은 내에 계좌를 만들고 10억 달러에 해당하는 원화를 넣었다고 표시만 한다. 맞교환이라지만 실물 화폐가 왔다 갔다 하는 것도 역시 아니다. 한은이 이 뉴욕연방은행의 한은 계좌에 들어 있는 디지털 달러를 국내 금융회사가 쓰도록 배분한다. 그리고 나면 국내 금융회사들은 디지털 달러를 받았다는 사실을 거래하는 미국 은행 등에 통보하고 미국 은행들은 뉴욕연방은행에 예치된 한은 명의의 디지털 달러를 받아서 국내 금융회사의 계좌에 넣어주는 식으로 거래가 이뤄진다.

FIMA 레포도 방식은 비슷하다. 뉴욕연방은행에 계좌를 갖고 있는 중앙은행이라면 어느 나라라도 이용할 수 있다. 뉴욕연방은행에 따르면, 200개가 넘는 각국 중앙은행, 통화 당국, 국제 기구가 각각의 명의로 550개가 넘는 계좌를 뉴욕연방은행에 열어 놓고 있다. 중앙은행과 통화 당국이 180개 정도고, 국제기구는 약 18개 정도이며, 기타 해외 재무부나 정부가 개설한 계좌가 있다고 한다. 여기에는 각국이 예치한 달러가 들어 있다. 평소에 약 5조 달러가 예치돼 있다는 추정이 있다.[18] FIMA 레포를 이용하려면 갖고 있는 미국 재무부 발행 국채를 담보로 제시하면 미 연준이 그에 해당하는 디지털 달러를 계좌에 넣어주는 것이다. 다만 FIMA 레포는 이자를 내야 한다. 미 연준이 미국 은행들의 초과지급준비금에 부과하는 이자(2020년 4월 현재 0.1%)에 25bp(0.25% 포인트)를 더한 이자를 내도록 요구하고 있다. 스와프 자금은 정해진 한도 내에서 디지털 달러를 무이자로 쓸 수 있지만, FIMA 레포는 이자를 내야 하는 차이가 있는 것이다. 다만 미 연준이 직접 주는 디지털 달러를 받을 수 있다는 점에서 둘은 같다.

미 연준은 해외 중앙은행이 아닌 미국 은행들에 공급하는 디지털 달러엔 이자까지 붙여 주기도 한다. 초과지급준비금이자Interest rate on Excess Reserves, IOER이라는 개념이다. 미국 은행들은 민간에서 받은 예금 중 10%를 지급준비금으로 미 연준에 보유하도록 돼 있다. 예금자들이 갑자기 찾아와 예금을 달라고 했을 때 지급하기 위해 쟁여두는 돈이다. 그런데 지급준비금 비율을 넘겨 더 미 연준에 쟁여둔 돈을 초과 지급준비금이라고 한다. 2008년 글로벌 금융위기 이후 미 연준이 무한정 돈 풀기에 나서면서 기준 금리는 제로금리로 낮췄는데, 이 때 시중에 너무 많은 돈이 풀리지 않게 돈 공급량을 조절하기 위해 초과 지급준비금에는 0.25%의 이자를 지급한 게 시작이다. 은행들은 연 0.25%라는 어떻게 보면 쥐꼬리만큼의 이자지만 이를 챙기기 위해, 미 연준에서 받은 디지털 달러 형태의 돈을 초과 지급준비금으로 미 연준에 놔두게 된 것이다. 미

18 "Fed takes on role of world's central bank by pumping out dollars amid coronavirus crisis". *The Straits Times*, 1 Apr. 2020.

국 은행들의 초과 지급준비금은 2014년 8월 2조 7000억 달러까지 치솟기도 했다. 연준은 글로벌 금융위기가 어느 정도 수습돼 가는 와중에 갑자기 은행들이 연준에 맡겨 놓은 초과 지급준비금을 시중에 푸는 것을 막고 속도를 조절하기 위해 IOER 금리를 계속해서 인상해 IOER 금리는 2018년 말 연 2.4%까지 올렸다. 그러다 2019년 5월부터 IOER 금리를 내리기 시작했고, 코로나 사태에 대응하기 위해서 2020년 3월 전격적으로 연 1.6%에서 연 0.1%까지 급격하게 인하했다.

미 연준이 무대 뒤에서 디지털 달러를 운용하는 방식을 보면 미래에 가계와 기업이 사용하게 될 디지털 달러가 어떻게 운용될지 가늠할 수 있다. 또한, 디지털 달러는 이자를 지급할 수 있다는 점에서 지폐나 동전과 같은 일반 실물 화폐와는 완전히 다르다는 것도 알 수 있다. 또 '디지털 달러'에 매기는 금리를 올리거나 내리는 방식으로 조정할 수 있다. 경제 위기 상황이 오면 이 방식으로 디지털 달러 공급량을 직접 조절할 수 있는 것이다. 그렇게 해서 경제 위기에도 대처할 수 있다. 단지 현재의 디지털 달러는 미 연준이 국내 은행과 해외 중앙은행을 대상으로만 나눠 주고 있는 점이 개인 간 거래에서 사용될 수 있는 소매형 또는 범용 디지털 달러와 다른 점이다.

현대통화이론(MMT)과
디지털 달러의 만남

미국에서 코로나 경제 위기를 맞아 새롭게 주목받은 경제학 이론이 있다. '현대통화이론Modern Monetary Theory, MMT'이다. 현대통화이론에선 독자적인 주권 화폐sovereign currency를 발행하는 나라들은 완전 고용을 유지하기 위해 국가 채무를 늘려도 걱정이 없다고 한다. 다시 말하면 이 이론은 '독자적인 화폐를 가진 나라의 정부는 무한정 돈을 찍어 낼 수 있기 때문에 재정 적자를 불려도 국가 부도는커녕 아무 문제가 없다'로 요약된다. 중앙은행의 통화정책이 뒷받침된다면 정부의 재정정책이 아무리 확대돼도 국가부채 급증에 따른 디폴트(부도) 위기 논란 따위는 일어날 수 없다는 얘기다. 이 이론을 비판하는 사람들은 MMT라는 약자를 '매직 머니 트리Magic Money Tree(마법의 돈 나무, 즉 화폐가 끊임없이 생기는 나무라는 비유)' 이론이라고 비꼬아서 말하기도 한다.

그런데 코로나의 영향으로 미국의 재정이 3조 달러 가까이 들어가게 됐고, 그 결과 미국의 국가 부채는 30조 달러까지 불어날 조짐을 보이고 있다. 그러자 현대통화이론에 바탕을 두고 정책을 펴야 하는 게 아니냐는 의견이 등장하고 있다. 로버트 그레이펠드^{Greifeld} 전 나스닥 최고경영자는 "팬데믹이 경계에 서 있던 현대통화이론을 실제 미국 정책으로 옮겨가고 있다"고 주장하기도 했다.[19]

현대통화이론은 왜 이런 주장을 하는 걸까. 우선 현대통화이론이 그리는 세상은 기존 경제학과 완전히 다르다는 걸 유념하도록 하자. 현대통화이론은 세금을 걷지 않고 국채를 발행하지 않아도 정부는 무한정 돈을 찍어내 재정 지출을 할 수 있다고 본다. 그냥 중앙은행에서 돈을 가져다 국민에게 뿌릴 수 있다고 보기 때문이다. 통화정책은 무용지물이어서 '제로 금리'를 유지하면 되고, 시중 돈의 양은 정부가 세금의 세율을 높이거나 낮춰 조절해야 한다고 본다. 정부가 화폐 발행의 전권을 갖고 있고, 정부 뜻대로 화폐량을 조절하는 시스템이 갖춰져 있다고 가정하는 것이다.

기존 경제학은 재정을 조달하려면 세금을 걷고 국채를 발행해야 한다고 본다. 영국의 대처^{Thatcher} 총리가 1983년 했던 "만약 국가가 더 많이 쓰고자 한다면, 국민이 저축한 돈을 빌리거나 국민에게 더 많은 세금을 물리는 방법밖에 없다"는 연설에 이런 생각이 잘 반영돼 있다. 재정을 풀기 위해 세금이 부족하면 국채 발행을 늘려야 한다. 이는 시중에 채권 공급을 늘어나게 해 채권 가격은 떨어지고, 채권 가격과 반대로 움직이

19 Robert Greifeld, "Pandemic moves Modern Monetary Theory from the fringes to actual US Policy", *CNBC*, 29 Apr. 2020.

는 금리는 오르게 만든다. 시장 금리가 오르면 민간 기업의 활동이 어려워져 성장은 더뎌진다. 그래서 평소에는 균형 재정을 위해 노력해야 한다고 보는 것이다. 다만 케인스주의자들을 중심으로 한 많은 경제학자들은 비상시 부족한 수요를 진작하기 위해서 일시적으로 재정을 풀 수 있다고는 인정한다.

실제 2020년 3월 시카고대에서 미국의 저명 경제학자 42명을 대상으로 현대통화이론의 주장에 대한 의견을 조사한 결과에 따르면, '자체 화폐로 빌릴 수 있는 나라는 나라 빚을 조달하기 위해 언제나 돈을 찍을 수 있기 때문에 재정 적자를 걱정할 필요가 없다고 생각하나'는 질문에 대해 한 명의 경제학자도 동의하지 않았다. 또 '자체 통화로 빌릴 수 있는 나라는 정부가 지출을 원하는 만큼 돈을 찍어서 자금을 조달할 수 있다고 생각하나'는 질문에도 한 명의 경제학자도 동의하지 않았다. 그런 만큼 현대통화이론의 맹점은 정부가 무한정 돈을 찍어낼 수 있다는 가정에 있다는 게 주류 경제학자들의 비판이다. 의회나 중앙은행의 견제 없이 정부가 마음대로 돈을 쓸 수 있다는 게 현실적으로 가능하지 않다는 것이다. 또 한 나라에서 남들 신경 안 쓰고 돈을 맘대로 풀면 다른 나라 경제에 충격을 줄 수 있기 때문에 다른 나라 정부나 중앙은행도 보고 있지만은 않을 것이다.

그렇지만 코로나 팬데믹 위기를 계기로 '정부가 위기 극복을 위해 뭐든지 할 수 있다'며 현대통화이론을 정책으로 실현해 보겠다는 움직임이 미국에서 나타나고 있다. 그리고 그 연결고리에 디지털 달러가 있다. 흥미로운 것은 현대통화이론은 그 이름에서 알 수 있듯이 화폐를 새롭게 정의하는 데서 출발한다는 것이다. 당초에 화폐는 국가가 발행하는 게 전부이고, 정부가 적절하게 통제할 수 있다고 보기 때문에 화폐 발행을 남발해서 국가 부도 위기가 올 수 없다는 결론에 이르는 것이다.

미국의 대표적인 현대통화이론 진영 학자인 스테파니 캘턴[Kelton] 뉴욕 주립대 교수는 디지털 달러와 현대통화이론을 연결시키는 노력을 하고 있다. 캘턴 교수는 2020년 3월 미국 국회가 통과시킨 코로나 재정 지원 법안이 현대통화이론이 작동하는 원리를 보여주는 것이라고 주장하고 있다.[20] 국회가 수조 달러를 쓰라는 법안을 통과시키자, 미 연준이 컴퓨터 버튼을 눌러 그 돈을 쓰도록 했다는 주장이다. 국민에게 직접 주지는 않았지만, 미 연준의 지급준비금 계좌에 수조 달러라는 숫자를 넣어서 국채를 발행하기 이전에 이미 미 정부가 돈을 쓸 수 있도록 했다는 주장이다. 이런 일이 가능한 것은 '미국 달러를 디지털로 발행할 수 있는 능력' 때문이라는 것이다.

이 매커니즘은 캘턴 교수의 책 『재정적자 신화[Deficit Myth]』에 자세히 설명돼 있다.[21] 캘턴 교수는 2019년 미 의회가 군사 예산을 800억 달러 증액한 것을 사례로 들었다. 미 의회가 예산을 증액하면, 미 국방부는 보잉, 록히드마틴 등 기업에 주문을 내고 미 재무부는 연준에 그 만큼의 돈을 지급해 달라고 요구한다는 것이다. 미 연준은 록히드마틴이 거래하는 은행 계좌에 그저 숫자를 입력해주면 지급이 끝난다는 주장이다. 의회는 그 돈을 어떻게 지불할지 고민하며 돈을 구하러 다닐 필요가 없다. 일단 미 연준이 숫자를 입력하면 나머지는 회계의 문제라는 것이다. 현대통화이론 진영 학자들이 미 연준을 달러의 '득점 기록원[scorekeepr]'라

....

20 Stephanie Kelton, "Learn To Love Trillion-dollar Deficits", *New York Times*, 9 Jun. 2020.
21 Stephanie Kelton.

고 부르는 이유다. 득점 기록원은 점수가 부족할 이유가 없다. 그저 득점만 기록하면 되기 때문이다. 마찬가지로 연준은 달러가 부족할 이유가 없다. 달러 숫자만 디지털로 기록하면 되기 때문이라는 게 현대통화이론 진영의 주장이다. 이와 관련해 현대통화이론 진영은 벤 버냉키 전 연준 의장이 2009년 CBS 방송의 '60분' 프로그램에서 한 말이 그 증거라고 주목한다. 베냉키 전 의장은 2008년 글로벌 금융위기 때 1조 달러에 달하는 구제금융을 금융권에 지원한 데 대해 "그것은 세금이 아니다. 은행은 국민들이 상업은행에 계좌를 갖고 있듯이 연준에 계좌를 갖고 있다. 연준은 단순히 컴퓨터를 이용해서 은행이 연준에 가진 계좌에 돈을 넣어준 것뿐이다"라고 했다. 은행에 대한 '디지털 달러(여기서는 지급준비금)' 지급 매커니즘을 설명한 것인데, 똑 같은 방식으로 연준이 정부 재정을 지원할 수 있다는 주장을 현대통화이론MMT 진영이 하고 있는 것이다. 코로나로 인한 미국 정부의 막대한 재정 적자를 미 연준이 디지털 달러를 발행하는 방식으로 해결할 수 있을지는 아직 분명하지 않다. 하지만 코로나 대응을 위한 고민이 깊어질수록 재정 조달을 위한 방안에 대한 논쟁은 계속될 것으로 보인다.

마땅한 치료제나 백신이 없는 상황에서, 급증하는 코로나 전염에 세계 각국은 의료 시스템이 붕괴되는 것을 막기 위해 일시적인 '락다운Lockdown(봉쇄)'에 나섰다. 상점, 음식점 등이 문을 닫았고 주민들의 이동은 제한됐다. 공장이 문을 닫기도 했다. 수요와 공급 측면에서 동시에 충격이 오는 '코로나 경제 위기'가 덮친 것이다. 《파이낸셜 타임즈》칼럼니스트 마틴 울프는 4월 한 칼럼에서 "G7 선진국 국내 총생산이 20~30% 줄어들 것이다"라고 내다봤다.[22] 실제 2020년 2분기(4~6월) 미국의 분기 성장률은 연간으로 환산해서 −32.9%이었고, 독일은 −34.7%, 일본은 −27.8% 등을 기록했다.

....

22 Wolf, Martin, "We must focus attention on our next steps", *Financial Times*, 7 Apr. 2020.

그런데 모두가 '패자'가 될 것 같은 코로나 경제 위기 상황에서 미국 달러는 거의 유일하게 '승자' 대접을 받았다. 전 세계 투자자들이 달러를 사려고 몰려들면서 달러 가치가 급등한 것이다. 달러 가치를 나타내는 달러 인덱스를 보면 미 연준이 집계하는 무역 가중 달러 인덱스(지표 이름: DTWEXAFEGS)[23] 기준으로 2020년 3월 9일 108.4에서 2주일만인 3월 23일 117.0으로 7.9% 급등했다. 이 기간 달러 가치의 하루 변동률은 평균 0.9%에 달했다. 달러 가치의 하루 평균 변동률이 0.2%(2019년 기준)인 것과 비교하면 엄청나게 달러 가치가 오른 것이다.

　　역설적이게도, 달러는 미국이 위기의 진앙이었던 2008년 글로벌 금융 위기 때도 가치가 올랐다. 글로벌 위기가 오면 달러 선호 현상이 오히려 강해지는 것이다.

최근 5년간 무역 가중 달러 인덱스 추이. 그림 오른쪽에 급등한 부분이 2020년 3월이다.

. . . .
23 달러 대비 유로, 캐나다, 일본, 영국, 스위스, 호주, 스웨덴 등 7곳의 통화 가치를 종합해서 따져본 달러 가치를 나타내는 지표이다. 무역 비중도 고려한다. 숫자가 커지면 달러 강세, 작아지면 달러 약세를 뜻한다.

글로벌 투자자들은 위기가 닥치면 안전한 가치 저장 수단을 찾아 몰려가는 '떼거리 행동herd behavior'을 보인다.

달러가 이렇게 글로벌 투자자들에게 현재까지는 가장 좋은 가치 저장 수단인데는 몇 가지 이유가 있다.

우선 미국은 외환 규제가 거의 없어 누구라도 쉽게 달러를 살 수 있게 하고 있다. 물론 자금 세탁이나 테러 자금 같은 경우에는 미국도 달러를 함부로 거래할 수 없도록 하고 있다. 이런 경우가 아니라 투명한 자금이라면 미국 달러를 거래하는 데 제한이 없다는 것이다.

둘째로 미 연준이나 재무부의 정책이 투명하게 공개되기 때문에 갑자기 달러 거래에 제한이 생길 가능성이 없다.

셋째로 미국의 금융 시장은 세계에서 가장 잘 발달돼 있어서 거래가 활발하고 달러 자금이 묶일 가능성이 적다. 만약 글로벌 투자자가 위기 때 한국 원화에 투자했다고 하자. 원화 환율이 급등해서 이익을 얻었다고 해도 원화를 달러로 바꿀 외환시장이 멈춰 버린다면 자금을 회수할 길이 없을 것이다.

그러나 글로벌 투자자들은 미국 금융 시장이 멈출 일은 없다는 믿음을 갖고 있다. 예컨대 2008년 미국발 글로벌 금융 위기 때도 미 연준은 막대한 구제 금융으로 미국 금융 시장이 멈추는 일을 막아 냈다. 미 연준은 미국 시장을 안정시키는 것뿐만이 아니라 달러 수요 급증 때문에 글로벌 금융 시장이 요동치지 않도록 달러를 충분하게 공급하는 역할도 수행했다. 코로나 위기 때도 달러 스와프 협정으로 수천 억 달러의 달러 자금을 글로벌 시장에 수혈해 '달러의 수호자' 역할을 했다.

넷째로, 현재 달러는 세계 어디를 가더라도 쓸 수 있는 신뢰를 받고 있다. 상식적으로 상상해 봐도, 글로벌 위기 때 만약 인도네시아가 위기를 잘 견디는 모습을 보인다고 해서 인도네시아 루피화를 사서 유럽에 들고 가서 루피화를 내민다고 아무도 선뜻 받지 않으려고 할 것이다. 미국 달러가 넘쳐나 다른 나라에까지 영향을 미친다는 소위 다른 '스필 오버spill over(낙수효과)' 효과라는 건 달러에만 있지, 유럽의 유로화나 일본의 엔화에선 찾아보기 힘든 이유도 그렇다. 그래서 위기 때는 투자 목적이던, 심지어 투기 목적이던 글로벌 투자자들은 달러를 사기 위해 혈안이 되는 것이다.

평소에 자기 생각을 잘 발표하지 않던 헨리 폴슨Paulson 전 미국 재무장관은 2020년 5월 《포린 어페어즈》에 쓴 '달러의 미래'라는 기고문에서 "2차 세계 대전이 끝난 지 75년이 지났지만, 달러의 우위는 여전히 기울지 않았다"라고 했다.[24] 폴슨은 달러의 우위가 역사적인 우연, 2차 세계 대전 이후의 지정학적 조건, 미 연준의 정책 그리고 미국 경제의 규모와 역동성에서 나온다고 했다.

코로나 위기 때 달러 패권이 힘을 잃지 않았다는 것은 최우선 안전자산으로 달러를 찾는 수요가 여전했다는 데서 확인할 수 있었다. 하지만 이후에도 달러 패권이 지속될 지에 대한 의구심은 커지고 있다. 코로나에 대한 대응이 앞으로 달러 패권을 유지할 수 있는지의 관건이 될 것이라는 전문가들의 진단이 많다.

실제로 2020년 중반을 지나면서 미국의 코로나 대응이 논란이 되면서 달러 약세가 이슈가 되고 있고, 이는 장기적인 달러 패권을 유지할 수

....

24 Henry Paulson, "The Future of the Dollar", *Foreign Affairs*, 19 May 2020.

단위: %

	1월	2월	3월	4월	5월	6월	7월	8월
변화율	1.3	1.1	1.8	−0.5	−0.6	−1.1	−3.7	−1.5

출처: 미 연준

있는지에 대한 논의로까지 발전하고 있다. 2020년 월별 달러 인덱스 변화율을 보면, 3월까지는 상승세를 보이다가 4월부터 하락세를 보여 7월에는 무려 3.7%나 떨어진다. 2017~2019년 달러 인덱스의 월 평균 변화율은 1.2%인 것과 비교하면 7월 한 달 사이에 달러 가치의 낙폭이 상당한 것이다.

이런 가운데 미국에서 디지털 달러 논의가 진행되고 있는 것이다. 디지털 달러는 달러 패권을 유지하는 데 힘을 보탤지 아니면 달러 패권의 힘을 빼는 악수惡手가 될지 아직 불분명하다. 코로나 시대에 디지털 달러를 미국과 전 세계 구석구석까지 적재적소에 실시간에 공급하면서 달러 경쟁력을 유지할 수도 있고, 미국 국가 부채가 급증하는 과정에서 그저 미국의 나라 빚을 남발하는 걸 보조하는 디지털 통로가 될 위험성도 있다.

아직 누구도 자신 있게 미국 달러 패권의 방향을 얘기하기는 힘든 시점이다. 누리엘 루비니Roubini 뉴욕대 교수는 "전지전능한 달러는 미끄러질 것인가"라고 문제를 제기하면서 "달러의 지위가 아직까지는 안전하지만, 앞으로 수년 또는 수십 년간 중요한 도전에 직면할 것이다"라고 하기도 했다.[25] 코로나 시대에 미국 경제가 흔들리는 모습을 보인다면, 앞으

....

25 Nouriel Roubini, "Is the Almighty Dollar Slipping?", *Project Syndicate*, 21 Aug. 2020

로 유로, 위안화 등의 달러 패권에 대한 도전은 이전보다 거세질 것은 분명해 보인다.

코로나 시대에도 나타난 달러 패권은 달러의 절대적인 경쟁력에서 나오는 것이라기보다는 "대안이 없기 때문"이라는 시각도 있다. 유로화, 위안화가 달러의 대안이 되기에는 경쟁력이 부족하다는 것이다. 유로의 경우엔 코로나 위기가 오기 전인 2018년 12월 유럽 연합에서 비록 구속력은 없지만 국제 기축 통화로서의 유로의 역할을 높이자는 제안서를 채택하기도 했다. 하지만 2011~2012년 재정 위기에서 봤듯이, 유로는 '안전 자산'인 국채를 시장에 공급하는 데 취약한 모습을 보이고 있기 때문에 달러에 대항하는 데는 한계가 있다. 위안화도 중국 정부가 기축 통화로 키우고자 하는 노력을 하고는 있지만 여전히 전 세계 외환보유액 중 비중은 2% 수준에 불과하다. 자본 이동에 대한 통제와 더불어, 위안화 금융 시장이 발달하지 않아 아직까지는 글로벌 투자자들이 위안화를 보유할 유인이 적기 때문이다.

때문에 현재로선 달러 패권을 위협하는 요인은 미국 '내부'에 있다는 시각이 설득력을 더 갖는다. 폴슨 전 재무장관은 "달러 우위에 있어서, 주요한 리스크(위험)은 베이징(중국)이 아니라 워싱턴(미국)에서 나온다" 라고 했다.

미국 경제 내부에서 달러 패권을 위협하는 가장 큰 요소는 역시 불어나는 국가 부채 문제이다. 경제 위기 극복을 위해 미국은 재정과 통화 정책을 동원해서 막대한 달러 자금을 쏟아 붓고 있다. 글로벌 컨설팅회사인 맥킨지의 2020년 6월 분석에 따르면, 미국의 코로나 대응 경기 부양 규모는 국내총생산GDP 대비 12.1%로 2008년 글로벌 금융 위기 때의 4.9%보다 2배 이상 많아졌다.[26] 코로나 부양 자금이 늘어나면 늘어날수록 그만큼 민간에 투입되는 달러 자금은 늘어나게 될 것이다. 시장에 달러 공급이 늘어날 것으로 예상되면 달러 가치는 떨어지게 된다. 그리고 가치가 떨어지는 통화를 안전 자산으로 갖고 있으려는 투자자들은 줄어들게 된다. 스티븐 로치 예일대 교수는 코로나 부양책 등으로 인해서 달러 인덱스가 앞으로 2~3년 내에 35% 떨어질 것이라고 2020년 6월 전망하기도 했다.[27]

두 번째 위협은 지금까지 미 연준이 이끌어 왔던 달러 신뢰가 정치적인 공격에 의해서 침식당할 우려다. 트럼프 미 대통령은 취임 후 계속해서 연준 정책에 의문을 제기하면서 공격하고 있다. 여기에 더해 현대통화이론 진영 등 불어나는 국가부채를 중앙은행이 바로 달러 자금으로

....

26 "The $10 trillion rescue: How governments can deliver impact", *McKinsey & Company*, 5 Jun. 2020.
27 Stephen Roach, "The Covid Shock To The Dollar", *Project Syndicate*, 23 Jun. 2020.

메워주면 된다는 목소리가 커지고 있다. 이런 주장이 정치적인 구호가 되면 미국의 국가부채는 고삐 풀린 망아지처럼 불어날 수도 있다. 이미 IMF의 반기 재정 점검 보고서에 따르면 2020년 미국의 국가부채 비율은 GDP의 131.1%로 2019년(109.0%)보다 무려 22.1%포인트 급등할 전망이다. 미국 국가부채 비율이 2013~2019년 연간 평균 1.2% 변동한 것과 비교하면 증가폭이 엄청난 것이다.

또 미국의 이 같은 국가부채 증가 전망은 전 세계 국가부채 증가 전망폭보다 크다. 전 세계의 국가부채 비율은 GDP의 2019년 83.3%에서 2020년 96.4%로 13.1%포인트 급등할 전망이다. 여기서 문제는 단순히 미국의 국가 부채가 늘어나는 게 아니라, 미 연준이 정치적인 역학 관계에 따라 디지털 달러 등으로 국가부채의 '화폐화Monetization'를 도와주는 기관으로 전락하게 될 위험이다. 그렇게 되면 지금까지 미국 달러를 지켜 왔던 연준의 신뢰가 무너지고 달러에 대한 신뢰도 무너질 위험성이 있다.

폴슨 전 재무장관은 "달러의 지위는 미국의 정치적 경제적 시스템의 근본적인 안정성에서 나온다"며 "이는 미국의 경제 번영을 달성하고 정책을 수행할 수 있는 정치적인 시스템, 미국의 '재정 건강fiscal health'을 유지하는 정치적인 시스템이 있는지를 요구하고 있다"고 했다. 그는 "미국의 경제 정책 선택은 해외에서도 매우 중요한데, 이는 미국의 신뢰에 영향을 주기 때문이다"라고 덧붙였다. 코로나 사태를 거치면서 미 의회와 정부, 그리고 미 연준 사이에 역학 관계가 변할 지도 주목해서 지켜봐야 할 이유다.

트럼프 대통령이 제기했던 '미국 우선주의'가 트럼프 시대 이후에도 어떤 형태로든 생명력을 유지해 나간다면 문제다. 달러를 미국의 이익만을 위해 다른 나라를 위협하는 '달러 무기화'로 변질된다면 해외에서 미국의 리더십에 손상을 줄 것이다. 이는 궁극적으로 달러의 신뢰에도 나쁜 영향을 줄 수 있다.

마지막으로 소위 '페트로 달러'[28] 지위가 약해질 우려도 있다. 현재 사우디아라비아 등 주요 산유국들은 석유 거래를 달러로 하고 있다. 석유 거래에서 달러가 주로 쓰이는 걸 페트로 달러라고 부른다. 그런데 미국의 석유 공급 독립이 현실화된다면 이는 달러의 지위에도 영향을 미칠 수 있다는 시각도 있다.[29] 현재 중국, 인도, 일본, 한국 등 세계 5위권에 드는 주요 원유 수입국들이 미국 달러를 외환보유액으로 쌓아 놓고 있는 이유 중 하나가 석유 거래 때문이다. 반면 사우디아라비아, 러시아 등 석유 수출국들은 석유 수출로 얻은 달러를 외환보유액으로 쌓아 놓고 있다. 2020년 6월 말 현재로 보면 세계 외환보유액 1위가 중국이고, 2위가 일본, 4위가 러시아, 5위가 인도, 7위가 사우디아라비아, 9위가 한국이다. 원유 거래가 달러로 이뤄지니 수입에 대비해서 달러가 필요하고, 수출로 달러가 쌓이는 메커니즘이다. 그런데 셰일 오일 혁명으로 미국 국내에서 원유 생산이 늘어난다면 세계 최대 산유국인 사우디아라비아 등 중동 지역에 대한 미국의 관심이 줄어들 것이다. 그렇게 된다면 사우디아라비아는 대안을 중국 등에서 찾을 텐데, 이 과정에서 원유의 달러 결제가 줄어들고 그에 따라 달러의 수요도 줄어들 것이란 얘기다. 그에 따라 달러 패권의 영향력도 떨어질 가능성이 있다.

....

28 페트로 달러petro dollar라는 용어는 1973년 이브라힘 오웨이스Oweiss 조지타운대 교수가 창안한 것으로 알려져 있다.
29 "We may be heading towards a post-dollar world", *Financial Times*, 31 May 2020.

다만, 미국이 코로나 시대에 달러의 신뢰를 한번에 추락시킬 경제 정책이나 통화 정책을 꺼내지 않는다면 달러 패권이 일순간에 무너질 가능성은 낮아 보인다. 역사적으로 보더라도 과거 글로벌 통화 패권이 19세기 영국 파운드화에서 20세기 미국 달러로 넘어가는 과정을 봤을 때도 수십 년에 걸쳐서 패권 이동이 일어났다. 19세기만 하더라도 영국의 잉글랜드은행이 '국제 오케스트라의 지휘자'라고 불렸지만, 1920년대에 들어오면서 달러가 영향력을 확대하기 시작해 파운드와 글로벌 통화로서 영향력을 나눠가졌다. 2차 대전 후 브레턴우즈 체제가 만들어지면서 달러가 글로벌 기축통화로서의 지위를 공고하게 했고, 미 연준은 잉글랜드은행의 자리를 대체하게 됐다. 전 세계 외환보유액 중 달러의 비중은 2019년 여전히 60.9%에 달한다. 다만 그 비중은 1999년 71.0%에서 20년 사이에 서서히 줄어들고 있는 과정에 있다.

배리 아이켄그린 교수는 2018년 『어떻게 글로벌 화폐가 작동하는가 How Global Currencies Work』란 책에서 달러가 20세기 하반기 기축 통화로서의 역할을 독점하던 시기가 지나가고 있으며, 조만간 달러와 다른 통화들이 기축 통화로서의 역할을 두고 경쟁하는 다극 체제가 조만간 도래할 것이라고 했다. 아이켄그린의 주장은 디지털 달러, 디지털 위안화 등 중앙은행 디지털 화폐가 등장할 21세기 글로벌 통화 시스템에서 의미 있는 얘기가 될 수 있다. 그는 국제 금융 시스템 속에서 달러가 단일한 기축 통화 지위를 독점하는 못 하는 상태가 도래하는 것을 개인용 컴퓨터PC 운영 시스템의 경쟁에 비유해서 설명했다.

1980년대에 마이크로소프트는 워드 프로그램을 서로 호환되지 않는 두 가지 운영 시스템인 쓰는 애플 매킨토시와 IBM PC에 각각 사용할 수 있는 두 가지 버전으로 출시해야 했다. 그럼에도 불구하고 IBM PC의 운영 시스템인 마이크로소프트의 MS-DOS를 사용하는 사람이 많았기 때문에 점차 MS-DOS, 그리고 MS-DOS가 진화한 마이크로소프트 윈도에서 작동하는 워드 프로그램이 유일하게 시장을 장악할 수 있을 것처럼 보였다. 남들이 쓰면 나도 쓰게 되는 '네트워크 효과' 때문에 마이크로소프트 운영 시스템을 쓸 수밖에 없다는 예측이었다. 하지만 세상은 그렇게 흘러가지 않았다. 프로그래머들은 두 가지 운영 시스템에서 파일을 쉽게 호환해서 쓸 수 있는 방법을 만들어 냈다. 워드 프로그램들도 두 운영 시스템의 파일을 호환해 사용할 수 있도록 업데이트됐다. 파일 전환의 불편함이나 파일 전환 비용은 떨어졌고, 주변에서 마이크로소프트 윈도를 쓴다고 해서 꼭 윈도를 운영 시스템으로 쓸 필요가 없어졌다. 그러자 마이크로소프트 윈도, 애플 맥 OS, 리눅스 등 다양한 운영 시스템이 경쟁하기 시작했다는 것이다. 공동 문서 작업을 하는 사람들끼리 반드시 같은 운영 시스템을 쓸 필요도 없어졌다.

앞으로 글로벌 화폐 시스템도 마찬가지 길을 걸을 수 있다는 것이다. 디지털화로 전환 비용(화폐는 환전 비용)이 낮아지고, 남이 쓴다고 해서 나도 써야 하는 네트워크 효과도 점차 사라질 것이다. 실시간 환율로 각국의 디지털 통화를 환전 비용도 거의 없이 쉽게 바꿀 수 있는 일이 벌어진다는 것이다. 실제 이미 각국의 핀테크 기업들이 이 같은 서비스를 내놓고 있고 서비스 범위를 확대하고 있다. 그렇다면 아이켄그린은 명시적으로 말하지 않았지만, 우리는 디지털 달러, 디지털 유로, 디지털 위안화, 아니면 제3, 제4의 민간 디지털 화폐가 기축 통화 자리를 놓고 다투는 일이 벌어질 수 있다고 생각해 볼 수 있다. 만약 미국 달러가 내부의

적 때문에 지금 누리고 있는 확고한 기축통화 위치를 내놓게 되면 여러 통화가 경쟁할 충분한 바탕을 중앙은행 디지털 통화들이 깔아주는 일이 벌어지는 것이다. 다만 아이켄그린은 여러 통화가 기축통화를 놓고 다극 체제로 경쟁하는 경우 달러가 확고한 기축 통화로서 자리를 지키고 있을 때와 달리 글로벌 금융 시장이 작은 뉴스에도 요동치는 등의 불안정성이 커지게 된다고 했다. 앞으로 안전벨트를 세게 매고 글로벌 금융 시장의 움직임을 지켜봐야 할 필요성이 더 커지는 것이다.

바이든은 디지털 달러 논의의 버튼을 누를까

2020년 11월 3일 열린 미국 대통령 선거에서 조 바이든Biden 민주당 후보가 승리하면서 2021년 1월 20일 백악관의 주인이 바뀌게 됐다. 트럼프 미 대통령이 4년 단임에 그치고, 바이든이 앞으로 4년간 미국을 이끌 신임 대통령이 되는 것이다.

바이든은 디지털 달러에 대해 어떠한 입장일까. 바이든은 대선 후보 시절 디지털 달러뿐만 아니라 디지털 화폐나 비트코인 등 암호화폐에 대해서 공개적으로 입장을 얘기한 적이 없다. 디지털 화폐에 대해 좋게 말한 적도 없지만, 나쁘게 말한 적도 없다는 것이다. 트럼프는 "암호화폐는 돈이 아니다"라던지 "페이스북의 리브라는 기반도 없고 믿을만하지 않다"라면서 디지털 달러까지는 아니더라도 암호화폐나 리브라에 대해서 부정적인 입장을 보였는데, 바이든은 이와 달리 아무런 호불호를 밝히지 않았던 것이다.

그러나 바이든은 대선 공약 중에는 디지털 달러 정책의 단초가 들어 있다. 모든 국민이 중앙은행인 연방준비제도(연준)에 계좌를 갖게 하는 방안을 검토한다는 내용이 공약에 들어가 있다. 2020년 7월 바이-샌더스 공동 대선 공약 태스크포스^{TF}는 110쪽에 달하는 공동 대선 공약집을 마련했다. 민주당 대선 후보 경선에서 바이든이 1위를 하고 있는 상태에서 2위를 달리던 버니 샌더스^{Sanders} 버몬트주 상원의원이 바이든을 지지를 선언했다. 그리고 두 후보는 대선에서 협력하기로 하면서 TF를 만들어 경제, 기후변화, 사법제도 개혁, 교육, 보건, 이민 정책 등에 대한 공동 대선 공약을 만들었다. 샌더스는 민주당이나 공화당에 소속돼 있지 않은 무소속이지만 민주당 내 진보파들의 지지를 바탕으로 민주당 대선 경선에 나섰다. 때문에 샌더스가 대표하던 민주당 내 진보파의 목소리를 담기 위해서 TF를 만들고 공동 공약을 문서 형태로 만든 것이다.

공동 대선 공약 중에서 '은행과 금융 서비스에 대한 공정한 접근을 보장한다'는 내용에서 디지털 달러를 추진할 수 있는 근거를 발견할 수 있다. 공약집은 이를 구체적으로 "(민주당은) 의회가 저소득층과 중산층 가구에게 저렴하고, 투명하고, 신뢰할 수 있는 은행 서비스를 보장하려는 노력을 촉구하고 지지해야 한다"고 했다. 그런 은행 서비스에는 "연준을 통한 은행 계좌와 실시간 결제 시스템을 포함한다"고 덧붙였다. 이 내용은 미국의 중앙은행인 연준이 모든 미국인에게 연준 계좌를 개설해주고 실시간으로 자금 이체를 가능하도록 만드는 서비스를 제공해야 한다는 뜻으로 해석될 수 있다. 누구나 실시간으로 중앙은행 화폐를 자유롭게 주고받을 수 있게 해주겠다는 것이다. 이는 지금까지 앞에서 살펴봤던

'디지털 달러'와 같은 개념인 것이다.

　다만 바이든-샌더스 공동 공약집에는 구체적으로 이러한 연준 계좌를 어떻게 제공해야 하는 지에 대한 상세한 내용은 없다. 그러나 앞서 2020년 3월 코로나 재정 지원법을 만들 때 많은 민주당 의원들이 '디지털 달러' 개념을 꺼내고 구체적 실행 방안까지 담은 법안 초안을 냈다. 바이든의 대선 공약에도 디지털 달러의 단초가 될 수 있는 내용이 들어간 것을 감안한다면 바이든이 대통령 취임 후에 디지털 달러 논의를 더 활성화할 가능성이 높다고 볼 수 있다. 또 바이든은 코로나로 피해를 입은 취약계층을 지원하는 방안을 꺼낼 가능성이 큰데, 코로나 지원금을 취약계층에게 빨리 지급해야 한다는 이유로 디지털 달러를 들고 나올 가능성이 있다. 다만 대선 공약이 정책으로 실행되는 데는 수많은 토론 과정과 더불어 실행 가능성에 대한 검토가 이어져야 한다는 점은 고려해야 한다.

2장

디지털 위안화의
굴기崛起

코로나 사태 속 드러난 중국 디지털 위안화 실험

2020년 4월 15일 홍콩에 기반을 둔 글로벌 암호화폐 1위 거래소인 바이낸스의 장링裝靈 부사장은 소셜 미디어인 트위터를 통해 수상한 사진을 한 장 올렸다. 스마트폰에 설치된 전자지갑 애플리케이션(앱) 사진이었다. 단순한 앱 사진은 아니었다. 사진 속 앱에는 DC 교환이라는 항목이 있었고, 중국의 중앙은행인 중국인민은행의 DC/EP로 지불 받는 방식이라는 표시도 있었다.

DC는 디지털 화폐를 뜻하는 Digital Currency의 약자이고, DC/EP는 디지털 화폐/전자 지불Digital Currency and Electronic Payment의 약자다. 이는 중국인민은행과 중국에서 중앙은행 디지털 화폐를 부르는 약칭이다. 장 부사장은 "지갑 앱을 시험하고 있는 것처럼 보인다"고 했다. 그에 따르면, 선전深圳, 청두成都, 쑤저우蘇州, 그리고 슝안雄安에서 이 앱을 다운로드 받을 수 있다. 선전, 청두, 쑤저우는 기존 대도시이지만, 슝안은 중국의 수도 베이징北京 남서쪽 80km에 세워지고 있는 스마트 신도시이다.

중화권 매체를 중심으로 중국인민은행이 '디지털 위안화'[30]를 실험하고 있는 것 아니냐는 추정이 나오기 시작했다. 이후 몇 가지 버전의 전자지갑 앱이 소셜미디어 등에 누출됐다. 이 앱들은 알리페이, 위챗페이 등 이미 민간 기업들이 제공하고 있는 '페이 서비스'와 모습이 흡사했다. 디지털 화폐를 전자지갑 앱에 충전하듯이 저장한 후에 송금, 결제 등에 사용할 수 있을 것이란 추측이 나왔다.

다만 특이한 점은 '펑이펑碰一碰(부딪혀봐요)'이라는 기능이었다. 인터넷 연결이 안 되는 상황에서도 스마트폰과 결제 단말의 접촉만으로 현금을 쓰듯 결제가 이뤄지는 기능 아니냐는 추측이 나왔다.

중국인민은행이 '디지털 위안화'를 테스트하고 있는 것 아니냐는 말이 퍼지자 관영 매체가 나섰다. 중국 《신화통신》은 4월 17일 중국인민은행 디지털화폐연구소 관계자의 말을 빌어서, "현재 디지털 위안화 연구 개발 작업은 꾸준히 진행되고 있으며, 우선 선전, 쑤저우, 슝안신구, 청두, 그리고 향후 동계올림픽 현장에서 내부 비공개 테스트를 거쳐 기능을 최적화하고 개선할 것"이라고 전했다. 중국은 2022년 베이징 동계 올림픽을 유치했는데, 이 현장에서도 디지털 위안화의 테스트를 하겠다는 것이다.

이런 가운데 중국의 지방 매체를 중심으로 '디지털 위안화' 사용 실험이 어떻게 진행될지 가늠할 수 있는 보도들이 나오고 있다. 쑤저우의 샹

....

30 중국에서는 '디지털 위안화'를 '数字人民币'라고 부른다. 중국어로 '数字'는 디지털이란 뜻이다.

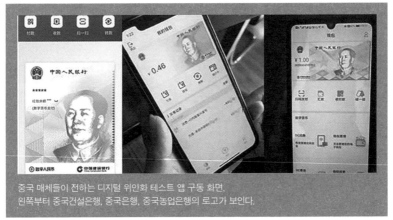

중국 매체들이 전하는 디지털 위안화 테스트 앱 구동 화면.
왼쪽부터 중국건설은행, 중국은행, 중국농업은행의 로고가 보인다.

출처: 中国新闻网, 中国工业报, South Morning China Post

청구에서는 2020년 5월부터 공공 기관 근로자의 교통 보조금의 절반을 디지털 화폐로 지급하고, 공산당 당비를 디지털 화폐로 내게 한다는 보도도 나왔다. 또 슝안신구에서는 소매업체들이 디지털 위안화를 받을 수 있도록 했는데, 여기에 미국계 기업인 맥도널드, 스타벅스, 서브웨이 등이 포함됐다는 말도 나왔다.

중국인민은행은 2014년부터 디지털 화폐에 대한 연구를 해왔으며, 2016년 은행의 공식 기구로 디지털화폐연구소를 세웠다. 그리고 2017년 말 국무원의 승인을 받아 디지털 위안화 시스템을 공동으로 연구 개발하기 위해 상업은행과 관련 기관들과 협력해 왔다고 한다. 《신화통신》 보도에 따르면, 중국인민은행은 이번 테스트에 대해 "디지털 위안화가 공식 발행됐다는 것을 의미하지는 않으며, 기술 연구 개발 과정의 테스트일 뿐"이라고 강조했다.

중국은 이후 앞으로 디지털 위안화 테스트 지역을 크게 확대할 계획도 발표했다. 2020년 8월 14일 중국 상무부는 '서비스 무역 혁신개발 시범 방안全面深化服务贸易创新发展试点总体方案'에서 "징진지京津冀(베이징, 톈진, 허베이), 창장삼각주, 홍콩·마카오와 광둥廣東성 주요 도시를 묶은 '웨강아오粤港澳 다완취大灣區', 그리고 관련 조건을 충족하는 중서부 지역 등에서 디지털 위안화를 시범 사용할 계획"이라고 밝혔다. 구체적으로는 베이징, 톈진, 상하이, 충칭, 광저우 등 중국의 주요 도시를 망라한 28곳이다.

그런데 테스트를 시작한 시기가 묘하다. 중국은 2019년 말 우한을 시작으로 신종 코로나 바이러스가 창궐하면서 1~3월 전국의 주요 지역을 사실상 봉쇄했었다. 예컨대 우한의 봉쇄는 1월 23일 시작돼 76일 만인 4월 8일 해제됐다. 그런데 이런 봉쇄 조치로 코로나 바이러스 확산이 잠잠해지자 바로 '디지털 위안화'를 실험하겠다고 나선 것이다. 반면 중국을 제외한 미국, 유럽 등 기존 금융 선진국들은 3월 중순을 기점으로 코로나 바이러스 확산이 급격해지고 있다. 이에 금융 선진국들은 코로나 사태 극복에 정책 역량을 집중하고 있다. 코로나 사태 와중에 글로벌 시장에서 디지털 화폐 기술과 시장을 선점하기 위해 중국이 발 빠르게 움직인다고 볼 수 있는 대목이다.

"디지털 화폐 특허를 선점하라!" 디지털 위안화 구상

　미국 디지털 상공회의소는 2020년 2월 '디지털 위안화 특허 전략'이라는 보고서를 냈다. 이 보고서에서 이미 중국인민은행이 디지털 화폐 관련해 중국 특허 당국에 84개의 특허를 신청했다는 조사 결과를 발표했다. 중국인민은행의 특허는 디지털 화폐 발행, 유통, 관리뿐 아니라 디지털 화폐 지갑, 디지털 화폐 칩 카드 등 다양한 분야에 걸쳐 있었다.

　중국인민은행이 신청한 특허들을 보면 어떤 방식으로 디지털 위안화가 발행되고 유통될지 짐작할 수 있다. 예컨대 중앙은행이 각 은행에 미리 디지털 위안화를 넣어 두고, 일정 시간이 되거나 대출 이자 등을 주거나 할 때 디지털 위안화로 지급하는 방법을 제시하고 있다. 또 소비자들이 자신들이 거래하는 은행에 예금을 갖고 있다가 이를 디지털 위안화로 바꾸는 방법도 있다. 또 은행 계좌와 연결된 디지털 화폐 지갑이나 디지털 화폐 칩 카드 등을 이용하는 방법도 특허로 신청해 놨다. 스마트폰에 디지털 화폐 지갑 앱이나 칩을 심어 디지털 위안화를 이용하게 하겠다는 것이다. 앱을 사용하는 방식도 누출된 앱을 봤을 때 실제 금융 소비자가 사용할 수 있을 정도로 개발이 돼 있다는 걸 알 수 있다. 또 위안화 지폐와 동전의 거래와 달리 디지털 위안화는 거래를 중국인민은행이 들여다 볼 수 있는 메커니즘도 있다.

미국의 디지털 상공회의소는 미국에서 디지털 자산과 블록체인 기술을 옹호하고 진흥시키기 위한 목적으로 세워진 기구로 2014년 설립됐다. 디지털 상공회의소의 페리안 보링Boring 대표는 디지털 위안화 특허 전략 보고서를 발간하게 된 이유를 《파이낸셜타임스》에 "중국이 미국의 접근과 아주 다르게 (디지털 위안화에) 막대한 투자를 해 왔고, 이를 매우 심각하게 받아들이고 있다는 걸 강조하는 것"이라고 말했다.

해외 분석가뿐만이 중국 매체들도 중국이 디지털 위안화 특허를 확보하고 있다는 소식을 전하고 있다. 중국 관영 매체인 《환구시보》해외판은 2020년 3월 24일 "알리바바의 금융 자회사인 알리페이가 1월 21일부터 3월 17일 사이 중국의 공식적인 디지털 화폐와 관련한 5개 특허를 확보했다"고 전했다. 특허는 중국인민은행이 발행한 디지털 화폐를 금융회사가 받는 방법을 포함해 디지털 화폐의 거래 기록, 디지털 지갑, 익명 거래 지원, 불법 계좌 관리와 감독 지원 등과 관련한 것이다. 중국인민은행이 홀로 디지털 화폐 관련 기술을 개발해 특허를 신청하는 데 그치는 게 아니라 알리바바와 같은 민간 기업들과 협업을 해서 특허를 확보하고 있다. 중국인민은행과 협업하는 민간기업들은 알리바바와 알리페이 외에도 텐센트, 화웨이, 초상은행 등으로 알려져 있다.[31] 이밖에도 4대 국유 상업은행인 중국건설은행, 중국공상은행, 중국은행, 중국농업은행과 3대 통신사인 차이나모바일, 차이나텔레콤, 차이나유니콤도 디지털 위안화의 개발에 공동으로 참여하고 있는 것으로 알려져 있다.

....

31 "China's central bank moves closer to issuing digital currency: insiders", Global Times, 24 Mar, 2020.

중국인민은행은 디지털 위안화 테스트에 앞서 2020년 연초부터 디지털 위안화 발행 준비가 다 돼 간다는 신호를 주기도 했다. 중국인민은행은 1월 2~3일 베이징에서 2020년 신년 업무 계획 점검 회의를 열고 7개의 중점 업무 방향을 확정했다. 그중 7번째로 들어간 항목이 '금융 기술 연구 개발과 응용을 강화한다'이다. 통상 중점 업무 방향에는 '통화 정책을 안정적으로 운영한다' '금융 위험에 철저하게 대비한다' 등 뻔한 내용이 들어간다. 하지만 금융 기술을 개발하고 응용하는 걸 강화한다는 항목은 2020년에 처음 들어간 것이다. 겉으로 봐서는 '금융 기술'이 무슨 내용인지 알 수 없지만, 그 숨은 뜻은 '법정 디지털 화폐의 연구 개발'을 지속적이고 안정적으로 추진한다는 것이다.

이와 더불어 판이페이^{范一飞} 중국인민은행 부행장은 신년 업무 계획 점검 회의 자리에서 중국이 연구 및 개발하고 있는 디지털 화폐의 모습을 세 가지로 정리했다.

첫째, 복층(쌍층)으로 운영 구조다. 중국인민은행이 일반 금융 소비자에게 직접 디지털 화폐를 제공하는 게 아니라, 중간에 은행이 있어서 디지털 화폐 업무에 있어서 인민은행은 은행을 상대하고 은행은 다시 금융 소비자를 상대하는 복층 방식이다.

둘째, 본원통화인 M0(제로)를 대체하는 것이다. M0는 통화량을 나타내는 전문 용어로 중앙은행이 공급해서 민간이 보유한 지폐와 동전 등 현금을 의미하는데, 시중에 있는 위안화 지폐와 동전을 디지털 형태로 바꾸겠다는 것이다. 이는 디지털 위안화 발행으로 지폐와 동전이 대체되는 것이지 중앙은행이 통화 공급량을 늘리는 것은 아니라는 걸 뜻한다. 현재로선 디지털 위안화로 은행 예금을 대체하는 등의 계획은 갖고 있지 않다는 것도 알 수 있다.

셋째, 익명성이다. 현금은 익명으로 거래가 가능하다. 하지만 디지털 화폐는 전자적으로 기록이 남는다. 그래서 디지털 화폐로 바뀌게 되면 익명성의 어느 정도 손실은 불가피한데, 중국은 익명성을 기본 성질로 두겠다는 것이다. 다만 디지털 방식은 기본적으로 거래 기록이 서버 등에 자동으로 저장된다. 그렇기 때문에 실제 운용을 할 때 중국인민은행이 거래를 모니터링하지 않을지는 두고 봐야 한다.

판이페이 중국인민은행 부행장은 또 2020년 9월 15일 《금융시보金融时报》에 '디지털위안화의 M0 지위에 관한 정책함의 분석关于数字人民币M0定位的政策含义分析이란 글을 게재했다. 이 글에서 중국인민은행 고위 관계자로서는 처음으로 '디지털 위안화'라는 용어를 처음으로 공식적으로 사용했

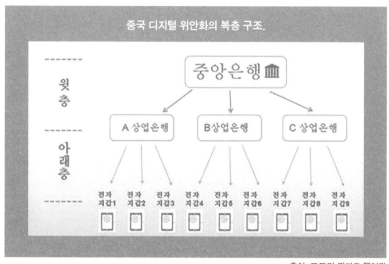

중국 디지털 위안화의 복층 구조.

출처: 코트라 광저우 무역관

다. 그동안 디지털 위안화라는 말은 중국 언론 등이 주로 사용했고, 중국인민은행은 DC/EP란 용어를 주로 사용해 왔었다. 판이페이 부행장은 다시 한번 디지털 M0를 대체하는 것이라는 것을 강조했다. 특히, 그는 "디지털 위안화는 이자를 지급하지 않게 설계 된다"고 했다. 이자를 지급하는 경우 은행 예금이 디지털 위안화로 전환될 수 있는데, 그런 것은 목표로 하지 않는다는 뜻이다. 해외 학계에선 중앙은행 디지털 화폐에 이자를 줄 수 있는 가능성에 주목하면서 '마이너스(-) 금리 정책'에 유용하게 쓰일 수 있다는 것까지 감안한다. 중국에선 이와 달리 은행 시스템에 충격을 주지 않고 기존 화폐를 단순히 대체하는 수준에서 디지털 위안화를 도입하는 것으로 해석된다.

중국에서 중앙은행 디지털 화폐를 뜻하는 'CBDC' 대신 디지털 화폐 전자 지불을 뜻하는 'DC/EP'를 쓰는 것에는 다른 의미도 있다. 중국 매체들에서는 다른 나라의 디지털 화폐는 중앙은행이 발행 주체이기 때문에 CBDC라고 쓰지만, 중국에서는 법정 디지털 화폐라는 걸 강조하기 위해 중앙은행을 빼고 DC/EP로 쓴다고 설명을 하고 있다. 중국은 디지털 화폐와 관련해 중앙은행의 독립적인 의사 결정을 인정하지 않는다는 의미도 담고 있는 것으로 보인다.

```
╭─────────────────────────────────╮
│      중국 언론이 소개한          │
│    디지털 위안화의 일상          │
╰─────────────────────────────────╯
```

　중국 국영 매체인 《인민일보人民日報》의 인터넷판은 2020년 4월 만화까지 넣어서 디지털 위안화가 실생활에서 어떻게 쓰일지 설명하는 상관上观이란 매체가 보도했던 기사를 전하기까지 했다.[32] 이 기사를 통해서 디지털 위안화가 어떤 모습일지 쉽게 이해할 수 있다.

　우선 디지털 위안화의 생김새를 설명하는 그림이다. 겉모양은 인터넷 상에 누출된 디지털 위안화의 스마트폰 화면과 다르지 않다. 일반적으로 사용하는 중국 위안화 지폐를 상징하는 100위안 짜리가 크게 화면에 보인다. 메뉴로는 돈을 주고支付, 송금하고汇款, 충전하는充值 기능이 표시돼 있고, 마지막으로 오프라인에서 돈을 주고받을 수 있는 '펑이펑' 기능

....

32　"人民币未来长这样？关于央行数字货币的三个情景猜想", 『人民网』, 2020년 4월 28일.

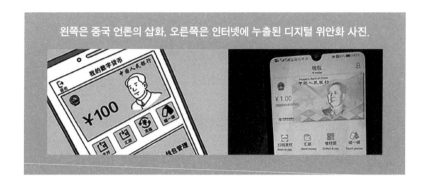

왼쪽은 중국 언론의 삽화, 오른쪽은 인터넷에 누출된 디지털 위안화 사진.

이 표시돼 있다.

다음으로는 디지털 위안화를 사용하는 3가지 장면을 삽화를 통해 설명하고 있다. 제일 처음 나오는 것은 펑이펑 기능으로 바로 지불할 수 있다는 내용이다.

상점 앞에 있는 사람은 "현금을 갖고 오는 걸 잊었어요. 어쩌죠?"라고 말한다. 상점 점원은 "디지털 위안화 연결이 끊어졌지만. 부딪혀 봐요"라고 얘기한다. 기사에선 인터넷에 연결돼 있지 않아도, 전화기를 부딪히면 중앙은행 디지털 화폐로 결제가 가능하다고 설명하고 있다. 이외에도 알리페이와 같이 QR코드(정보가 담긴 사각 문양)를 스캔하는 방식으로 지불하는 것도 가능하다는 점, 그리고 소액도 디지털 위안화로 쉽게 계산할 수 있다는 것을 보여주고 있다.

《인민일보》기사에선 디지털 위안화와 현재 사용하는 현금이 다른 점은 단지 디지털 방식으로 작동하는 것이라고 설명하고 있다. 그 법정화폐로서의 효력은 동일하다는 것이다. 또 디지털 위안화는 알리페이나 위챗페이, 은행 송금과 달리 수수료도 받지 않는다고 강조했다. 국제 결제

왼쪽은 화가가 직업을 잃을 수 있다는 내용. 오른쪽은 디지털 위안화 사용 장면.

에서도 사용할 수 있다고 설명하고 있다.

기사에서 소개하는 두 번째 장면은 화가가 실업자가 될 수 있다는 내용이다. 디지털 위안화와 화가가 무슨 상관이 있다고 질문할 수 있지만, 위조지폐가 크게 줄어든다는 뜻을 담고 있다. 위조지폐를 만들던 화가가 일거리가 없어진다는 얘기로 디지털 위안화는 위조할 수 없다는 설명을 하고 있다.

삽화에서 화가는 고개를 숙인 채 "화려했던 과거는 돌아오지 않는 걸까. 도대체 일자리를 잃다니"라고 말하고 있다. 디지털 위안화는 제지, 인쇄, 보관, 운송 같은 전통적인 지폐 발행과 유통 비용을 줄일 수 있다는 얘기와 위조지폐가 크게 줄어든다는 내용을 이렇게 설명하는 것이다.

해킹의 위험을 걱정하는 목소리에 대한 답변도 있다. 디지털 위안화는

디지털 위안화가 나온다니 다른 암호화폐에 투자하겠다고 나서는 장면.

결국 암호 문자열이고, 이 문자열을 해독하는 것은 매우 어렵다는 설명과 더불어, 블록체인 기술도 검토하고 있다고 설명하고 있다. 소규모 테스트를 시작해서 큰 규모로 확장하는 것도 암호화 설계가 완벽한지 확인하기 위해서라고 설명하고 있다.

마지막 장면은 디지털 위안화가 암호화폐인 비트코인과 같은 게 아니라고 설명하는 내용이다. 중앙은행이 디지털 화폐를 발행하면 비트코인, 이더리움과 같은 암호화폐도 같이 성장할 것이라는 말이 있지만 그렇지 않다고 강조하는 내용이다. 암호화폐를 부추기려고 디지털 위안화를 발행하는 것은 아니라고 분명히 하는 것이다.

삽화에서 남성은 "중앙은행이 디지털 화폐를 발행한다네, XX화폐도 확 늘어나지 않을까? 빨리 가서 사둬야 한다"고 하자, 여성이 "부추같아 보인다"라고 하고 있다. 여기서 '부추韭菜(지우차이)'는 중국어로 암호화폐

초보 투자자를 뜻하는 은어이다. 중국어로 '割韭菜(거지우차이, 부추를 베다)'라고 하면 암호화폐 투기의 큰 손들이 시세 조종 등으로 초보 투자자들로부터 수익을 훑어가 초보 투자자들이 손해를 보는 것을 뜻한다.

이는 디지털 위안화가 나온다고 해서 암호화폐 투자로 뛰어 간다면 손해를 볼 수 있다는 경고다. 그러면서 앞의 기사는 디지털 위안화가 비트코인이나 이더리움 같은 암호화폐와 전혀 다른 점을 세 가지로 설명했다.

첫째, 기술이 다르다. 비트코인은 블록체인 기술을 활용하고 있지만, 디지털 위안화는 블록체인 아이디어를 감안하되 이 기술을 적용하기는 어렵다고 설명하고 있다.

예컨대 2018년 중국 최대 인터넷 상거래 기업인 알리바바가 주최하는 최대 세일 행사인 '광군제(쌍11절)'의 경우 거래 절정일 때 초당 9만 2771건의 거래가 이뤄졌다고 한다. 그런데 비트코인은 초당 7건, 이더리움은 초당 10~20건 처리하는 정도에 불과하다. 때문에 중국의 소매 수준을 감안하면 블록체인 기술로 디지털 위안화를 구현해서는 이 같은 거래를 처리할 수 없다는 것이다. 이러한 이유로 디지털 위안화가 블록체인 기술을 빌릴 수는 있지만, 블록체인 기술을 유일한 기술로 채택하고 있지는 않다고 했다.

둘째, 모델이 다르다. 비트코인이나 이더리움은 탈중앙화 모델이어서 통합적인 감독자가 없다. 하지만 중앙은행 디지털 화폐는 중앙 집중식이다. 또 앞에서 설명했듯이 중국인민은행이 은행을 거쳐 금융 소비자와 연결되는 복층 구조로 운영하게 된다.

셋째, 속성이 다르다. 디지털 위안화는 전통적인 인민폐와 1대1로 대응된다. 국가가 제공하는 것이고, 법적으로 보장돼 있는 실제 통화라는 점에서 비트코인이나 이더리움 같은 민간 암호 화폐와 다르다는 것이다. 이런 점을 감안하는 투기자들이 투기에 디지털 위안화를 사용하지 말 것을 권했다. 디지털 위안화로 비트코인이나 이더리움 같은 암호화폐를 구매하지 말라는 것이다.

디지털 위안화의 국제화, 그리고 일대일로

아직 중국인민은행은 디지털 위안화가 무역이나 해외 결제 등에 사용할 수 있게 만든다는 말은 하지 않았다. 하지만 중국 정부가 2009년부터 국가 전략으로 추진하는 위안화 국제화, 그리고 2013년부터 시작한 해외 인프라 건설을 위한 '일대일로一帶一路' 프로젝트와 맞물려 디지털 위안화도 위안화 국제화의 첨병이 될 수 있다는 전망이 많다. 디지털 위안화가 무역 결제, 인프라 투자뿐 아니라 더 나아가서는 외국인의 금융 실생활에도 사용될 수 있게 할 수 있기 때문이다.

게다가 2020년 4월 들어 시작한 디지털 위안화 테스트 지역에 선전, 쑤저우, 슝안신구, 청두 등 대도시와 신도시 외에 2022년 베이징 동계올림픽 현장이 들어 있다. 베이징 동계올림픽에서 디지털 위안화를 실제 사용할 것을 전제로 한 것으로 보인다. 그렇다면 올림픽에 참가한 외국

선수들도 디지털 위안화를 사용해 볼 수 있게 되는 것이다. 이는 디지털 위안화가 국내용으로만 머무르지 않을 것이란 얘기다.

디지털 위안화가 중국에서 안정적 운영이 가능하다는 검증이 끝나면 디지털 위안화 지갑을 국제적으로 발행해서 무역 결제나 인프라 자금 투자에 활용할 수 있는 가능성은 충분하다. 일대일로 프로젝트에 관련된 국가들에서 디지털 위안화로 결제하면 적어도 일대일로 주변 국가들의 금융 인프라에도 영향을 줄 수 있다. 더 나아가 미국 달러 중심의 기존 국제 금융 인프라에도 영향을 줄 수 있다는 것이다.

중국의 일대일로 프로젝트에는 126국 가까운 나라들이 참여하고 있다. 2020년 1월 다보스포럼에서 발표된 지멘스의 분석에 따르면, 중국의 일대일로 관련국은 126국으로 세계 인구의 70%를 차지하고, 전 세계 GDP의 절반 이상을 차지한다.[33] 일대일로 인프라 프로젝트는 2025년까지 1조 유로에 달할 것으로 추정된다. 《이코노미스트》에 따르면, 2019년 일대일로 프로젝트에 따른 중국 기업들의 해외 직접 투자액은 150억 달러에 달하는 데 이중 4분의 1이 위안화로 수행됐다고 한다.[34] 실제로 일대일로 투자가 위안화 국제화를 위한 도구로 쓰일 수 있다는 것을 방증하는 것이다. 위안화로 투자를 받은 나라에서는 위안화로 거래를 하는 게 환율 변동 위험을 줄이는 것이기 때문에 건설 프로젝트 등을 중국 기업들에 낙찰을 줘서 위안화로 지불하는 것을 선택할 가능성이 높다. 이런 방식으로 국제 거래에서 위안화 사용을 늘릴 수 있는 것이다.

....

33 Joe Kaeser, "What can companies do to de-escalate the US-China trade war?", *World Economic Forum*, 9 Jan. 2020.
34 "China wants to make the yuan a central-bank favourite", *The Economist*, 7 May 2020.

또 '디지털 위안화'를 국제적으로 발행하는 과정에서 은행 계좌를 가지고 있지 않은 사람들이 온라인 구매 비용을 지불하고 비용을 절감 할 수 있는 기회를 줄 수 있다고도 본다. 이 과정에서 중국의 모바일 결제와 같은 기술도 촉진돼 중국 기업의 글로벌 시장 진출에 도움을 줄 수 있다고도 본다.

많은 외국 전문가들도 디지털 위안화 개발에는 중국의 이런 의도가 깔려 있다고 본다. 누리엘 루비니 뉴욕대 교수는 2019년 12월 한 칼럼에서 "중국은 미국이 통제하는 국제 금융 시스템을 우회하고자 하는 시도를 지속하고 있고 미국의 달러 무기화로부터 중국을 보호하려고 하고 있다"며 "이런 목적으로 중국이 법정 디지털 화폐 발행을 추진하고 있는 것으로 보인다"라고 했다.[35] 서구가 통제하고 있는 은행간 국제 결제 시스템인 스위프트Society for Worldwide Interbank Financial Telecommunication, SWIFT를 우회하기 위해 디지털 위안화를 개발하고 있다는 시각이다. 디지털 위안화로 해외 거래 상대방과 직접 거래를 할 수 있다면 미국 등 서구의 은행을 거치는 달러 송금을 할 필요가 없어지고 SWIFT망을 통한 금융 거래 모니터링을 받을 필요가 없어지기 때문이다.

....

35 Nouriel, Roubini "Trump's lack of strategic vision is going to make China great again", *The Guardian*, 23 Dec. 2019,

위안화 모바일 결제의 글로벌화

중국에서는 앞으로 중국인민은행이 발행하는 디지털 위안화가 알리페이(즈푸바오支付寶), 위챗페이(웨이신즈푸微信支付) 등 민간 모바일 결제 회사들의 영역을 잠식할 것인가 아닌가에 대한 논의가 많다. 그간 중국에선 신용카드 시장의 발전이 더딘 틈새를 타서 모바일 결제 시장이 크게 성장했다. '스마트폰'과 'QR코드(정보가 담긴 사각 문양)'에 기반한다. 중국에선 2017년쯤부터 '중국의 신新 4대 발명품'이란 신조어가 퍼졌는데, 이건 고속철, 전자상거래, 모바일 경제, 공유경제다. 그런데 전자상거래와 공유경제는 모바일 결제를 바탕으로 한다. 결국 모바일 결제가 중국이 가장 자랑하는 새로운 발명품이란 것이다.

중국 모바일 결제의 양대 산맥은 세계 최대 전자상거래 업체 알리바바의 결제 플랫폼인 알리페이와 중국 최대 게임업체인 텐센트의 결제 플랫폼인 위챗페이다. 각각 사용자 수가 12억, 10억 명을 넘겼다는 추정이다. 중국 내 모바일 결제 시장의 92% 이상을 두 업체가 점유하고 있는데, 알리페이의 시장 점유율이 53%로 위챗페이의 39%보다 10%포인트 이상 높다.[36] 또 이 두 모바일 결제 플랫폼은 중국 내 상점 결제의 절반을 차지하고, 온라인 거래의 4분의 3 가까이를 차지한다.[37]

그렇다면 중국인민은행이 발행하는 디지털 위안화를 쓰게 되면 알리페이나 위챗페이 같은 모바일 결제가 사라지게 되는 것일까? 중국인민은행 당국자들을 그렇지 않다고 한다. 이강易綱 중국인민은행 총재는 2019년 디지털 화폐의 발행이 "은행 예금이나 민간 결제 플랫폼에 있는 잔액과 같은 통화 공급의 다른 부분을 대체하는 것은 아니다"라고 했다. 디지털 위안화는 단지 시중에 공급된 지폐와 동전을 디지털 형태로 바꿔주는 것이다.

이와 관련해 인민은행 디지털화폐연구소장인 무장춘穆長春은 2019년 9월 한 인터넷 강의에서 민간 모바일 결제와 디지털 위안화의 관계를 소상히 밝힌 바 있다. 그의 말을 들어 보자. "디지털 화폐는 알리페이와 위챗페이의 지위에 영향을 미칠 수 없다. 왜냐하면 현재 알리페이와 위챗페이는 상업은행 예금과 연계된 계좌에서 위안화를 지불하는 방식인데, 중앙은행 디지털 화폐가 나온 뒤에는 그 대상이 디지털 위안화로 바뀌는 것뿐이기 때문이다. 즉 (은행 계좌에 있는 위안화에서) 중앙은행 계좌에 있는 화폐를 사용하게 된다는 것이다. 지불 수단이 달라지고 효능은 더 좋아지지만, 통로와 지불 현장의 모습에는 아무런 변화가 없는 것이

36 Aaron Kein, "China's Digital Payments revolution", *Brookings Institution*, Apr. 2020.
37 "The financial world's nervous system is being rewired", *The Economist*, 7 May 2020.

다."[38] 다시 말하자면 알리페이나 위챗페이는 모바일 결제의 지갑이고 이 지갑에 디지털 위안화가 들어가는 것일 뿐이라는 뜻이다.

실제 앞에서 언급했듯이 알리페이는 디지털 위안화와 관련된 특허도 출원해 놓고 있다. 또 알리페이와 위챗페이가 디지털 위안화 개발에 참여하고 있다는 관측도 있고, 알리페이가 디지털 위안화 운영에 참가할 것이란 보도가 나오기도 했다. 이는 복층(쌍층) 운영 방식이라는 것도 모바일 결제 회사들과 협력이 불가피할 것이란 관측의 바탕이 된다. 금융소비자들에게 이미 익숙한 모바일 결제 회사들이 복층 운영 구조에서 은행과 같은 역할을 할 가능성이 높다.

여기에 더해 알리페이와 위챗페이 등 민간 모바일 결제 회사들이 글로벌 전략을 통해 위안화 국제화에 기여하고 있다는 점도 무시할 수 없다. 중국 여행객들은 해외여행을 할 때 알리페이나 위챗페이를 이용해서 결제할 수 있다. 이 같은 중국의 민간 페이 네트워크를 활용하면 디지털 위안화로 해외에서 결제할 수 있는 플랫폼도 쉽게 만들 수 있어 보인다.

세계적인 코로나 확산으로 해외여행이 타격을 받고는 있지만, 그 이전만 해도 중국 여행객들은 세계 곳곳을 누볐다. 2019년 전 세계 퍼진 중국 여행객이 1억 6800만 명으로 추정되는 데, 이는 세계 전체 해외 여행객 숫자의 11.5%에 해당하는 것이다. 중국 여행객들은 신용카드 보급률이 높지 않기 때문에 해외에서 알리페이, 위챗페이 등 모바일 결제 플랫폼을 사용했다. 알리페이의 경우 56개 국가와 지역에서 사용할 수 있다.

그런데 이 모바일 결제 플랫폼은 비자, 마스터와 같은 서구의 카드 결

....

38 "三大行 '数字人民币' 内测界面流出 支付宝会有威胁吗?", 「北京青年报」, 2020년 5월 11일.

제 시스템을 이용하지 않고, 중국이 만든 위안화 국제 결제 시스템을 통해 진행되고 있다고 한다. 중국 정부가 2016년 구축한 CIPS^{China Interborder Payment System, 跨境支付系統}이다.[39] 이는 서구가 통제하고 있는 은행간 국제 결제 시스템인 스위프트를 우회하는 것이다.

CIPS는 국제적으로 위안화 결제를 중개해주는 시스템이다. CIPS를 통해 위안화 국제 무역 결제, 위안화 국제 투자, 해외 금융회사와 개인의 위안화 송금 결제 등이 24시간 내내 실시간으로 처리되고 있다. CIPS 출범 당시 중국계 은행 11곳, 중국 내 외국계 은행 8곳이 직접 참여했지만 2020년 4월 현재 33곳이 직접 참여하고 있다. 간접 참여 기관은 출범 당시 176곳에서 2020년 4월 924곳으로 크게 늘었다. 우리나라에서도 신한은행 등이 CIPS에 가입돼 있다. 중국인민은행에 따르면, 2019년 한 해 CIPS를 통한 국제 결제 처리 건수는 188만여 건으로 전년보다 30.6%가 증가했다. 거래 규모도 34조 위안으로 역시 전년보다 28.3% 급증했다. 하루 평균 처리 건수는 7537건, 1357억 위안에 달한다.

코로나 이후에 다시 해외여행이 되살아나고, 알리페이, 위챗페이 등 중국식 모바일 결제의 글로벌화가 다시 진전된다면 이는 디지털 위안화의 해외 사용을 늘리는 첨병으로 작용할 가능성이 높다. 또 그렇지 않더라도 코로나 이후 언택트^{untact}(비대면) 거래가 늘어나면서 '세계의 공장' 역할을 하는 중국이 생산하는 수많은 제품의 온라인 거래에 디지털 위안화가 광범위하게 쓰일 가능성도 배제할 수 없다.

....

39 서봉교, "미중 금융 패권 경쟁과 중국의 디지털 국제금융 도전", EAI 스페셜 이슈브리핑, 2019년 10월 23일.

위안화 국제화의
신 삼위일체 전략

중국 정부는 2009년부터 위안화를 전세계에서 통용되는 국제통화로 만들기 위해 국가 전략으로 위안화 국제화를 추진했다. '디지털 위안화' 시대에는 이것이 어떻게 바뀌게 될까?

단순히 '위안화' 국제화에서 '디지털 위안화' 국제화로 바뀌게 될 것인가, 아니면 완전히 질적으로 다른 모습으로 바뀌게 될 것인가. 성급하게 결론을 내리기 전에 위안화 국제화의 내용이 어떻게 바뀌고 있는지 살펴보는 게 필요하다.

중국이 위안화 국제화를 추진하게 된 계기는 2008년 미국발發 글로벌 금융위기다. 세계 제1의 기축통화인 미국 달러마저 크게 흔들릴 수 있다는 사실에 놀랐다. 위안화를 국제통화로 만들면 달러의 출렁임에 흔들리지 않고 안정적인 경제 운용이 가능하다고 생각한 것이다. 또 중국 경제가 성장하면서 그 위상에 걸맞게 중국 위안화의 영향력도 커져야 한다는 생각에 미치게 된 것이다.

위안화 국제화는 2015년에 '1차 절정'을 맞게 된다. 2015년 11월 국 IMF는 중국 위안화를 SDR(특별인출권)에 편입하겠다는 결정을 한다. 당시 SDR 편입 통화는 미국 달러, 유로, 일본 엔화, 영국 파운드화 등 글로벌 기축통화 4개였다. 중국 위안화를 SDR 편입 통화로 넣겠다는 것은 위안화를 '5대 기축통화'로 IMF가 공인하겠다는 뜻으로 해석됐다. 2016년 10월 당시 SDR의 구성 비율은 미국 달러 41.73%, 유로 30.93%, 중국 위안화 10.92%, 일본 엔화 8.33%, 영국 파운드 8.09%로 결정됐다. 중국 위안화가 단번에 세계 3위의 기축통화로 인정받으면서 '5대 기축통화' 클럽에 들어가게 된 것이다.

SDR 편입을 위해 중국은 2015년 8월 11일 환율 제도를 대폭 바꾸게 된다. 중국에서 소위 '8·11 후이가이汇改'로 불리는 일이다. 그간 위안화 가치를 중국인민은행이 고시 환율을 통해 사실상 미국 달러에 묶어 놨던 전략적 '페그제'를 폐지하고, 전날 외환 시장에서 결정된 마감 환율, 외환 수급 현황, 주요 국제 통화의 환율 변화 등을 고시 환율에 반영하는 메커니즘을 도입했다. 내부적으로 상정한 목표 환율에 맞춰 밝히는 게 아니라 외환 시장에서 결정된 환율을 대폭 반영해서 고시 환율을 공표하겠다는 것이다. 동시에 달러당 6.12위안이었던 위안화 고시 환율을 하루 만에 1.86% 평가 절하한 달러당 6.23위안으로 고시하고, 이후 8월 14일까지 달러당 6.4위안으로 약 4.5%를 평가 절하(위안화 약세)한다. 중국인민은행은 시장에서 결정된 환율을 반영하는 과정이라고 했지만, 이를 경험해보지 못했던 위안화 시장은 한동안 출렁이게 된다.

중국의 무역액 대비 대외 위안화 결제 비율

	2011년	2012년	2013년	2014년	2015년	2016년	2017년	2018년	2019년
비율	8.8	12.0	17.9	24.0	29.4	21.5	15.7	16.8	19.1

출처: 중국인민은행

실제 중국의 무역액 대비 대외 위안화 결제 비율의 추이를 보자. 이 비율은 2010년 1%도 안 됐지만, 2012년 10%를 넘겼고 2015년 29.4%로 꼭짓점에 오른다. 그후 2016~2017년 2년 연속 감소하다가 2018년 반등하기 시작해 2019년 19.1%로 다시 상승하는 모습을 보이고 있다.

그래서 장밍張明 중국 사회과학원 국제투자연구실 주임과 같은 연구자들은 2018년을 기준으로 위안화 국제화의 전략이 완전히 바뀌었다는 주장을 하고 있다.[40] 그 이전 중국 정부는 강제적으로라도 위안화의 사용을 늘리려는 전략을 폈다면, 그 이후엔 시장에서 자연스럽게 위안화의 수요가 늘어나도록 하는 전략을 펴고 있다는 것이다. 장밍은 위안화의 수요가 자연스럽게 늘어나도록 하는 전략으로 크게 세 가지를 들고 있다.

첫째, 페트로(석유) 위안화 확대다. 이는 2018년 3월 위안화 표시 원유 선물 시장을 상하이에 개설하는 것으로 구체화됐다. 글로벌 원유 거래가 달러로 이뤄지면서 달러 패권이 강화됐다는 분석에 기반한 전략이다. 중국 석유 수요의 70%가 수입인 만큼 석유 수입 대금만 달러에서 위안화로 돌려도 국제 거래에서 위안화 사용이 크게 늘 수 있다는 것이다. 물론 산유국에 위안화 사용을 강요할 수는 없으니, 위안화 표시 원

....

40 张明, 李曦晨, "人民币国际化的策略转变：从旧"三位一体"到新"三位一体", 『国际经济评论』, 2019.

유 선물 시장을 만들어 이 시장을 키우면 자연스럽게 석유 거래에서 쓰이는 위안화인 '페트로 위안' 사용이 늘어나지 않겠느냐는 것이다. 실제로 2020년 7월 영국의 석유기업 브리티시페트롤리움BP이 상하이 국제에너지거래소INE에서 위안화를 받고 이라크산 원유 300만 배럴을 산둥성에 있는 INE 저장시설에 인도했고, 세계 5대 에너지거래업체 중 하나인 머큐리아도 INE에서 원유 300만 배럴을 거래하고 위안화로 결제한다는 보도가 나오기도 했다.[41]

둘째, 중국 금융시장의 개방을 가속화하는 것이다. 이는 위안화 표시 금융상품 제공을 확대하는 것으로 구현됐다. 위안화로 투자해서 수익을 낼 수 있다면 위안화에 대한 수요도 늘어날 것은 자명하다.

셋째, 일대일로 라인을 중심으로 위안화를 사용하는 것이다. 이는 2016년 중국 주도로 아시아인프라투자은행AIIB을 설립하고 이후 일대일로 프로젝트에서 위안화 대출 등 활동 영역을 확대하는 것으로 이어졌다. 장밍은 특히 이 세 가지 전략을 중국 위안화 국제화의 신新 삼위일체三位一體 전략이라고 부른다. 세 가지 전략이 한 몸처럼 같은 목적을 향해 움직인다는 뜻이다.

그렇다면 위안화 국제화의 구舊 삼위일체 전략도 있을 것이다. 기존 전략을 세 가지로 정리하면 다음과 같다. 첫째, 무역과 투자에 위안화를 사용하는 것이다. 무역 거래에 위안화를 사용하는 것은 수출, 수입 상대방이 받아 들여야 하는데, 이는 앞에서 봤듯이 2015년 정점을 찍은 후 주춤하는 모습을 보이고 있다. 위안화가 강세로 간다는 전망이 있어야

....

41 "'페트로 위안' 시동", 『한국경제』, 2020년 7월 20일.

글로벌 외환보유액의 구성 추이

	2016년 말	2017년 말	2018년 말	2019년 말
미국 달러	65.4	62.7	61.7	60.9
유로	19.1	20.1	20.5	20.5
일본 엔화	4.0	4.9	5.2	5.7
영국 파운드	4.3	4.5	4.4	4.6
중국 위안화	1.1	1.2	1.8	2.0
기타	6.1	6.6	6.4	6.3

출처: IMF, Currency Composition of Official Foreign Exchange Reserves

누구나 기꺼이 위안화를 받을 텐데, '8·11 후이가이' 이후 위안화 가치가 출렁이면서 이 전략은 동력이 줄어들고 있다.

둘째, 역외 위안화 금융 중심지를 만드는 것이다. 홍콩, 싱가포르, 런던 등이 이미 그 역할을 하고 있지만, 해야 금융 중심지가 더 활발하게 움직이길 바란다. 또 위안화가 약세를 보이더라도 위안화 표시 금융상품에 투자해서 수익을 올릴 수 있다면 약세 위험을 줄일 수 있을 텐데 마땅한 위안화 표시 금융상품이 없어서 이 또한 쉽지 않았다.

셋째, 위안화 스와프(맞교환) 협정을 늘리는 것이다. 중국은 30여 국과 위안화 스와프 협정을 맺고 있다. 하지만 아직 미국 달러 정도의 국제 통화로서의 위상이 쌓이지 않았기 때문에 위안화 스와프 협정만으로 위안화 사용을 늘리는 데는 한계가 있다. 2015년 위안화가 SDR에 편입되면서 위안화가 세계 3위의 기축통화라는 이름은 얻게 됐지만, 전 세계 외환보유액 중 위안화 비중은 2019년 말 현재 2.0% 수준에 불과하다. 외환

보유액은 위기 때 필요한 돈이니 만큼 위기 때도 가치가 떨어지지 않고 누구나 받아줄 수 있는 통화여야 한다. 세계 외환보유액 중 60.9%에 달하는 미국 달러와 비교하면 위안화는 '새 발의 피' 수준이다. 위안화 비중은 유로(20.5%), 일본 엔화(5.7%), 영국 파운드화(4.6%)에도 훨씬 못 미친다.

중국의 위안화 국제화 신 삼위일체 전략 중에서 디지털 위안화와 연계될 수 있는 지점은 우선 일대일로 라인에 디지털 위안화를 투입하는 것이다. 글로벌 인프라 투자를 통해 투입된 디지털 위안화가 무역 결제 자금으로 쓰이고 위안화 금융상품에 투자된다면 글로벌 시장에서 디지털 위안화가 순환하는 과정까지 그려볼 수 있다. 또 무대 뒤의 디지털 달러가 글로벌 금융 위기 때 소방수 역할을 하듯이 디지털 위안화에도 그런 역할을 기대할 수 있겠다. 어쩌면 디지털 위안화가 위안화 국제화를 위한 핵심 전략 중 하나로 등장할 수도 있다. 다만 현재까지 중국인민은행이 제시한 디지털 위안화의 기본 구상은 위안화 지폐와 동전을 대체한다는 것이어서 글로벌 시장에서 디지털 위안화를 전면적으로 사용하게 지는 지켜봐야 할 일이다.

　　중국 위안화가 달러 패권에 도전할 수 있는 잠재적인 도전자 중의 하나인 것은 분명하다. 그렇지만 위안화가 국제적으로 통용된다는 것만 갖고 현재 달러가 누리고 있는 글로벌 제1의 기축통화 자리를 대체할 수는 없다. 예컨대 뉴질랜드 달러는 국제적으로 통용되는 통화이긴 하지만, 뉴질랜드 외에서 중요한 통화로 취급되지는 않는다. 위안화 국제화 전략에 글로벌하게 쓰이는 '디지털 위안화' 구상이 더해진다고 해서 단숨에 달러 패권을 위협하기는 현재로선 갈 길이 멀어 보인다. 헨리 폴슨Paulson 전 미국 재무장관은 2020년 5월 "디지털 위안화도 여전히 중국 위안화다.A digital RMB would still be a Chinese RMB."라고 했다.[42] "누구도 돈을 재창조하진

....

42　Henry Paulson, "The Future of the Dollar", *Foreign Affairs*, 19 May 2020.

못 한다"라는 말도 덧붙였다.

위안화가 '디지털 위안화'로 탈바꿈하더라도 중국이 발행하는 '위안화'라는 틀을 벗어날 수는 없다는 것이다. 중국 경제 체제는 자신들은 '중국 특색의 사회주의中国特色社会主义'라고 표현하지만, 결국은 중국공산당이 주도해 국가가 관리하는 자본주의라고 할 수 있다. 이렇게 국가가 관리하는 자본주의 국가가 기축통화국이 될 수 있느냐라는 근본적인 의문이 여기서 생긴다. 이제까지 제1의 기축통화 지위를 누렸던 영국 파운드화나 미국 달러는 개방된 자본주의 국가가 사용하는 화폐였기 때문에, 과연 그와 다른 경제 체제 국가가 기축통화국이 되는 걸 글로벌 경제가 용인할 수 있는가의 문제가 떠오른 것이다. 위안화가 달러의 지위를 넘어서 제1의 기축통화가 되려면 국제적으로 통용된다는 것을 넘어서 이런 의문을 해소해주는 뭔가가 더 있어야 한다. 디지털 위안화가 나오고 국제적으로 통용된다고 해서 위안화가 기축통화로 인정받을 수 있느냐는 근본적인 질문이 있다.

홍콩 펑글로벌인스티튜트 대표인 윌리엄 오버홀트Overholt 등은 『위안화의 역습Renminbi Rising』에서 국제 통화가 되기 위한 세 가지 조건을 제시하고 위안화가 이 조건들을 맞추고 있는지 점검했다. 그 세 가지 조건은 경제 규모가 크고 성장세를 유지하는지, 자본시장이 견고하며 개방돼 있는지, 효과적으로 움직이는 믿을만한 기관이 경제와 시장을 관리하는지이다. 이 세 가지는 다시 돌려 말하면 현재 미국 달러가 갖추고 있는 조건을 중국 위안화가 갖출 수 있느냐라고 할 수 있다.

우선 첫째 조건은 확실히 충족한다. 이건 누구나 인정할 만하다. 중국의 성장세가 과거의 10%대 성장세가 꺾이기는 했지만, 여전히 연간

6~7%의 성장세를 보이고 있다. 경제 규모면에서도 이미 세계 2위의 경제 대국이 됐으며, 2030년대엔 미국을 제치고 세계 1위의 경제 대국 자리에 오를 것으로 전망되고 있다.

둘째 조건은 아직 부족하나 진전이 있다는 게 오버홀트 등의 평가다. 위안화가 국제적으로 통용되면서 무역 거래에서 위안화 사용이 늘고 있다. 그러나 문제는 외국인들이 무역으로 획득한 위안화를 투자할 채권, 주식 시장 등 자본시장이 개방돼 있지 않고, 유동성이 풍부하지 않아 외국인들이 위안화를 보유할 유인이 없다는 것이다. 또 이 같은 자본시장은 위기가 와도 문을 닫지 않아야 하고, 외국인에게 불리하게 시장이 조작되거나 한 방향으로 움직이지 않는다는 확신을 줘야 한다. 하지만 중국의 채권, 주식 시장의 개방이 확대되고 있어도, 아직은 글로벌 투자자가 매력적으로 느낄 정도로 시장이 투명하게 움직이지 않는다는 게 전반적인 평가다.

셋째 조건은 중국의 가장 큰 약점이다. 예컨대 사법 기구 즉 법원은 중국 공산당 정치법률위원회(정법위)가 장악하고 있다. 법에 근거가 부족해도 중국 공산당의 방침에 의해 중국의 국익과 중국인만 보호하는 걸 우선으로 하는 판결이 나온다는 게 외국인들의 시각이다. 오버홀트 등은 "통화의 국제화를 지원하는 데 있어서 중국이 가진 제도상의 가장 큰 약점은 법체계다"라고 했다. 국제통화엔 엄청난 수의 거래가 뒤따르고 이에 따라 분쟁이 많을 수밖에 없는데, 분쟁이 법에 근거한 투명한 과정을 거쳐 객관적으로 해결될 것인지에 해외 투자자는 관심이 클 수밖에 없다. 이런 상황에서 2020년 홍콩보안법이 제정되고 중국 중앙 정부의 홍콩에 대한 통제가 강화되는 것은 위안화가 기축통화가 되는 데는 감점 요인이다. 많은 해외 투자자가 중국 투자에 대한 분쟁 해결을 영국식 법체계를 유지하던 홍콩에 기댔는데, 앞으로는 홍콩에서 공정한 분쟁 해결이 어려워진다면 중국 위안화 투자를 꺼리는 요인이 될 수 있기 때문이다.

에스와르 프라사드Prasad 코넬대 교수도 2017년『굴기하는 화폐Gaining currency』란 책에서 중국 위안화가 글로벌 기축 통화와 '안전 자산'이 되려면 필요한 조건을 제시했다. 첫째는 건전한 제도적 기본 체계(프레임 워크)다. 둘째는 개방적인 민주 시스템, 셋째는 재산권 존중, 넷째는 법치다. 다시 말하자면 경제적인 전제조건만 아니라 정치적 전제 조건을 달성해야 한다는 것이다. 그러나 프라사드 교수는 현재 중국의 정치 체계의 성격을 보면, 위안화가 안전 자산이 된다는 전망을 일축할 수밖에 없다고 했다. 다만 그럼에도 불구하고 여지는 뒀다. 프라사드 교수는 중국이 글로벌 무대에서 역할이 늘어나면서 다양한 경로로 국제 통화시스템을 구축하고 영향을 미치게 될 것이라고 강조했다.

중국식 국가 자본주의로 '글로벌 위안화' 성공할까

　현재의 국가가 주도해 관리하는 중국식 경제 체제로는 제1의 글로벌 기축통화가 되기 어렵다는 견해에도, 중국은 체제를 유지하며 시장을 서서히 개방하는 방식으로 성숙한 자본시장을 키우는 게 가능하다고 본다. 그렇기에 위안화 국제화 전략을 펴면서 중국 국내 채권, 주식 시장 등의 문을 열고 있다. 위안화를 국제 통화로 키우기 위해선 글로벌 투자자들이 무역 등으로 확보한 위안화를 투자할 곳이 필요하다는 것을 인식하고 있기 때문이다. 앞서 언급한 장밍이 분석한 위안화 국제화의 '신 삼위일체 전략'에도 중국 금융시장의 개방을 가속화하는 것이 포함돼 있다.

　기축 통화나 국제 통화가 되기 위해선 자본시장 중에서 채권시장이 가장 중요하다고 하겠다. 한 나라에서 가장 부도가 나거나 손실이 날 가능성이 없는 금융 상품은 역시 정부가 발행하는 국채이고, 채권시장은

전 세계 채권 시장 규모 비교

단위: 조달러

	미국	중국	일본	영국	프랑스	독일	캐나다	이탈리아	스페인
규모	41.2	14.7	12.8	6.3	4.7	3.5	3.4	3.2	2.2

국채가 거래되는 시장이기 때문이다. 글로벌 투자자들로서는 '안전 자산' 으로서의 국채 투자에 가장 큰 관심을 두게 된다. 기축통화라면 평소가 아니라 위기 때 찾을 수 있어야 하기 때문에 안전 자산으로서의 가치가 없으면 관심을 둘 이유가 없기 때문이다.

중국은 2009년 위안화 국제화 전략을 시작한 이후인 2010년 8월에야 채권 시장을 외국인에게 개방하기 시작했다. 그 이후에도 한동안 외국인 들의 중국 채권 투자는 미미했다. 그러나 중국 정부가 위안화 국제화를 위해선 국채 시장을 개방하는 게 중요하다는 것을 점차 인식하면서 개 방 수준을 서서히 높이고 있는 과정에 있다. 특히 2020년 들어서 코로나 팬데믹이 터지고 난 후엔 외국인들의 중국 채권에 대한 관심이 높아지는 추세를 보이고 있다. 중국 채권의 금리가 선진국에 비해 상대적으로 높 고, 코로나가 초기에 발생한 나라임에도 그 타격을 비교적 적게 받으면 서 채권 시장이 안정적인 모습을 보이고 있기 때문이다. 그러나 시장 내 외국인 투자자 비중은 아직 2%대로 낮은 수준이다.

국제결제은행BIS에 따르면 중국의 채권시장 규모는 채권발행액 기준 으로 2019년 말 현재 14조 7000억 달러로 일본을 제치고 세계 2위를 기 록하고 있다. 그럼에도 불구하고 미국(41조 2000억 달러)의 3분의1 수준 이다. 그리고 미국 채권시장은 외국인 비중이 2014~2017년 평균 27.5%

전 세계 주식 시장 규모 비교

	미국	중국	일본	홍콩	영국	프랑스	사우디	캐나다	독일
규모	34.4	7.2	6.2	5.5	3.5	2.7	2.4	2.3	2.3

이지만, 중국 채권시장의 외국인 비중은 같은 기간 1.6%에 불과하다. 중국 채권 시장은 몸집은 세계 2위까지 불어났지만, 아직은 중국인들의 '놀이터'인 셈이다.

그럼에도 불구하고 중국 채권 시장의 점차 개방되면서 외국인들의 발길이 늘어나고 있다. 특히 중국은 2017년 7월 중국 국내 채권 시장과 홍콩 채권 시장의 교차 거래인 채권통債券通을 개설해서 글로벌 투자자들이 홍콩을 통해서 쉽게 중국 채권에 투자할 수 있도록 했다. 채권통에 등록한 글로벌 투자자는 2018년 4월 296곳에서 2020년 6월 2012개로 증가했다. 이에 2019년~2020년 3대 글로벌 채권 지수 중 블룸버그, JP모건 등 2곳에서 내는 글로벌 채권 인덱스에 중국 국채와 정책은행채권이 편입되면서 인덱스를 보고 투자하는 글로벌 펀드 투자금이 대거 유입되고 있기도 하다. 국제금융센터에 따르면 2020년 2분기(4~6월) 외국인들의 중국 본토 채권 투자는 2382억 위안으로 사상 최대치를 기록했다. 외국인들의 중국 국채 보유 비중도 2017년 4.0%에서 2020년 6월 말 9.0%까지 늘어났다. 전체 채권 시장의 외국인 보유 비중도 2020년 6월 말 현재 2.4%로 증가했다.

중국 주식 시장도 규모는 커졌고 외국인에 대한 문도 열고 있지만 아직은 글로벌 투자자들이 몰려가는 시장은 아니다. 국제금융센터에 따르

중국의 외환보유액 추이

단위: 달러

2011년	2012년	2013년	2014년	2015년	2016년	2017년	2018년	2019년
3조 181억	3조 3116억	3조 8213억	3조 8430억	3조 3304억	3조 105억	3조 1399억	3조 727억	3조 1079억

출처: 중국인민은행

면 중국의 주식 시장은 2019년 말 현재 시가총액이 7조 2000억 달러로 미국에 이어 세계 2위 규모까지 커졌다. 채권시장과 마찬가지로 미국에 이어 세계 2위기는 하지만 그 규모가 시가총액 기준으로 34조 4000억 달러에 달하는 미국 시장의 5분의 1 수준에 불과하다. 특히 중국 주식 시장은 변동성이 심하기 때문에 안정적인 투자처를 찾는 큰손 글로벌 투자자들이 크게 관심을 투는 시장은 아직 아니다. 중국 정부는 2001년 세계무역기구WTO 가입을 계기로 2002년부터 주식 시장을 외국인에게 제한적으로 개방하기 시작했다. 이후 2014년 후강퉁(상하이-홍콩 증시 교차 거래), 2016년 선강퉁(선전-홍콩 증시 교차 거래) 등을 통해 외국인 투자자들이 쉽게 홍콩을 거쳐 중국 내 주식 시장에 투자할 수 있도록 했다. 하지만 중국 주식 시장의 외국인 비중은 2014~2017년 평균 1.9%로, 외국인 비중이 평균 34% 정도 되는 미국 주식 시장과 비교하면 역시 중국인들만의 리그이다.

중국이 채권, 주식 시장 등 자본시장의 규모를 의도적으로 키우고 외국인에게 문을 열고 있지만 아직 글로벌 투자자들의 비중은 2% 내외의 낮은 수준을 보이고 있는 것이다. 아이켄그린 교수는 2018년 이런 문제를 해결하기 위해서 중국 금융 시장이 유동성을 풍부하게 만드는 근본적인 개혁이 필요하다고 했다. 아이켄그린이 말하는 '유동성이 풍부한 시장'은 단순히 투자금이 넘치는 자금을 뜻하는 게 아니다. 시장이 수요와 공급에 따라 움직여서 투자자들이 시장의 가격을 움직이지 않고 채권이나 주식을 팔 수 있는 시장을 뜻한다. 이를 위해서 당국의 개입이 제한돼야 한다. 투자자들의 행동은 금융 조건이나 정부, 은행, 채권 발행 기업들이 어떻게 움직일 지에 대한 전망에 따라 나타나야 하는데, 이는 투명성과 적극적인 공시가 뒷받침돼야 한다. 하지만 지금까지 중국의 금융 시장 발전은 '국가 주도'로 이뤄졌다. 정보는 공개되지 않고, 불투명했다.

아이켄그린은 글로벌 투자자들의 눈에서 볼 때 중국 주식 시장은 첫째 투명성이 부족하고, 둘째 변동성이 크고, 셋째 정부 개입이 강하다는 게 문제라고 했다. 예컨대 2014년 10월~2015년 5월 주식 시장에서 상하이지수는 250% 가까이 올랐지만, 2015년 6월 3분의 1 가까운 폭락 장세가 벌어졌다. 2015년 여름과 2016년 초엔 하루 주가가 5~10%씩 출렁이는 일이 벌어졌다. 당시 중국 증시의 혼란을 피해 투자자들이 해외로 도피하면서 중국 정부는 외환보유액 중 1조 달러쯤을 환율 방어에 써야 했다. 2014년 4조 달러에 육박하던 중국의 외환보유액은 2016년 3조 달러 초반대로 줄어들었다. 그리고 중국 정부는 각종 외환 규제책도 급하게 도입하기도 했다. 당시 중국 정부는 중국 기업과 중국인을 대상으로 외화를 해외로 송금하거나 투자하는 것에 대해 규제를 했지만, 이런 일은 글로벌 투자자들에겐 하루아침에 중국에서 돈을 회수하지 못할 수 있다는 공포를 낳기도 했다. 글로벌 투자자가 볼 때 이런 일은 중국 주식 시장을 투자 검토 대상에서 빼는 결과를 낳는다는 것이다.

아이켄그린은 중국 채권 시장이 규모는 크지만 주요한 시장 참가자가 중국 국내 은행들로 '바이 앤 홀드(매입 후 만기 때까지 보유)' 전략을 사용하기 때문에 거래가 많지 않다는 점도 지적했다. 규모만 크지 쉽게 현금화를 할 수 없어 유동성이 크지 않다는 것이다. 또 주식 시장과 마찬가지로 정보 유통이 막혀 있고, 정부의 입김이 세서 글로벌 투자자에게 아직은 매력적이지 않다고 지적했다.

중국이 지금까지 금융 시장을 한꺼번에 확 여는 '빅뱅' 방식이 아닌 점진적인 개방 방식을 채택했다. 이런 방향을 앞으로 바꿀 가능성은 적어 보인다. 국가가 주도하고 관리하는 중국식 경제 체제도 포기할 가능성도 낮아 보인다. 글로벌 제1의 기축통화가 된다는 것은 글로벌 투자자들에게 위기 때도 믿고 안전하게 가치를 보전할 수 있다는 신뢰를 주지 않는 한 자연스럽게 그 지위를 차지하기 어렵다. 위기 때 중국 정부가 자의적으로 해외 투자자들의 돈을 묶어 버릴 가능성이 있고 시장 가격이 정부의 개입으로 움직일 수 있다고 한다면 위안화가 기축통화가 되는 데 한계가 있을 수밖에 없다. '디지털 위안화'라는 금융 혁신이 출현한다고 해서 한 순간에 위안화가 누구나 원하는 통화가 될 수는 없다는 것이다. 앞으로 중국이 이런 한계점을 어떻게 극복해나갈지 주목해 봐야 한다.

위안화 정책은 시진핑이, 달러 정책은 파월이 결정

중국의 중국인민은행은 디지털 위안화에 대해 언급할 때 '2017년 말 국무원의 승인을 거쳤다^{2017年末, 经过国务院批准}'는 문구를 자주 쓴다. 중국의 국무원은 중국에서 가장 높은 행정기관으로, 총리, 부총리 4명, 국무위원 5명, 부처 및 위원회 장관 26명(중국인민은행장 포함) 등 36명으로 구성돼 있다. 중국인민은행이 '디지털 위안화' 발행 관련 업무에 대해 국무원의 승인을 강조하는 이유는, 통화정책 중 통화량, 금리, 환율 등 주요 정책 대부분이 국무원 승인 사항이기 때문이다. 또 중국은 중국공산당이 국가에 우선하기에, 환율제도 변경, 금리자유화 조치 등 통화관련 중요 사안은 국무원의 승인뿐만 아니라 중국공산당 중앙정치국 상무위원회의 사전 승인이 필요하다. 중국인민은행은 다른 나라 중앙은행과 달리 독립적인 통화정책을 수행할 권한을 법에서 부여받지 못한 것이다.

이런 정책 결정 구조를 제대로 이해하지 못하면 중국 통화정책에 대한 오해를 하게 된다. 전임 중국인민은행장인 저우샤오촨周小川과 현 중국인민은행장인 이강易綱은 국제무대에서 중국인인민은행을 대표하는 인물들이다. 그런 와중에 해외에선 마치 이들이 미국 연준 의장이었던 그린스펀, 버냉키, 옐런 등에 버금가는 역할을 중국에서 하고 있다고 오해하게 된 것이다.

그러나 미국과 달리 중국인민은행은 독자적으로 통화정책을 결정할 권한을 부여받지 못했다. 행정부인 국무원 산하 기관으로서 결정된 사항을 집행하는 기관인 것이다. 또 통화정책 관련한 중대 사안은 매년 12월 중국 최고 지도부가 참석하는 비공개 회의인 중국공산당 중앙경제공작회의에서 결정되고, 우리나라 국회격인 전국인민대표자회의 정부 업무 보고 등을 통해서 공개된다.

다만, 중국인민은행은 지급준비율 조정 정도를 독립적으로 결정할 수 있다고 알려져 있다. 그래서 중국인민은행은 국무원이 정한 통화량 조절 목표 달성을 위해 금리보다는 지급준비율을 더 빈번하게 통화정책 수단으로 활용하는 것으로 알려져 있다.

중국은 중국공산당이 권력을 장악하고 있는 정치 체제이다. 때문에 통화정책의 최종 결정권은 행정기관인 국무원도 갖고 있지 못하다고 봐야 한다. 중국공산당의 경제 정책 결정 기구인 중앙재경위원회가 최종 결정권을 쥐고 있다고 봐야 한다. 물론 국무원 구성원이 모두 중국 공산당원이어서 그 구분의 의미는 크지 않아 보인다. 하지만 국무원의 1인자는 리커창李克强 총리라고 해서 통화정책의 실질적 최고 책임자를 리커창으로 봐서는 안 된다는 것이다.

더 위로 올라가보자. 중국공산당 중앙재경위는 시진핑習近平 중국 국가주석이 이끌고 있다. 이를 감안하면 중국 통화정책의 최종 결정권은 시진핑 국가주석이 쥐고 있다고 봐야 한다. 중앙재경위는 과거 1980년부터 있던 중앙재경영도소조를 2018년 3월 확대 개편한 것으로 시진핑이 최고 책임자인 주임을 맡고 있고, 부주임이 리커창이다. 특히 과거 중앙재경영도소조는 총리가 책임자를 맡고 있었지만, 2013년 집권한 시진핑은 2014년 리커창 총리가 맡고 있던 중앙재경영도소조 소장을 자신이 맡는 것으로 바꿨다. 그리고 이를 중앙재경위로 격상시킨 것이다. 그런 만큼 경제 정책도 시진핑이 챙긴다는 의미가 크다. 중앙재경위 위원으로는 현재 시진핑의 책사로 불리는 왕후닝王沪宁 중국공산당 상무위원, 그리고 역시 시진핑의 측근으로 분류되는 한정韩正 중국공산당 상무위원이 있다. 그리고 경제 라인은 중앙재경영도소조 시절 사무국(판공실)에서 시진핑을 보좌해 사무를 총괄했고, 현재 경제 담당 부총리인 류허刘鹤 부총리가 총괄하고 있는 것으로 보인다.

현직인 이강 중국인민은행장은 과거 중앙재경영도소조 시절에 류허 밑에서 사무부총장을 맡기도 했다. 그래서 이강 행장은 시진핑-류허-이강으로 이어지는 인연으로 2018년 3월 행장에 발탁된 것으로 알려져 있다. 전임 저우샤오촨 행장은 중국공산당 중앙위원이고, 중국인민은행 당서기도 겸임했다. 하지만 이강 행장은 후보위원이다. 중국인민은행 당서기는 당 중앙위원이기도 한 궈수칭郭树清 은행보험감독관리위원회(은보감회) 주석이 인민은행 부행장을 겸임해서 맡고 있다. 중국 공산당이 우선인 중국에서 중국인민은행을 당에서 대표하는 사람은 이강 행장이 아니라 궈수칭 부행장인 것이다. 때문에 이강 행장의 통화정책에 있어서 영향력은 이미 결정된 정책을 미세 조정하는 '정책 기술자'의 역할을 넘어서기 어렵다는 시각이 많다.

이런 중국의 정책 결정 구조를 본다면, 위안화 정책의 최종 결정권은 시진핑 중국 국가주석이 쥐고 있다고 봐야 한다. 중앙은행장이나 총리, 경제부총리 등이 최종 결정권을 나눠 갖지도 않고 있다. 그래서 오히려 '디지털 위안화' 전략이나 '위안화 국제화' 전략 같은 경우는 중국공산당이 결정한 국가 전략으로 봐야 하고, 이의 방향성은 중국인민은행의 결정을 넘어서서 뚜렷하다고 해석하는 것이 맞는 방향인 것이다.

반면 미국의 달러 정책은 대통령이 쥐고 있다고 보기 어렵다. 경제 정책 결정권이 행정부에 몰려 있지 않고, 중앙은행인 연방준비제도(연준)이 통화정책 결정에 대한 독립적인 권한을 갖고 있기 때문이다. 또 연준의 결정 과정도 연준 의장의 입김이 강하기는 하지만, 연방공개시장위원회Federal Open Market Committee, FOMC가 다수결로 결정하는 방식이어서 연준 의장의 리더십이 없으면 '배가 산으로 갈' 수 있는 위험성도 가진 의사 결정 구조를 갖고 있다. 1913년 연준이 탄생할 때 중앙의 정책 장악력을 중요하게 여기는 세력과 지방으로 권력을 분산하는 것을 중요하게 여기는 세력의 견해가 갈리면서 타협점을 찾으면서 이런 의사 결정 과정을 만들었기 때문이다.

당시 미국은 민간은행을 상대로 대출과 예금을 받는 12개 지역연방준비은행Federal Reserve Bank43을 100% 민간 출자로 만들었다. 그리고 이

----

43 지역연방준비은행 소재지는 보스턴, 뉴욕, 필라델피아, 클리블랜드, 리치몬드, 애틀랜타, 시카고, 세인트루이스, 미니애폴리스, 캔자스시티, 댈러스, 샌프란시스코이다. 12개 지역연방준비은행이 50개주를 나눠서 관할하는데 일부 지역연방준비은행의 관할 지역은 각주의 경계선과 정확하게 일치하지는 않는다. 예컨대 미주리주에만 세인트루이스, 캔자스시티 두 곳이 있어 미주리주 중부와 동부는 세인트루이스, 서부는 캔자스시티 관할이다.

12개 지역연방준비은행을 상대로 통화정책 방향을 지시하는 연방준비위원회Federal Reserve Board, FRB도 만들었다. 연방준비위원회는 대통령이 임명하고 상원이 인준하는 7인의 연준 이사governor로 구성된다. 의장은 당연히 연준 이사 중 한 명이다. 지방의 지역연방준비은행들과 중앙의 연방준비위원회를 합쳐서 연방준비제도Federal Reserve System가 된다. 미국은 통화정책에 정부 개입이 적다는 것을 분명히 하기 위해서 중앙은행을 하나의 조직으로 만들지 않고 이처럼 민간과 정부가 결합한 '제도system'로 만든 것이다.

미국의 기준 금리를 결정하는 연방공개시장위원회는 7명의 연준 이사와 12명의 지역연방준비은행 총재로 구성된다. 그런데 의결을 할 때는 12개 지역연방준비은행 중 5곳만 연 단위로 돌아가면서 참가하도록 돼 있다. 다만 가장 큰 돈줄을 쥐고 있는 뉴욕연방준비은행 총재는 매번 의결에 참가한다. 회의에는 19명(7명의 연준 이사와 12명의 지역연방준비은행 총재)이 참석하지만, 표결에는 12명(7명의 연준 이사와 5명의 지역연방준비은행 총재)이 참가하게 만들어 놓은 것이다.

또 연준 이사의 임기는 14년으로 4년 임기(재임해도 8년 집권)의 대통령 눈치를 보지 않고 의사 결정을 할 수 있게 해 놨다. 심지어 연준법에 연준 이사 임기 14년 중에 정당한 사유 없이 대통령이 해임할 수 없도록 규정돼 있다. 현재는 연준 이사 2명이 공석이어서 5명의 연준 이사와 5명의 지역연방준비은행 총재가 표결에 참가하고 있다. 다만 통화정책 결정 과정에서 회의를 주재하는 연준 의장의 리더십이 강하면 연준 의장의 입김이 세게 작용할 수 있다. 그간 폴 볼커Volcker, 앨런 그린스펀Greenspan, 벤 버냉키Bernanke, 재닛 옐런Yellen 등 전임 의장들이 강력한 리더십으로 연준을 이끌어 가는 모습을 보여 왔다. 물론 연준 의장의 강력한 리더십은 우격다짐이 아니라 경제의 흐름을 먼저 보고 효과적인 정책 방향을 제시하는 데서 나온다.

이런 의사 결정 구조이기 때문에 제롬 파월 미 연준 의장이 달러 가치를 유지하는 통화 정책의 최종 결정권을 갖고 있다고 얘기할 수 있는 것이다. 그래서 전 세계가 과거 그린스펀, 버냉키, 옐런 전 의장들의 입에 주목했듯이 파월 의장의 입에 주목하는 것이다. 다만 이런 의사 결정 구조는 사전에 통화정책에 대한 '컨센서스(동의)'가 광범위하게 암묵적으로 이뤄져 있지 않으면, 파월 의장이 리더십을 발휘하기 어렵다는 단점이 있다. 때문에 파월 의장은 트럼프 행정부의 경제 정책 최고 책임자인 므누신 재무장관뿐만 아니라 의회와 접점을 갖고 수시로 통화정책 방향을 설명하러 다니는 것이다. 또 연준 이사들과도 수시로 의사소통을 하고, 지역연방준비은행 총재들과도 컨센서스를 이루기 위해 뛰어 다닌다. 그러다 보니 연준의 통화정책에 대한 정보가 사방에 퍼지게 되고, 투명한 의사 결정이 이뤄질 가능성이 높아지게 된다. '디지털 달러' 논의 과정을 봐도 미 연준, 의회, 민간, 정부 등 관련이 있는 모든 곳이 참여해서 의견을 쏟아 내고, 그 과정에서 가장 좋은 해결책은 뭐가 좋은지 찾아가는 모습을 보이고 있다. 미국과 중국의 통화정책 결정 매커니즘의 차이는, '디지털 달러'와 '디지털 위안화' 추진과 실행 과정에서도 나타날 것이다.

3장

왜 지금 중앙은행 디지털 화폐인가

"팬데믹으로 CBDC에 대한 요구는 더 선명해질 것이다. 다양한 지불 수단을 쓸 수 있다는 것이 가치 있다는 게 강조될 것이다. 폭넓은 위협에 탄력적으로 대응할 수 있는 지불수단이 필요하다는 것도 중요해질 것이다."

중앙은행들의 은행으로 불리는 국제결제은행은 2020년 4월 '코비드Covid-19, 현금 그리고 결제의 미래'라는 7쪽짜리 짧은 보고서에서 이렇게 주장했다.[44] 이 보고서는 세계보건기구WHO가 코로나에 대해 3월 11일 '팬데믹'을 선언한 직후에 나왔다. 팬데믹은 WHO가 위험도에 따라 1~6단계로 나눈 감염병 경보 단계 중에서 가장 높은 6단계다. WHO

. . . .

44 Raphael Auer and Giulio Cornelli and Jon Frost(2020).

가 1948년 설립된 이후 1968년 홍콩 독감, 2009년 신종플루에 이어 역대 세 번째 팬데믹 선언이다.

BIS 보고서는 "소매형 중앙은행 디지털 화폐retail CBDC를 포함해 탄력적이고, 쉽게 접근할 수 있는 중앙은행의 지불 인프라가 빠르게 늘어날 것"이라며 "이 같은 인프라는 팬데믹과 사이버 공격 등 광범위한 충격을 견뎌내야 한다"고 덧붙였다.

코로나 감염은 주로 사람들이 침방울, 콧물 등 비말에 접촉하면서 일어난다. 또 2020년 1월 초 중국 우한에서 봤듯이 초기에 감염 확산을 간과했다간 감염자가 폭증하면서 의료 시스템에 과부하가 걸린다. 그래서 의료 시스템의 작동이 멈춰 버리는 일이 발생한다. 감염이 폭발적으로 늘어나는 걸 피하려면 '사회적 거리 두기'나 이동을 막는 '봉쇄' 조치를 취해서 사람과 사람, 사람과 사물의 접촉을 최소화해야 한다. 누구나 쉽게 이용할 수 있는 백신이나 치료제가 나오기 전까지는 유일한 코로나 예방법이다. 그런데 백신이 나온다고 해도 그 효과를 검증하기에는 시간이 걸릴 것이다. 또 인플루엔자(독감), 감기와 같은 호흡기 질환이라는 특성 상 백신이 100% 효과를 나타내기도 어렵다. 인플루엔자 백신도 항체가 지속되는 기간은 3~6개월 정도이고, 바이러스의 변종이 심해 백신을 맞아도 유행 예상과 다른 변종이 퍼지면 큰 효과를 내지 못할 수 있다.

거리 두기나 봉쇄 조치를 취하는 과정에서 대면 접촉은 급격하게 줄고, 비대면 접촉이 늘어난다. 코로나는 독감과 마찬가지로 완전히 사라지지 않고 매년 가을이나 겨울철이면 유행하는 풍토병이 될 가능성이 높다. 그렇다면 앞으로 거리 두기나 비대면 접촉이 과거보다 더 일상화될 것으로 보인다.

화폐나 지불 수단도 대면 지불은 감소하고 비대면 방식이 늘어나게 된다. 지폐, 동전, 카드, 키패드 등 실물 표면에 바이러스가 남아 있을 수 있다는 금융 소비자들의 우려는 현금 사용을 줄이는 원인이 될 수 있다. WHO에 따르면 코로나 바이러스는 플라스틱, 스테인리스 표면에는 최장 4일, 골판지나 섬유, 목재에는 1일간 생존한다. 다만, 현금 사용으로 인해서 코로나가 전염됐다는 사례는 나타나지 않았다. 실제 파델라 차이브Chaib WHO 대변인이 3월 영국 언론 매체에 "가능한 한 비접촉 (지불수단) 기술을 사용하라"고 했다가 현금으로 바이러스가 옮긴다는 얘기냐는 의문이 제기되자, "현재 현금을 거쳐서 바이러스가 옮겨진다고 얘기한 적은 없으며, 다만 돈을 만진 후에는 손을 씻을 것을 권고한다"고 수정하기도 했다. 코로나 팬데믹의 발원지인 중국에선 중국인민은행이 코로나 피해가 심한 지역에서 인출된 화폐는 소독하고 14일 보관하도록 했고, 광저우 등 일부 지역에선 지폐를 파쇄하고 신권 공급을 확대하기도 했다. 다만 위기 때 현금을 챙겨 둬야 한다는 수요가 있어서 미국 등 주요국에서 일시적으로 현금 수요가 늘고 있다는 말도 나온다.[45] 그러나 재난 상황에서 현금 보관 수요가 늘어나는 것과 일상생활에서 현금 사용이 늘어나는 것과는 다른 것이다. 이제까지 나타난 코로나의 팬데믹 충격이라면 사람들의 행태를 바꾸는 영향을 남길 가능성이 매우 크다. 코로나 사태 이후에도 전반적으로는 비대면 지불이 늘어나는 방향으로 경제 주체들의 행동이 바뀌어 갈 것으로 보인다.

....

45 한국은행이 2020년 9월 27일 낸 '코로나19가 주요국 화폐 수요에 미치는 영향 및 시사점' 자료에 따르면 미국, 유럽연합, 캐나다, 일본, 중국, 호주, 뉴질랜드, 스위스 등 주요 8개국을 대상으로 점검한 결과 코로나 발발 이후 대체로 각국의 화폐 수요(화폐발행잔액) 증가율이 평시 대비 2~3배 상승했다고 한다. 재난 상황에서 고액권을 중심으로 예비용 수요가 늘어난 것으로 보인다.

세계보건기구WHO가 배포한 코로나가 지폐나 동전을 통해 전염되는지 여부를 설명하는 자료.
코로나가 현금을 통해 전염된다는 증거는 없으나, 그럼에도 현금 표면을 만진 후에는 손을 씻으라고
권고하고 있다. 출처: WHO.

현금 접촉에 대한 불안감이 더욱 커지면 어떤 일이 벌어질까. 우선 이제까지 여전히 현금 사용이 많았던 독일 등 유럽이나 일본에서 현금 사용을 줄어들 것이란 전망이 나온다. 현금 사용 비중이 높은 것은 문화적인 현상이라고 할 수 있다. 문화적 습관은 웬만해선 쉽게 변하지 않지만, 코로나 팬데믹과 같은 외부 충격이 가해지면 갑자기 바뀔 수 있기 때문이다.

예컨대 프랑스 파리의 루브르 박물관은 2020년 3월 초 코로나 우려를 이유로 입장료를 현금으로 내는 것을 금지했는데, 이는 '모든 비즈니스는 현금을 받아야 한다'는 프랑스 중앙은행의 지침과 어긋나는 것이다. 또 도이치은행에 따르면, 독일에서는 2019년 12월만 해도 카드 결제의 3분의 1쯤이 비접촉식이었는데, 2020년 5월 들어서는 2분의 1이 비

접촉식으로 바뀌었다고 한다.[46] 유르겐 브라운스타인Braunstein 하버드대 케네디스쿨 연구원은 마리온 라부르Laboure 도이치은행 분석가와 낸 공동 기고문에서 "정상적인 조건에서라면 문화적으로 몸에 밴 습관과 오래되고 잘 조직된 지불 시스템과 연관된 전통이 바뀌려면 오랜 시간이 걸린다"고 하면서도 "코로나 팬데믹이 디지털 지불의 성장을 가속화시킬 것"이라고 주장했다.[47]

한편 이미 현금 사용이 현저하게 줄어든 영국, 스웨덴, 한국 등에선 '현금 없는 사회'로 이행하는 데 있어 코로나 팬데믹이 촉매제 역할을 할 수 있다는 전망도 나온다. 코로나가 현금 사용을 더 줄이는 가속도를 붙인다는 것이다. 현금을 쓰는 대신 비접촉식 디지털 지불수단의 사용이 더 늘어날 것이란 얘기다.

동시에 코로나 팬데믹으로 인해 디지털 달러, 디지털 위안화와 같은 중앙은행 디지털 화폐의 등장도 앞당겨 질 것이란 전망이 나오는 것이다. 코로나로 '현금 없는 사회'로 이행이 가속화되면 중앙은행이 발행하는 지폐와 동전은 사라지게 된다. 그렇게 되면 중앙은행이 통화정책이나 금융 안정에 미치는 영향력이 줄어들 수 있기 때문에 중앙은행도 디지털 화폐를 발행해 영향력을 유지해야 된다는 것이다. 한국은행은 "코로나19 확산이 디지털 화폐 및 CBDC 발행을 앞당기는 촉매제가 될 것이라는 전망이 확대 된다"는 분석을 내놓은 바 있다.[48] 마리온 라부르 도이치은행 분석가는 "(코로나 사태로) 앞으로 3년 내에 세계 인구의 약 5분

46 "Covid-19's assault on cash", *Flow*, 29 May 2020.
47 Juergen Braunstein, Marion Laboure and Sachin Silva, "COVID-19 Pandemic Accelerates the Rise of Digital Payments", *The Economist*, 20 Mar. 2020.
48 "코로나19 확산이 최근 주요국 지급수단에 미친 영향", 보도참고자료, 2020년 4월 5일.

스웨덴 (2018)	영국 (2018)	뉴질랜드 (2019)	한국 (2019)	미국 (2018)	일본 (2018)	독일 (2017)	유로존 (2016)
13.0%	28.0%	31.0%	26.4%	26.0%	48.2%	74.3%	78.8%

일본은 금액 기준, 나머지 국가들은 거래 건수 기준.
출처: 한국은행, "최근 '현금 없는 사회' 진전 국가들의 주요 이슈와 시사점", 2020.

의 1에 해당하는 나라들이 일반적인 사용을 목적으로 하는 CBDC(중앙은행 디지털 화폐)를 발행할 것"이라고 전망하기도 했다.

코로나 팬데믹이 중앙은행 디지털 화폐의 발행을 앞당기는 역할을 한다는 전망엔 재난 대비 자금의 투입 속도를 높이고 누구에게나 보편적으로 지급되는 소위 '헬리콥터 머니'식의 경기 부양책을 쓰기도 쉬워진다는 이유도 있다. 앞서 1장에서 봤듯이 2020년 3월 미국 의회에선 재난 지원금 지급 속도와 효율성을 높이기 위해 디지털 달러를 발행하자는 논의가 있었다. 게리 콘Cohn 전 백악관 국가경제위원회 위원장은《파이낸셜타임즈》기고문에서 "미국에서 디지털 지갑은 이번 팬데믹 상황에서 혁명적으로 정부가 가계와 중소 상인을 돕는 능력을 향상시킬 수 있었다"며 "현금 없는 사회에서 모든 개인이 디지털 계좌를 갖고 있다면 (부양 자금) 분배가 더 빠르게 이뤄질 수 있었을 것이다"라고 했다.[49] 2장에서 봤듯이 중국에서는 중국인민은행은 코로나 팬데믹에도 불구하고 디지털 위안화 발행 준비를 계속한다는 입장을 밝혔고, 실제 디지털 위안화 테스트에 들어갔다. 2020년 5월부터 중국인민은행은 선전, 쑤저우,

....

49 Gary Cohn, "Coronavirus is speeding up the disappearance of cash", *Financial Times*, 29 Apr. 2020.

슝안신구, 청두 등에서 디지털 위안화를 일반 금융소비자가 사용하도록 하는 실험을 하고 있다. 세계은행에 따르면, 중국에는 농촌 지역 등에서 약 2억 명이 은행 등 제도권 금융 시스템에 접근하지 못하고 있다. 디지털 위안화가 발행되면 은행 계좌를 갖지 못한 금융 소비자들이 소액 결제에도 사용할 수 있게 된다. 더구나 디지털 위안화를 통해 정부의 금융 지원액이 이들 2억 명에게 빠르게 배분될 수 있는 길이 열리게 되는 것이다. 앞서 같은 해 2월 리리후이李禮輝 전 중국은행장은 "현재 방역 상황에서, 반드시 디지털 화폐 발행은 가속화될 것"이라고 전망했다.[50] 그는 "디지털 화폐(디지털 위안화)는 효율, 원가, 편리성 등에서 이점이 있다"고 하기도 했다.

네덜란드를 기반으로 한 글로벌 금융 그룹인 ING는 코로나 팬데믹이 중앙은행 디지털 화폐 개발을 촉진하는 이유를 다섯 가지로 정리했다.[51] 첫째, 코로나 감염 리스크를 줄이기 위해 현금 사용감소가 가속화되고 비접촉 지불은 늘어난다는 것이다. 둘째, 위기로 인해 정부의 역할이 증가하면서, 정부가 중앙은행에 디지털 화폐를 도입할 정치적인 의무를 지울 가능성이 커진다는 것이다. 셋째, 코로나 팬데믹으로 금융 시스템도 불안해지는 압력을 받게 되는데, 이로 인해 금융 안정 역할을 위한 중앙은행 디지털 화폐의 발행 압력도 증대한다는 것이다. 이는 은행 예금이 중앙은행 디지털 화폐로 대체되면 금융 시스템의 안정성이 높아진다는 의미다. 넷째, 코로나 팬데믹이 마치 글로벌 무대에서 카드를 섞듯이 국가 경제력 순위를 바꾸게 될 텐데, 경제적 피해를 적게 받은 나라가 (중

---

50 "疫情防控或加快推进数字货币的发行", 中国日报网, 2020년 2월 16일.
51 ING, "Will Covid-19 accelerate the arrival of digital curries?", 29 Apr, 2020.

앙은행 디지털 화폐 발행 등으로) 힘을 과시할 기회가 온다는 것이다. 다섯째, 탈脫글로벌화로 인해서 각국이 디지털 결제에 있어서 '국가 챔피언'을 키우려는 시도를 하게 된다는 것이다. 디지털 결제엔 사적, 공적 방식이 있을 수 있는데, 이 때 공적 디지털 화폐로 중앙은행 디지털 화폐를 활용한다는 의미다.

중앙은행
디지털 화폐가
묻는다, 돈이 뭐니?

그런데 여기서 한 가지 커다란 의문이 든다. 중앙은행이 발행하는 디지털 화폐인 디지털 달러, 디지털 위안화, 디지털 원화 등이 과연 새로운 것인가란 질문이 나올 수밖에 없다. 금융 소비자 입장에서 '디지털 화폐'가 과연 생소한가. 이미 일상 금융 생활에서 '돈의 디지털화化'는 놀라운 정도로 진행된 것 아닌가.

우리나라에서 하루 생활을 생각해 보자. 출근길 버스, 지하철, 택시는 교통카드나 교통카드 기능이 내장된 신용카드를 쓴다. 점심이나 저녁도 신용카드로 계산한다. 당일배송이니 새벽배송이니 해서 더 빨라진 인터넷 쇼핑은 네이버페이, 카카오페이 등 '페이'를 쓰거나 역시 신용카드 결제를 이용한다. 배달 음식을 시켜도 배달 앱을 통해서 결제하거나 집 앞에서 모바일 결제기를 든 배달원에게 신용카드로 결제할 수 있으니 마찬가지로 현금 쓸 일은 없다. 코로나 사태로 직접 가기 어려워진 경조사에 요새는 인터넷뱅킹을 이용해 축의금과 부의금 등을 송금한다. 지갑에 비상용으로 현금 몇 만 원을 넣어 놓지만, 꺼낼 일은 거의 없다.

디지털 회의 대표적인 사례로 인터넷 뱅킹을 알아보자. 한국에선 1999년 7월부터 인터넷뱅킹이 도입됐다. 1999년 말 12만 명이었던 인터넷뱅킹 이용 고객은 1년 만에 34배로 늘어 409만 명이 됐다. 10년이 지난 2009년 말 5921만 명(중복 가입도 합산)으로 500배 가까이 폭증했다. 매년 인터넷뱅킹 고객 증가율은 두 자릿수를 기록했다.

인터넷 뱅킹 고객은 2019년 말 1억 5923만 명이 됐다. 그 사이 인터넷을 사용하는 기기는 PC에서 스마트폰으로 옮겨가고 있다. 스마트폰을 이용한 모바일 뱅킹 가입 고객도 2019년 말 현재 1억 2095만 명에 달한다.

그러다 보니 은행 창구 거래는 할 일이 없어졌다. 금융 거래를 할 때 은행 창구를 이용하는 비율은 2001년 말에만 해도 42.2%에 달했고, 인터넷뱅킹 이용 비율은 8.8%에 불과했다. 누구나 돈을 거래하려면 은행을 가야 한다고 생각했다. 하지만 2019년 말엔 입출금이나 자금 이체를 할 때 은행 창구 이용 비율은 7.9%, 모바일 뱅킹을 포함한 인터넷뱅킹 이용 비율은 59.3%로 완전히 역전했다. 현금을 들고 다니는 게 아니라 손 안에 있는 스마트폰으로 '디지털화된 돈'을 손쉽게 보내는 시대로 바뀐 것이다. 디지털화된 돈은 실물로 구경할 수 없다. 금융 소비자들로서는 컴퓨터나 스마트폰 화면에 나타난 은행 계좌 속 숫자가 늘었다가 줄었다가 하는 것을 관찰할 뿐이다. 하지만 금융 소비자들은 돈이 은행 계좌에 있다고 생각한다.

더구나 일상생활에선 신용카드 이용이 보편화됐다. 최근 들어선 네이버페이, 카카오페이 등 간편 결제도 급격한 성장세를 보이고 있다. 2019년을 보면, 신용카드 결제가 전체 지급 건수의 43.7%로 가장 높은 비율이었다. 그 다음이 현금 결제로 26.4%, 체크·직불카드가 19.2%, 모바일 카드 3.8%, 계좌 이체 3.0% 순이었다. 신용카드 결제 건수와 금액은 하루 평균 4069만 건, 2조 1320억 원에 달한다. 간편 결제는 2019년에 전년 대비 결제 건수가 56%, 이용 실적은 44% 증가할 정도로 성장세가 가파른데, 2019년 하루 평균 602만 건, 1745억 원의 결제가 일어나 신용카드 결제 건수의 15%에 육박하고, 신용카드 결제액의 8%를 넘고 있다. 신용카드 결제나 간편 결제도 디지털화된 돈이 왔다 갔다 하는 것이다. 이때도 은행 거래 때와 마찬가지로 실제 소비자가 눈으로 목격하는 것은 화면 속에 돈이 지급됐다는 메시지일 뿐이다. 디지털화된 돈은 실물은 없어도 누구나 존재한다는 것을 인식하고 있다.

지폐나 디지털 머니가
똑같아 보이지만,
같은 돈은 아니다

　이런 '디지털 머니'의 홍수 속에서 '중앙은행 디지털 화폐'란 도대체 무슨 뜻일까. 이 질문을 이해하려면 우선 돈에도 여러 가지 종류가 있다는 점을 알아야 한다. 우리가 한국에서 일상생활에서 사용하는 돈은 모두 '원'으로 표시돼 있다. 서점에서 정가 '1만 5000원'의 책을 산다면, 현금을 줘도 '1만 5000원'이고 신용카드를 내도 '1만 5000원'이다. 현금을 쓰던지 신용카드로 결제하고 나중에 은행 계좌에 있는 돈으로 지불하던지 어떤 방식으로 결제하더라도 모두 '원'으로 표시한 돈의 금액은 같다. 하지만 엄밀하게 따져서 얘기하면 현금과 은행 계좌에 있는 돈은 같은 돈이 아니다.

　또 더 들어가서 인터넷 상에서 쓰는 돈도 표시된 금액은 같아도 결제 방식에 따라 다르게 구분할 수 있다. 예컨대 서점에서 1만 5000원에 파는 책을 인터넷 서점에서 10% 할인받아 '1만 3500원'에 같은 책을 산다고 하면, 은행 계좌에서 인터넷 송금을 하거나 신용카드로 결제해도 '1만 3500원', 네이버페이나 카카오페이 같은 '페이'로 결제해도 '1만 3500원'이다. 그러나 같은 '원'으로 표시하지만, 두 방식도 성격이 다른 돈으로 구분할 수 있다.

무슨 얘기인지 화폐(돈)의 다양한 형태를 설명하는 그림을 갖고 설명해 보도록 하겠다. 다음의 그림 '중앙은행 디지털 화폐와 화폐의 다양한 형태'는 중앙은행이 발행했는가, 누구나 쓸 수 있는가, 전자(디지털) 형태인가 등 돈이 갖는 세 가지 유형에 대한 질문을 가지고 화폐를 네 가지 형태로 나누고 있다. 그림 중앙에 있는 중앙은행 디지털 화폐는 세 질문에 모두 '그렇다'는 대답을 할 수 있는데, 아직 어느 나라도 발행하지 않

중앙은행 디지털 화폐와 화폐의 다양한 형태

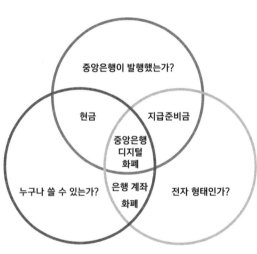

출처: Ole Bjerg(2017)

았다.

금융 소비자들이 일상생활에서 사용하는 화폐는 지폐, 동전 등 현금과 은행 계좌에 있는 돈이다. 지폐, 동전은 중앙은행이 발행했지만, 은행 계좌에 있는 돈은 은행이 '신용 창조' 과정을 통해 만든 것이다. 은행 계좌에 있는 돈은 디지털 머니의 형태이다. 인터넷뱅킹, 모바일뱅킹 등을 통해서 디지털 송금을 한다. 또 신용카드를 쓰고 나면 나중에 은행 계좌에서 이 돈이 나간다. 우리는 이 모든 돈을 중앙은행인 한국은행이 '찍어냈다'고 생각하고 말한다. 하지만 우리가 실제 실생활에서 사용하는 돈을 따져 보면 지폐와 동전 같은 중앙은행 돈이 아니라 은행 계좌에 있는 은행 돈이 대부분이다.

실제 통계로 이 말을 확인해 보자. 2019년 말 현재 한국은행이 발행한 지폐와 동전은 125조 7000억 원이다. 하지만 시중의 돈 총량을 뜻하는 M2 통화량은 2915조 3000억 원에 달한다. 한국은행이 발행한 지폐와 동전은 M2 통화량의 4.3% 밖에 되지 않는 것이다. 즉, 우리가 쓰는 돈의 95% 가까이는 은행이 '신용 창조' 과정으로 만든 돈이라고 할 수 있

한국의 중앙은행 돈과 전체 통화량 추이

단위: 원

	2015년	2016년	2017년	2018년	2019년
지폐, 동전 등 발행잔액	86조 8000억	97조 4000억	107조 9000억	115조 4000억	125조 7000억
중앙은행 돈 (본원통화, M0)	120조 7000억	137조 4000억	151조 9000억	165조	178조 9000억
중앙은행 돈+은행 돈(통화량, M2)	2252조 2000억	2400조 9000억	2522조 5000억	2706조	2915조 3000억

출처: 한국은행

다. 우리는 '한은이 돈을 찍어 냈다'고 말하지만, 실제는 국민은행, 우리은행, 신한은행, 하나은행 등 은행들이 만들어 낸 은행 계좌 속 디지털 머니를 사용하고 있는 것이다.

한국은행이 발행한 돈과 은행이 만든 돈의 차이는 지금은 형태가 확실히 다르다. 한국은행이 발행한 돈은 눈에 보이는 지폐와 동전이다. 은행이 만든 돈은 계좌에 디지털 형태로 들어 있다. 그러나 가치에 있어서 둘의 차이를 평소에 체감할 수 없다. 항상 '1대1'로 교환할 수 있기 때문이다. 은행에 가서 내 계좌에 있는 돈을 한은이 '찍어낸' 지폐나 동전으로 달라고 하면 그대로 내준다. ATM(현금자동화기기)도 마찬가지로 화면을 누르면 지폐나 동전을 내준다. 다만 위기가 오면 두 종류 돈의 차이가 확연하게 드러난다. 중앙은행은 위기가 와도 문을 닫지 않지만, 일반 은행들은 위기 때 망할 수 있다. 예금보험으로 보호해주는 1인당 5000만 원을 제외하면 은행이 파산하면 휴지조각이 될 수 있는 돈인 것이다. 저축은행 사태 등으로 돈을 날린 사람들이 있다는 걸 기억하면, 은행 돈이 사라질 수 있다는 게 어떤 말인지 이해할 수 있을 것이다.

뉴(New) 디지털 머니의 등장과 중앙은행 디지털 화폐

우리가 가장 흔하게 접할 수 있는 디지털 화폐는 은행 계좌에 있는 돈이다. 금융 소비자들은 은행 계좌에 있는 돈을 직접 상품과 서비스를 사는 데 지불할 수 있다. 계좌 이체를 하거나, 은행 계좌에 연동된 체크·직불카드를 사용하는 것이다. 또 신용카드로 지불한 후에 나중에 은행 계좌에 있는 돈을 카드 회사에 줄 수도 있다.

그런데 은행 계좌에 있는 디지털 머니 외에도 점차 새로운 '뉴 디지털 머니'가 시장에 등장하고 있다. 비트코인, 이더리움, 리플 등 가상화폐 또는 암호화폐, 그리고 네이버페이, 카카오페이 등 전자지갑에 충전한 후에 결제에 사용하는 디지털 머니 등이 그것이다. 아직은 전체 금융에서 차지하는 비중이 높지는 않다. 하지만 성장세가 빠르기 때문에 주목받고 있다. 미국 과학 잡지 MIT 테크놀로지 리뷰는 2020년 4월호에서

'2020년의 중대한 10대 기술' 중 하나로 디지털 머니'를 선정했다.[52] MIT 테크놀로지 리뷰는 일회성 기술이나 과장된 새로운 기계보다는 우리 삶과 일하는 방식을 근본적으로 바꿀 중대한 기술들을 매년 10대 기술로 선정하고 있다.

IMF는 2019년 '디지털 머니의 성장The Rise of Digital Money' 보고서[53]에서 이러한 디지털 머니를 분류하는 기준을 제시했다. 이를 바탕으로 현재와 미래의 디지털 머니를 5종류로 구분할 수 있다.

우선 우리가 가장 흔하게 보는 디지털 머니인 은행 계좌에 있는 돈이다. 이를 'B-머니'라고 부를 수 있다. 우리나라의 경우 예금보험 제도로 은행이 망하더라도 1인당 5000만 원까지 지급을 보장하고 있다. 그러나이 한도를 넘는 돈은 보호를 받지 못한다. 다만 은행이 파산한다는 것은 상당히 예외적인 경우다. 금융위기가 오더라도 정부가 공적 구제 자금을 마련해 은행의 파산을 막으려는 경우가 대부분이다. 그런 만큼 'B-머니'의 안정성은 상대적으로 높다고 볼 수 있다. 카드로 쓰는 경우에도 결국은 은행 계좌에 있는 돈이 나가게 된다. 카드 사용도 'B-머니'라고 봐도 될 것이다. 카드회사는 은행 계좌의 돈이 거쳐 가는 통로 역할을 하는 셈이다.

중국에서는 알리페이, 위챗페이 등 모바일 결제 회사들이 제공하는 결제 서비스가 카드와 같은 역할을 하고 있다. 그런데 이들은 일단 충전 방식으로 은행 계좌에 있던 돈을 최종 결제가 이뤄질 때까지 맡아 두고

---

52 MIT 테크놀로지 리뷰가 선정한 2020년 10대 기술로는 디지털 머니 이외에도 해킹 불가능한 인터넷, 개인 맞춤 치료, 노화 방지 의약품, AI가 찾는 분자, 인공위성 메가-천체, 양자컴퓨터, 소형 인공지능, 차등 사생활 기술, 기후변화 귀속 등이 있다. ("10 Breakthrough Technologies 2020", *MIT Technology Review*, 26 Feb. 2020.)
53 Tobian Adrian and Tommaso Mancini-Griffoli(2019).

IMF가 제시한 디지털 머니 분류법

종류	성격	사례
중앙은행 디지털 화폐	-정부 화폐 -중앙 통제 또는 분산 원장 방식	-디지털 달러, 디지털 위안화, 디지털 유로, 디지털 원화 등 (미 발행)
B-머니	-정부 지원(예금보험 등) -은행 발행, 중앙통제	-은행 계좌 예금 -직불 카드
E-머니	-민간 발행, 중앙통제 -민간 기업이 가치 보장	-알리페이, 위챗페이, 네이버페이, 카카오페이 등
I-머니	-가치 변동 -민간 발행	-리브라
암호화폐	-민간 발행, 분산 방식 -가치 보장 기관 없음	-비트코인

있다. 한국의 네이버페이, 카카오페이 등도 비슷한 방식으로 볼 수 있다. 이 경우를 'E-머니'라고 분류할 수 있다. 예금보험 제도로 일부라도 보호를 받지 못하기 때문에 민간 IT(정보기술) 회사들이 가치를 보장한다. '100위안'을 충전했다면 '100위안' 어치의 상품과 서비스를, '1만 원'을 충전했다면 '1만 원' 어치의 상품과 서비스를 살 수 있다고 알리페이나 네이버페이가 보장한다. 때문에 이런 서비스를 제공하는 회사가 파산한다면 한 푼의 가치도 건질 수 없다는 위험이 있다. 또 충전된 자금을 주식, 채권 등에 투자해서 운용하다가 손실을 보면 이 손해가 사용자에게 전가될 위험성도 있다.

페이스북의 리브라 프로젝트는 초기 모델로 각국 통화를 바스켓에 담아 넣고 '리브라'라는 이름의 디지털 머니를 발행하는 구상을 밝혔었다. 이 경우 바스켓에 담긴 통화들의 가치 변화에 따라 리브라의 가치가 수시로 변하게 된다. 애초에 일정한 가치를 보장하지 않고 보유 자산의 투자 성과에 따라 디지털 머니의 가치가 변한다는 의미에서 이를 투자형 디지털 머니로 분류해 'I-머니'라고 부를 수 있다.

이밖에 민간 디지털 네트워크 상에서 분산 원장 방식을 채용해 생성되면서 중앙의 통제를 받지 않는 디지털 머니인 '암호화폐'가 있다. 암호화폐는 누구도 가치를 보장하지 않는다. 실제로 대표적인 암호화폐인 비트코인의 경우 2017년 초 개당 1000달러도 안 됐던 가치가 같은 해 12월 1만 4000달러에 육박했다가 3개월여 만에 반 토막이 나 7000달러 선 근처로 떨어지기도 하는 등 가치가 크게 요동치는 모습을 보이고 있다. 다만, 중앙의 통제를 받지 않는 방식이어서 익명성을 유지하기가 다른 디지털 머니에 비해선 뛰어나다.

마지막으로 중앙은행 디지털 화폐를 들 수 있다. 중앙은행은 금융 위기가 발생했을 때 '최종 대부자' 역할을 할 정도로 금융 시스템을 지키는 최후의 보루다. 중앙은행이 발행하는 디지털 화폐는 다른 어떤 디지털 머니보다도 가치가 안정적이라는 뜻이다. 가치의 안정성에 있어서는 디지털 머니 중에서 최강자라고 할 수 있다.

중앙은행 디지털 화폐는 누가 사용하느냐에 따라 소매형과 도매형wholesale으로 구분할 수 있다. 소매형 중앙은행 디지털 화폐는 가계, 기업 등 일반 금융 소비자가 개인 간 거래 등에서 실생활에서 사용할 수 있는 것이다. 도매형 중앙은행 디지털 화폐wholesale CBDC는 은행 등 금융회사 등이 사용할 수 있는 것이다. 이미 은행들이 중앙은행에 개설된 계좌에 지급준비금의 형태로 갖고 있는 것을 도매형 중앙은행 디지털 화폐의 일종이라고 볼 수도 있다. 도매형 중앙은행 디지털 화폐는 캐나다중앙은행, 싱가포르중앙은행인 MASMonetary Authority of Singapore등이 효율적인 차세

대 거액결제시스템을 구축하기 위한 실험 프로젝트를 진행하기도 했다. 캐나다중앙은행은 '캐드코인CADcoin'을 만들어 비트코인 등 암호화폐의 기반 기술인 분산원장 기술을 바탕으로 실시간 거액 결제를 진행하는 '재스퍼Jasper 프로젝트'를 진행했다. 싱가포르중앙은행은 '디지털 싱가포르 달러DSG'를 발행해 새로운 거액결제시스템을 구축하는 '우빈Ubin 프로젝트'를 가동해 실제로 도매형 중앙은행 디지털 화폐의 유통이 가능한지를 점검했다.[54] 두 프로젝트에 대해선 뒤에서 다시 한번 자세히 살펴보겠다.

....

54 이명활(2019).

누구나 쓸 수 있는 소매형 중앙은행 디지털 화폐는 다양한 형태로 발행이 될 수 있다. 크게는 코인형(토큰형token-based)과 계좌형(계정형account-based)의 두 가지로 나눌 수 있다. 디지털 머니는 눈으로 볼 수 있는 형태가 없기 때문에 코인형과 계좌형의 차이는 결제의 인증 과정에 있다.

계좌형 디지털 머니는 돈을 지불하는 사람의 신원을 인증하는 형태다. 우리가 일상생활에서 가장 많이 사용하는 은행 계좌에 들어 있는 'B-머니'의 인증 과정을 생각하면 이해하기 쉽다. 은행에 있는 계좌에 인터넷 뱅킹이나 모바일 뱅킹으로 접근하기 위해서는 '내가 온라인상에서 계좌 주인이다'라는 사실을 인증해야 한다. 그리고 돈을 보내면 받는 사람은 자신의 은행 계좌에서 그 돈을 찾거나 다시 다른 사람에게 보낼 때 자신을 인증해야 한다. 마찬가지로 계좌형 중앙은행 디지털 화폐는 중앙은행 등에 개설된 계좌에 접근할 때 본인 인증을 해야 한다.

반면에 코인형 디지털 머니는 교환 대상이 되는 코인(토큰)이 진짜라는 것을 인증하는 형태다. 일상생활에서 사용하는 동전을 상정하면 역시 이해하기가 쉽다. 동전은 받는 사람이 주는 사람이 누구인지 묻지도 따지지도 않는다. 동전이 중앙은행이 발행한 진짜 돈인지만이 중요한 것이다. 디지털 상에서는 대표적인 암호화폐인 비트코인을 생각하면 된다. 비트코인은 분산원장 방식으로 네트워크 참가자들이 보유한 원장에서 모두 진짜라고 인정돼야 인증이 완료된다. 비트코인 보유자가 누구인지는 따지지 않는다. 중국의 알리페이도 비슷한 원리다. 알리페이의 디지털 지갑에 암호만 넣으면 인증이 되고 지불이 된다. 누가 알리페이 디지털 지갑의 실제 주인인지는 중요하지도 않고 따지지도 않는다. 중앙은행 디지털 화폐도 이처럼 코인형으로 발행할 수 있다.

이제 미국에서 진행된 중앙은행 디지털 화폐 논의 과정을 따라가 보면서 계좌형과 코인형의 차이를 살펴보자. 미국에선 민간에서 처음 제기된 중앙은행 디지털 화폐의 형태는 비트코인의 영향을 받아 코인형이었다가 최근에는 계좌형, 코인형 등 다양한 논의가 나오고 있다.

미국에서 개인 간 거래에서 사용할 수 있는 소매형 중앙은행 디지털 화폐에 대한 논의는 2008년 글로벌 금융위기 이후 2010년쯤부터 학계에서 제기되기 시작했다. 글로벌 금융위기를 불러온 기존 금융 시스템의 개혁 방안 중 하나로 논의되기 시작한 것이다. 중앙은행 디지털 화폐 발행을 통해서 신용을 중앙은행이 직접 관리할 수 있어 은행의 신용이 고삐 풀린 말처럼 폭증하는 것을 막을 수 있는 방법의 하나로 고려됐기 때문이다.

이런 와중에 2009년 대표적인 암호화폐인 비트코인이 등장했고, 2010년대 중반이 되면 비트코인의 존재가 금융 소비자들에게까지 알려졌다. 미국에선 2013년 쯤부터 미국 중앙은행인 연방준비제도판版 비트코인인 '페드코인Fedcoin'을 만들자는 얘기가 금융 블로거와 인터넷 토론방 등에서 나오기 시작했다. 페드Fed는 미국에서 중앙은행인 연방준비제도Federal Reserve System를 줄여 부르는 약칭이다. 미래 화폐의 대안으로 새로운 디지털 머니가 필요하다고는 생각하지만 비트코인처럼 가치가 요동쳐서는 불안하다고 생각한 일군의 사람들이다. 당시 비트코인 가격은 2013년 개당 100달러에서 1000달러로 10배나 올랐다가 2014년 300달러로 떨어지는 등 요동쳤다. '페드 코인'을 주장한 대표적인 논자들은 세인트루이스 연방준비은행 이코노미스트인 데이빗 앤돌파토Andolfatto와 유명 블로거인 미국경제연구소AIER 연구원 J.P. 코닝Koning이었다. 코닝 등이 제시한 구상은 미 연준이 가상 암호화폐 페드코인을 발행하고 달러와 1대1 비율로 교환을 보장하는 방식이다. 앤돌파토도 같은 방식으로 페드코인을 발행하면 전 세계 어디서나 지갑 소프트웨어와 인터넷 접속이 가능하면 쓸 수 있다고 했고, 현금 정도 수준까지는 아니지만 어느 정도 익명성도 보장할 수 있다고 봤다.

이후 미국에선 은행 거래를 하지 못하는 취약 계층을 포용하자는 '금융 포용'의 입장에서 모든 국민에게 '페드 계좌Fed Account'를 만들어 주자는 주장이 제기됐다. 모건 릭스Ricks 밴더빌트대 로스쿨 교수, 레브 메낸드Menand 컬럼비아대 로스쿨 교수, 존 크로포드Crawford UC 헤이스팅스 교수가 2018년 6월 공동으로 쓴 '모두를 위한 중앙은행'[55]이란 보고서다. 릭스와 메낸드는 오바마 정부 시절 재무부 관료로도 일한 적이 있다. 이들은 모든 국민에게 중앙은행인 연방준비제도(연준)가 계좌를 열어주고 은행에 주는 것과 같은 혜택을 주자는 주장을 했다. 미국 은행들이 연준 계좌에서 당시 연 1.75%의 금리를 받듯이 모든 국민에게 같은 금리를 주자는 것이다. 당시 미국 일반 국민들은 일반 은행에 요구불 예금으로 넣으면 연 0.05%의 쥐꼬리만큼의 이자만 받을 수 있었다. 또 망할 위험이 없는 연준이 모든 국민들에게 예금전액을 돌려받을 수 있게 보장하자고 했다. 모든 국민에게 연준 계좌를 제공하면 은행 계좌가 없는 3350만 명의 미국인도 모두 금융 서비스를 받게 될 것이라고도 했다. 즉, 이는 연준이 누구나 접근할 수 있는 계좌형 중앙은행 디지털 화폐를 발행하자는 얘기에 다름 아니다.

릭스와 메낸드는 2020년 3월 코로나 팬데믹 이후에 블룸버그 통신에 기고문을 싣고, '페드 계좌' 방식으로 '디지털 달러'를 발행할 것을 촉구했다.[56] 앞서 제시한 모든 국민에게 연준 계좌를 열어줘야 할 이유 외에도 코로나 팬데믹 이후에 빠르게 가계에 경기 부양 지원금을 지원하기 위해선 '연준 계좌' 방식이 효과적이란 주장이다.

한편 미국의 민간 싱크 탱크인 '디지털 달러 프로젝트'는 2020년 5월 디지털 달러 백서를 발행했는데, 이들은 코인형의 '토큰 방식'으로 디지털 달러를 발행하자는 주장을 폈다. 앞서 봤던 코닝 등이 제기한 '페드코인' 방식인 것이다.

....

55 Morgan Ricks and John Crawford and Lev Menand(2018).
56 Morgan Ricks and Lev Menand, "Let's Pay the Stimulus in Digital Dollars", *Bloomberg*, 24 Mar. 2020.

정리하자면, 중앙은행 디지털 화폐는 미국 민간에서의 논의처럼 개념적으로는 '계좌형'이나 '코인형' 모두 발행이 가능하다고 이해하면 되겠다. 지폐나 동전 등 현금은 둘 중 하나로 구분하자면 '코인형'이다. 때문에 지폐나 동전의 진위 여부가 중요하다. 이는 코인형 중앙은행 디지털 화폐도 진짜인지를 확인하는 게 중요한 건 마찬가지다. 하지만 '계좌형'으로 도입하는 경우엔 비정상 거래를 막기 위해 돈을 사용하는 사람의 신원을 확인해야 하는 게 중요해진다.

중앙은행 디지털 화폐는 겉보기에는 그냥 지금까지 우리가 일상 금융 생활에서 사용하던 지폐, 동전이 손 안의 모바일 기기인 스마트폰이나 컴퓨터 속 프로그램으로 들어가는 것처럼 보인다. 그런데 지금까지 우리가 쓰던 지폐, 동전 등과 속성에 분명한 차이가 있다. 단순하게 겉모양만 바뀌는 게 아니라는 것이다.

가장 큰 차이는 컴퓨터 프로그램을 이용해서 각종 조건을 거는 게 가능해진다는 것이다. 예컨대 특정한 중앙은행 디지털 화폐에 '헬스케어용'이란 조건을 단다고 한다면 병원, 약국, 헬스케어 용품 구매 등에만 사용 가능하게 할 수 있다. 지불할 때 단말기 등에 사용 가능 여부 등이 표시되는 것이다. 용도 제한을 가할 수 있다는 것이다. 이 외에도 다양한 조건을 달 수 있다.

지폐나 동전은 실물 형태여서 조건을 다는 게 물리적으로 어렵다. 물론 지폐에 언제까지 유효하다는 식으로 뭔가 적을 수는 있겠지만, 그걸 관리한다는 것은 거의 불가능하다고 볼 수 있다. 하지만 중앙은행 디지털 화폐는 디지털 형태이기 때문에 프로그램을 하는 게 가능하다. 또 디지털 네트워크상에서 프로그램된 조건이 이행되는 지 점검하는 것도 적은 비용으로 수행할 수 있다. 예컨대 코로나 사태를 맞아 건강관리용으로만 사용 가능한 중앙은행 디지털 화폐를 발행했다고 하면 병원, 약국 등에서만 사용할 수 있도록 프로그램을 한 후에 병원, 약국이 아닌 곳에서 사용하려고 하면 단말기에서 결제가 안 되게 할 수 있다는 것이다. 또 코로나 확산을 막기 위해 '오후 9시 이후에는 식당, 커피점, 빵집 등에서 결제가 안 되게 한다'는 내용을 프로그램하면 역시 그 시간 이후엔 특정 상점에서 결제를 막을 수 있다는 것이다. 만약 이런 내용을 지폐에 인쇄했다고 생각해 보자. 식당 주인이 오후 9시 이후에 지폐를 받은 후에 그전에 받았다고 해도 확인할 길이 없다. 하지만 디지털 화폐는 실시간으로 확인하는 게 가능한 것이다. 이는 암호화폐 이더리움 등에서 사용하는 '스마트 컨트랙트Smart Contract(스마트 계약)' 등 다양한 디지털 기술을 활용해서 구현할 수 있다. 스마트 컨트랙트는 프로그래밍된 조건이 충족되면 자동적으로 계약을 이행하는 시스템이다.[57] 계약 조건을 컴퓨터 코드로 지정해 주고 조건이 맞으면 계약이 이행된다. 또 디지털 네트워크상에는 모든 기록이 디지털 형태로 남아 있을 수 있기 때문에 누가 썼는지

....

[57] 스마트 컨트랙트의 개념은 미국의 유대계 암호학자 닉 재보Szabo가 처음 선보였다. 이 개념을 가지고 단순한 분산원장의 기록뿐 아니라 스스로 실행이 가능한 지급결제 시스템이 개발된다. 암호화폐 이더리움은 이를 주요 기능으로 채택했다.(홍익희, 홍기대(2018)).

현금과 소매형 중앙은행 디지털 화폐의 차이

	현금	소매형 중앙은행 디지털 화폐 (CBDC)
어떤 거래에서 사용하나	개인 간(P2P)	개인 간(P2P)
누가 보유할 수 있나	범용(universal)	범용(universal) 또는 제한적 (restricted)
익명으로 쓸 수 있나	익명(anonymous)	익명 또는 신원 확인(identified)
이자가 붙나	이자 없음(no-yield bearing)	이자 있음(yield bearing)
국제 거래는 쉬운가	다소 어려움(somewhat difficult)	쉬움(easy)

추적이 가능하다는 특징도 있다. 다만 완전하지는 않아도 어느 정도의 익명성을 보장하기 위해 코인형으로 발행해서 비트코인 등에서 사용하는 분산 원장 기술을 활용할 수도 있다.

중앙은행 디지털 화폐에 붙일 수 있는 조건 중에서 가장 중요한 것은 금리라고 할 수 있다. 특히 개인간 거래에서 쓰이는 소매형 중앙은행 디지털 화폐에 금리를 줄 수 있다는 게 중요하다. 돈에 금리가 붙는다는 게 생소해 보일지는 몰라도 지폐와 동전 등 현금을 빼고는 실제로는 많은 돈의 종류에 이자가 나오고 있다. 예컨대 디지털 머니 중 우리가 가장 많이 쓰고 있는 은행 예금, 즉 'B-머니'엔 이자가 나오는 걸 당연하게 생각하고 있다. 또 은행들이 중앙은행에 개설한 계좌에 넣어두는 디지털 머니의 일종인 지급준비금(디지털 달러)에 미국 중앙은행인 연방준비제도는 2008년 글로벌 금융위기 이후에 이자를 붙여 주고 있다. 앞에서 살펴 본 초과지급준비금이자이다.

우리가 앞으로 일상생활에서 쓰게 되는 '디지털 원화' '디지털 달러' '디지털 위안화' 등 중앙은행 디지털 화폐에는 이자가 나오게 조건을 걸어 프로그램 할 수 있게 된다. 발행 초기에는 중앙은행 디지털 화폐의 사용을 촉진시키기 위해 이자를 얹어 주게 설계할 수도 있고, 은행 예금인 B-머니가 급격하게 중앙은행 디지털 화폐로 쏠리는 것을 막기 위해 이자를 주지 않게 디자인할 수도 있다. 이런 것은 중앙은행 디지털 화폐 프로그램 자체의 문제는 아니고 발행 당시에 정책 담당자들이 결정할 문제이다.

흥미로운 것은 중앙은행 디지털 화폐에는 마이너스(-) 금리도 적용할 수 있게 조건을 걸어 프로그램할 수 있다는 것이다. 돈에 마이너스 금리가 적용된다는 것은 시간이 갈수록 액면 가치가 줄어든다는 것이다. 예컨대 연간 마이너스 1%라면, 1만 원의 중앙은행 디지털 화폐 액면 숫자가 1년 후엔 9990원이 되게 프로그램 된다는 것이다. 1만 원 지폐는 아무리 오래 들고 있어도 1만 원이란 숫자가 바뀌지는 않는데, 디지털 화폐는 그 숫자를 바꿀 수 있는 것이다. 일반 금융소비자라면 그런 말도 안 되는 돈을 사람들이 쓰지 않을 것이라고 생각할 것이다. 하지만 모든 세상이 마이너스 금리 사회라면 액면 숫자가 줄어드는 돈도 쓰게 된다는 게 경제학자들의 생각이다. 저성장이 고착화 되는 소위 '뉴 노멀New Normal'의 사회에서다.

중앙은행 디지털 화폐가 도입되면 액면가가 갈수록 떨어지게 설계된 디지털 화폐라는 희한한 돈도 볼 수 있는 길이 열리게 된다. 액면 숫자가 줄어드는 게 두렵다면 당장 돈을 쓰는 게 유리하다. 중앙은행이 경기 부양을 목적으로 한다면 디지털 화폐에 마이너스 금리를 적용해서 소비를 촉진하는 게 가능한 사회가 올 수도 있다는 것이다. 마이너스 금리가 적용되는 중앙은행 디지털 화폐가 발행되면, 현재 마이너스 금리 정책을 도입한 유럽, 일본 등에서 정책의 유효성이 떨어지는 단점을 극복할 수 있다는 전망이 많다. 현재는 마이너스를 금리를 피해 지폐 등 현금 보유를 늘릴 수 있기 때문에 마이너스 금리로 돈을 쓰게 해서 민간 소비를 부양한다는 목적을 100% 달성하기 어렵다. 하지만 미래에 현금이 중앙은행 디지털 화폐로 완전히 대체된 사회에서는 마이너스 금리를 피해 현금으로 도피할 수 없다. 때문에 가계도 마이너스 금리를 당연하게 받아들이고 중앙은행 디지털 화폐를 쟁여 놓기 보다는 소비에 마구 쓸 것이라는 얘기다. 중앙은행 디지털 화폐와 마이너스(-) 금리의 관계에 대해서는 이 책 후반부에서 한국에서 마이너스 금리 도입 가능성, 마이너스 금리가 됐을 때 가치 저장 수단으로서의 효용성 등 여러 측면에서 다뤄볼 생각이다.

다만, 중앙은행 디지털 화폐 도입 초기에는 플러스 금리나 마이너스 금리를 주도록 프로그램 된 형태는 등장하지 않을 것으로 보인다. 플러스 금리로 프로그램 했을 경우 은행 예금, 즉 B-머니가 중앙은행 디지털 화폐로 급격하게 이동하는 충격이 나타날 수 있고, 마이너스 금리는 일반 금융 소비자들에게 생소하기 때문에 거부감이 있을 수 있기 때문이다. 일단은 지폐와 동전과 마찬가지로 아무런 이자가 나오지 않는 형태로 프로그램화 돼서 등장할 가능할 가능성이 높다. 실제 디지털 위안화를 테스트 중인 중국인민은행은 디지털 위안화에는 이자를 주지 않는다고 설명하고 있다. 그러나 일단 디지털 형태로 발행되면 언제든지 쉽게 프로그램을 고쳐 사용 조건을 바꿔줄 수 있다. 때문에 중앙은행 디지털 화폐가 안착된 이후에는 경제 상황에 따라 금리 조건을 부여할 수 있다는 걸 기억하도록 하자.

좀 더 장기적인 관점에서 중앙은행 디지털 화폐의 발행이 세상을 어떻게 바꿀지 생각해 보도록 하자. 중앙은행 디지털 화폐가 있고 없음에 따라 앞으로 전개될 디지털 머니의 세상에 대해서 크게 세 가지 시나리오를 생각해 볼 수 있다.

첫째, 현금 없는 사회에서 오직 민간 발행 디지털 머니만 쓰이는 경우다. 지폐와 동전은 사라지고, 디지털 머니는 지금과 같이 은행 예금인 'B-머니', 각종 민간 기업들의 '페이'인 'E-머니'. 그리고 암호화폐와 페이스북의 리브라와 같은 'I-머니' 등이 무한 경쟁하는 형태다. 이 경우 중앙은행의 통화정책은 무력화되고 물가의 불안정성이 커질 가능성이 높다.

둘째, 중앙은행 디지털 화폐와 민간 발행 디지털 머니가 경쟁하는 경우다. 이자가 붙지 않는 등 지금의 지폐와 동전과 같이 아무런 조건이 없는 형태로 중앙은행 디지털 화폐가 발행될 경우다. 이때 중앙은행 디지털 화폐는 은행의 B-머니, 민간 기업의 E-머니, 암호화폐 등과 공존하면서 경쟁하게 될 것이다. 그렇지만, 가치 안정이나 위기 대응의 측면에서 중앙은행 디지털 화폐의 신뢰성은 다른 모든 디지털 머니를 압도한다. 때문에 이자가 없더라도 금융 위기라도 닥치게 되면 중앙은행 디지털 화폐로 쏠림 현상이 벌어질 수 있다. 이 경우 중앙은행 디지털 화폐와 가장 유사한 형태인 B-머니는 상당 부분 중앙은행 디지털 화폐로 대체될 가능성이 높다. 이에 대응해서 은행이 예금 금리를 높여 B-머니의 매력과 경쟁력을 유지하고 동시에 시중 금리가 상승할 가능성도 있다. 또 은행 예금이 줄어들면 은행 대출도 줄어들어야 하기 때문에 시중에 은행 신용이 축소되면서 이것도 역시 시중 금리 상승 요인이 된다.

셋째, 중앙은행 디지털 화폐가 사실 상 디지털 머니 영역을 독점하는 경우다. 두 번째 시나리오인 중앙은행 디지털 화폐와 민간 디지털 머니가 경쟁하다가 완전히 중앙은행 디지털 화폐 쪽으로 무게중심이 쏠리게 되면 나타나게 된다. 디지털 화폐에 플러스(+) 금리를 준다면 더욱더 세 번째 시나리오가 나타날 가능성이 크다. 은행 예금인 B-머니는 신뢰성이나 수익성 측면에서 중앙은행 디지털 화폐에 대비해 경쟁력을 완전히 잃어버리게 될 수 있기 때문이다. 민간 기업의 E-머니도 단순히 중앙은행 디지털 화폐의 결제를 연결해주는 통로의 역할만 하게 될 수 있다. 익명성이 뛰어난 암호화폐의 경우엔 추적 가능한 중앙은행 디지털 화폐를 피해 익명성을 추구하는 이용자들을 확보해 살아남을 수 있을 것이다. 그러나 합법적인 디지털 머니 영역은 중앙은행 디지털 화폐가 장악하게 될 수 있다. 디지털 머니 영역을 중앙은행 디지털 화폐가 완전하게 장악하면 중앙은행 통화정책은 지금보다 더 강력해질 수 있다. 통화량 자체를 통제할 수 있게 된다. 심지어 경제가 극심한 장기 침체기에 들어섰다고 판단될 때는 마이너스(-) 금리 정책도 자유자재로 구사할 수 있게 된다. 하지만 이 경우 중앙은행이 금융 시스템의 모든 리스크(위험)을 책임져야 하는 부담이 생긴다.

눈치 빠른 독자들은 알아챘겠지만, 중앙은행 디지털 화폐의 혁신적인 면은 '디지털'이 아니다. '누구나 다 중앙은행 돈을 쓸 수 있다'는 '범용성'이란 데 방점이 찍혀 있다. 가장 신뢰성이 높은 중앙은행 돈을 누구나 쓸 수 있다는 것이 결국은 금융 시스템의 혁신으로 이어질 수 있다는 얘기다. 더크 니펠트Niepelt 베른대 교수는 "CBDC의 혁신적인 부분은 디지털적인 성격에 있지 않고, 광범위한 접근broad access"이라고 하기도 했다.[58] 그리고 '범용성'이 허용됐을 때 금융 시스템은 전반적인 변화를 겪을 수 있다는 점에서 '혁신'이라고 할 수 있다.

....
58 Dirk Niepelt(2020).

누구나 쉽게 사용할 수 있는 중앙은행 디지털 화폐가 등장하면 앞으로 은행업의 구조와 경제정책 수행에 큰 변화를 가져올 수 있다. 앞서 디지털 머니 세상의 두 번째와 세 번째 시나리오에서 잠시 따져 봤듯이, 은행 예금인 B-머니가 중앙은행 디지털 화폐로 대체되면서 나타날 수 있는 각종 변화 말이다.

특히 세 번째 시나리오가 현실화된다고 생각해 보자. 은행들의 자체 예금은 모두 중앙은행 디지털 화폐로 대체된 경우다. 대신 은행들은 고객이 맡겨 놓은 중앙은행 디지털 화폐를 100% 지급 준비금으로 들고 있게 된다. 단순히 결제만 매개해주는 결제 통로로서의 역할만 하는 은행이 등장할 수 있다. 소위 '내로 뱅킹narrow banking'이다. 내로 뱅킹은 고객이 맡긴 지폐, 동전 등의 예금은 은행 금고에 보관하거나 안전한 국공채 등에만 투자하고, 대출은 이와 별개로 투자 자금을 모아서 진행하는 방식을 가리킨다. 은행의 기능 중 신용 화폐를 창출하는 건 없애자는 것이다. 은행이 신용 화폐를 만들려면 예금을 받아 지급준비금으로 일부만 남기고 나머지는 대출을 할 수 있어야 한다. 내로 뱅킹 개념은 1930년대 대공황 때 금융 개혁의 일환으로 예일대 교수 어빙 피셔Fisher와 일군의 시카고대 경제학자들이 '시카고 플랜'이라는 명칭으로 제기했다. 중앙은행 디지털 화폐가 발행된다면, 중앙은행 디지털 화폐나 중앙은행에 보관한 지급준비금이 '시카고 플랜'에서 은행 금고에 보관하는 지폐, 동전 등을 대체하게 될 것이다.

그런데 이 같이 단순하게 결제 통로의 기능을 수행하는 일은 꼭 은행이 아니더라도 개인간 대출업이나 정보기술 업체도 할 수 있는 일이다. 중앙은행 디지털 화폐를 갖고 있을 수 있고 중앙은행에 계좌를 틀 수 있다면 가능한 것이다. 그렇다면 중앙은행 디지털 화폐를 이용해 개인간 대출업자나 정보기술 업체도 내로 뱅킹을 시작할 수 있게 된다. 중앙은행 디지털 화폐 발행으로 지금과 같은 은행의 역할조차 모호해지는 일이 벌어질 수 있는 것이다.

디지털 머니 시대에 내로 뱅킹은 그냥 1930년대에 나왔던 이론적인 얘기라고 소홀하게 봐서 넘길 일은 아니다. 2008년 글로벌 금융 위기 이후 은행의 신용 창조 기능을 억제해야 한다는 주장과 함께 시카고 플랜이 다시 주목받고 있기 때문이다. 2012년 IMF의 이코노미스트인 마이클 쿰호프Kumhof 등이 시카고 플랜을 재조명하는 보고서를 냈다.[59] 칼럼

....
59 Michael Kumhof and Jaromir Benes(2012).

니스트 마틴 울프도 2014년 "민간 은행이 화폐를 창조하는 힘을 없애야 한다"며 이런 아이디어를 지지하는 칼럼을 쓰기도 했다.[60] 비록 부결되기는 했지만 스위스에서는 2018년 6월 모든 통화는 스위스 중앙은행이 발행하도록 하고 시중은행들의 신용 창조를 원천적으로 차단하는 내용의 '폴겔트 발의Vollgold Initiative'가 국민투표에 부쳐지기도 했다. 당시 이 발의는 찬성 24%대 반대 76%로 부결됐다.[61] 내로 뱅킹에 관련된 논의는 중앙은행 디지털 화폐 발행이 현실화돼 갈수록 더 풍부해질 것으로 보인다.

경제 정책 모델도 영향을 받게 된다. 이는 중앙은행이 디지털 화폐 발행에 대응해서 어떤 자산을 보유하게 될 지와 관련된다. 중앙은행으로 볼 때 화폐 발행은 가치를 준다는 약속이므로 부채이다. 중앙은행 회계 장부인 재무상태표에는 부채에 대응해서 자산을 보유해야 하는데, 시중은행 예금이 중앙은행 디지털 화폐로 대체되면 부채 항목이 엄청나게 커지면서 어떤 자산을 보유해야 할지도 고민거리가 된다.

이 경우 중앙은행의 자산을 보유하는 데는 세 가지 방법이 있다. 첫째, 정부에 대출을 하는 것이다. 국채를 보유하는 것도 정부에 대출하는 것과 같은 의미다. 둘째, 은행에 대출을 하거나 은행채를 보유하는 것이다. 셋째, 비금융 민간 기업에 대출을 하는 것이다.[62]

세 가지 방식 모두 중앙은행의 통화 정책에 새로운 도전 거리가 된다. 첫째 방식은 통화 정책과 재정 정책이 결합되는 문제가 생긴다. 정부 부

....
60 Martin Wolf, "Strip private banks of their power to creat money", *Financial Times*, 24 Apr. 2014.
61 "Swiss voters rejects 'sovereign money' initiative", *Financial Times*, 10 Jun. 2018.
62 Santiago Fernandez de Lis(2020).

채의 화폐화^{Monetization}이라고 해서 재정 적자를 메우기 위해 중앙은행을 동원하게 돼서 중앙은행의 독립성을 훼손하는 문제가 생기는 것이다. 이는 뒤에서 논의할 중앙은행 디지털 화폐와 '헬리콥터 머니' 정책이나 기본소득 정책과의 관계와 연결이 된다. 둘째는 은행은 다시 기업에 대출하게 되는데, 이 과정에서 중앙은행이 민간 은행 대출을 지원하는 꼴이 돼서 은행의 대출 심사 기능을 훼손하고 '도덕적 해이' 가능성을 만들게 된다. 셋째는 신용의 국유화라는 문제가 생긴다. 중앙은행이 기업 대출까지 직접 통제하게 된다는 것이다. 중앙은행이 그 많은 기업들에 대한 대출을 일일이 심사하고 리스크 관리를 할 수 있을지도 불확실하다. 중앙은행이 은행이나 비금융 민간 기업에 대출을 할 수 있을지는 나라마다 법 규정이 달라, 실제 가능할 수 있을지도 문제가 된다.

중앙은행의 디지털 화폐 발행은 단순히 지폐와 동전이 디지털 형태로 바뀌는 것만이 아닌 것이다. 어느 정도 은행 역할의 재편이 불가피하고, 통화정책 수행에 있어서도 변화가 생길 수밖에 없다. 은행 예금, 페이 서비스, 암호화폐 등 다른 디지털 머니와의 관계 설정도 필요하다.

코로나 위기 극복을 위해 이른바 '헬리콥터 머니money' 정책 아이디어가 다시 주목을 받고 있다. 헬리콥터 머니 정책이란 마치 헬리콥터에서 지폐를 뿌리듯이, 무차별하게 돈을 살포하고 그 돈으로 수요를 진작시켜 위기를 벗어나게 하는 것이다. 최근에 무인기인 드론을 많이 볼 수 있으니, '드론 머니'라고 부르는 게 나을지도 모르겠다.[63] 2008년 글로벌 금융위기 때 '헬리콥터 벤'이라 불리던 벤 버냉키 전 미 연준 의장이 폈던 '양적 완화Quantitative Easing' 정책을 통상 헬리콥터 머니 정책의 하나라고 부른다.[64] 그런데 엄밀하게 따지면 '양적 완화'는 연준이 시장에서 은행

---

63 암호화폐 업계에선 대가를 받지 않고 모든 사용자에게 암호화폐를 나눠 주는 것을 에어 드롭(air drop, 공중 투하)라고 하는데, 이는 헬리콥터나 드론에서 돈을 뿌리는 것을 비유한 것으로 보인다.
64 벤 버냉키 전 연준 의장은 2000년대 초 일본의 디플레이션(지속적인 물가하락)에 대한 해법으로 중앙은행이 시장에서 국채를 사주면서 정부는 감세를 펼치는 정책을 제시하면서, 이런 정책이 밀턴 플리드먼이 말한 '돈을 헬리콥터

등 금융회사가 보유한 국채, 주택저당채권(모기지채권) 등을 매입하는 대신 돈을 푸는 것이어서 글자 그대로의 '헬리콥터 머니'는 아니다.

그런데 디지털 달러와 같은 중앙은행 디지털 화폐가 등장하게 되면, 개념상의 헬리콥터 머니가 아니라 실제로 헬리콥터 머니와 같은 정책을 펼 수 있게 된다. 모든 국민들이 중앙은행 디지털 화폐를 보유할 수 있는 중앙은행 계좌나 디지털 지갑을 갖고 있는 경우에 중앙은행 직원이 클릭 한번으로 모든 국민에게 디지털 머니를 줄 수 있기 때문이다. 예컨대 2020년 미국이 주기로 했던 성인 1명당 1200달러의 재난지원금이나, 우리나라의 긴급재난지원금 가구당(4인 가구 기준) 100만 원을 각 개인의 디지털 지갑에 쏘아 줄 수 있는 것이다. 아침에 일어나 스마트폰 화면을 보면, 자신에게 1200달러나 100만 원이 들어 있는 것을 확인할 수 있을 것이다. 마치 헬리콥터나 드론이 하늘을 날아다니면서 돈을 뿌리는 것과 같은 일이 디지털 화폐 세상에서 벌어지는 것이다. 개인간 거래를 P2P라고 하듯이, 이를 정부government와 개인person과 거래라고 해서 G2P라고도 부를 수 있다. 중앙은행 디지털 화폐는 침체된 수요를 진작시키는 이런 정책을 펼 수 있는 새로운 G2P 루트를 개척하는 수단이 될 수 있는 것이다.

다만 기존의 헬리콥터 머니 정책의 대표로 꼽히는 버냉키의 '양적 완화'와 디지털 머니를 이용한 헬리콥터 머니 정책은 차이가 있다. 우선 양적 완화는 중앙은행이 국채 등 채권을 시장에서 사들이는 대신 돈을 푸

에서 뿌리는 것'과 같다고 했다. 이를 소식에 일부 언론에서 버냉키에게 '헬리콥터 벤'이란 별명을 붙였다. 앞서 미국 경제학자 밀턴 프리드먼 시카고대 교수는 1969년 1회성으로 헬리콥터에서 돈을 뿌린다면, 이는 통화량을 영구히 증가시키고 가계의 소비를 증가시킬 수 있다는 사고 실험 수준의 개념을 제시했다 그런데 버냉키가 2008년 금융위기에 대한 해법으로 이와 같은 개념의 '양적 완화' 정책을 펴자 '헬리콥터 벤'이란 별명이 언론을 중심으로 널리 퍼졌다.

는 것이다. 중앙은행은 국채 등을 주로 은행에서 사들인다. 그렇기 때문에 국민들이 보기에는 중앙은행이 푼 돈이 은행에 들어가는 것처럼 보인다. 국민들까지 돈이 오기까지는 은행이 다시 대출을 늘리고 은행 예금(B-머니)이 늘어나야 하는 한 단계가 더 있는 것이다.

2008년 글로벌 금융위기 때 미국 중앙은행인 미 연준은 양적 완화 정책을 폈지만, 은행들은 다시 시중의 돈을 늘리지 않았다. 그 결과 연준에 예치된 은행들의 지급준비금은 급격하게 늘었다. 2008년 평균 1841억 달러였던 지급준비금은 2014년 2조 7021억 달러까지 14.7배로 불었다. 1960년 이후 2007년까지 40년 가까이 지급준비금의 평균은 400억 달러였다. 글로벌 금융위기 때 '양적 완화' 정책으로 인해 은행들의 지급준비금이 얼마나 크게 늘었는지 가늠할 수 있을 것이다. 그런데 지급준비금은 이름과 달리 중앙은행이 발행한 돈이다. 미 연준이 클릭 한번으로 만들어낸 '디지털 달러'지만 은행권 내부에서만 통용되는 돈이다. 이렇게 만들어낸 돈을 은행에 주고 국채 등을 사들였지만, 미국 은행들은 시중에 푸는 돈은 그만큼 늘리지는 않는 대신 초과 지급준비금 형태로 쌓아놨던 것이다. 다시 말하지만, 미 연준도 초과지급준비금이자라는 개념으로 지급준비금이란 돈에 이자를 줘서 은행들이 중앙은행에 묻어둬도 이익을 볼 수 있게 했다. 시중에 돈이 너무 많이 풀리는 것을 막기 위해서였다.

중앙은행 디지털 화폐의 관점에서 정리하면, 양적 완화 정책은 중앙은행이 은행에 은행권 내에서만 쓰는 '디지털 달러'인 지급준비금을 주고 국채를 사 들여 돈을 푸는 정책이다. 다만 디지털 달러인 지급준비금에 이자를 줘서 시중에 풀리는 실제 돈의 양을 조절할 수는 있다. 중앙은행

미 연준에 유치된 지급준비금 추이

단위: 달러

연도	지급준비금
2007년	431억
2008년	1841억
2009년	9017억
2010년	1조 1023억
2011년	1조 5358억
2012년	1조 5760억
2013년	2조 1109억
2014년	2조 7021억
2015년	2조 6607억
2016년	2조 3660억
2017년	2조 3178억
2018년	2조 444억
2019년	1조 6216억

출처: 미 연준

재무상태표(대차대조표)에는 부채 항목에 은행이 남겨 놓은 지급준비금이 쌓이고, 자산 항목에는 국채가 쌓이는 모양새가 나타나게 된다.

이에 반해서 중앙은행 디지털 화폐를 이용한 헬리콥터 머니 정책은 중앙은행이 직접 국민들에게 디지털 머니를 나눠줄 수 있다. 때문에 굳이 은행을 거칠 필요가 없다. 은행을 거치더라도 결과는 같다. 은행은 단지 중앙은행 디지털 화폐가 중앙은행에서 나와서 가계로 거쳐 가는 통로 역할만 할 것이기 때문이다.

헬리콥터 머니는 정부가 세금이나 국채 발행으로 예산을 마련해서 중앙은행에 주고 중앙은행 디지털 화폐로 지급할 수도 있다. 다만 중앙은행의 회계 문제가 남는다. 중앙은행이 직접 국민들에게 중앙은행 디지털 화폐를 나눠주면 이는 중앙은행 재무상태표의 부채 항목에 나타나게 된다. 대신 자산 항목에는 이에 대응하는 자산을 보유해야 하는데, 중앙은행이 보유할 수 있는 자산은 각국마다 조금씩 다르지만 대체로 국채나 국채 정도의 신용이 있는 기관이 발행하거나 보증하는 채권만 보유할 수 있다. 때문에 중앙은행 재무상태표는 자산 항목에 무엇을 어떤 방식으로 보유할 수 있을지가 이슈가 되는 것이다.

중앙은행이 자산으로 국채나 국채에 상응하는 정도의 채권을 보유하는 것만 해도 크게 세 가지 정도의 현실적인 해법을 생각해 볼 수 있다. 첫째, 양적 완화와 같은 방식이다. 은행을 중앙은행 디지털 화폐를 배포하는 통로로 사용하면서 은행이 보유한 국채를 매입하는 것이다. 이 경우 금융 소비자들은 은행 예금을 중앙은행 디지털 화폐로 대체하고, 은행은 보유하고 있는 국채가 줄어드는 일이 생길 수 있다. 은행이 애초에 보유하고 있는 국채가 별로 없다면, 시장에서 국채를 사들여 중앙은행에 넣어야 한다. 이 과정에서 대출을 회수해야 한다면 은행 대출이 줄어드는 결과가 나타날 수 있다.

둘째, 중앙은행이 G2P 방식으로 정부가 개인에게 분배하는 재난지원금 같은 지원금을 나눠주는 대신 정부가 발행하는 국채를 인수하는 것이다. 이 경우 각국에서 금기시되는 '재정의 화폐화Monetization' 통로로 중앙은행이 이용될 수 있다. 양적 완화는 중앙은행이 판단해서 시장에서 국채를 매입하지만, 재정의 화폐화는 중앙은행이 정부에서 발행한 곧바로 국채를 매입하는 것이다. 정부 재정은 세금을 걷거나 국채를 시장에 내다 팔지 않고 곧바로 중앙은행이 발행한 화폐를 직접 확보하는 '화폐화'가 가능한 것이다. 정부가 발행한 국채를 시장에서 발행하지 않고, 그대로 중앙은행에 주고는 중앙은행 디지털 화폐를 배포하라고 할 수 있다는 것이다. 중앙은행은 단순히 정부가 돈을 풀라고 지시하면 지시를 따르는 역할만 맡게 될 수도 있는 것이다. 양적 완화로 보유한 국채는 언젠가 중앙은행이 되팔 수 있다는 가정이 있지만, 이 경우에는 중앙은행이 국채를 영구적으로 보유하게 될 위험이 있다. 정부가 무책임하게 국채를 남발하는 걸 막을 수 없게 된다는 것이다.

셋째, 아예 중앙은행 디지털 화폐 발행에 대응하는 특별 자산을 창출할 수 있게 허용하는 것이다. 이와 관련해 최근 미국에서 '경기침체 보험 채권recession insurance bond을 만들자는 아이디어가 나왔다.[65] 전직 연준 간부인 사이먼 포터Potter와 줄리아 코로나도Coronado의 제안이다. 경기침체 보험 채권은 금리가 제로 하한에 도달하거나 실업률이 0.5% 포인트 상승[66]하는 등의 경기 침체 신호가 나타났을 때만 활성화되는 무이자 채권이다. 경기 침체가 되면 미 연준의 자산 항목에서 경기침체 보험 채권이 활성화되고, 대신 부채 항목엔 중앙은행 디지털 화폐 증가가 대응하게 만들어 디지털 머니를 뿌리는 게 가능하게 만들자는 것이다. 스페인

....

65 "Two Ex-Fed Officials Have a Faster Way to Distribute Money in Recession", *Bloomberg*, 1 Aug. 2020.
66 실업률이 0.5%포인트 상승하면 경기 침체 지표로 보자는 것은 클라우디아 삼Sahm 전 미 연준 이코노미스트가 제안한 것으로, 3개월 평균 실업률이 직전 12개월 범위 내에 가장 낮은 실업률보다 0.5%포인트 높으면 침체로 보자는 것이다. '삼 법칙(Sahm rule)'로 불린다. 예컨대 2020년 4월 미국 실업률은 코로나 위기로 14.7%로 급등했다. 3개월 평균 실업률은 7.5%로 직전 12개월 중 가장 낮은 실업률인 2020년 2월의 3.5%의 2배가 넘었다. 확실히 경기 침체로 판단할 수 있는 것이다.

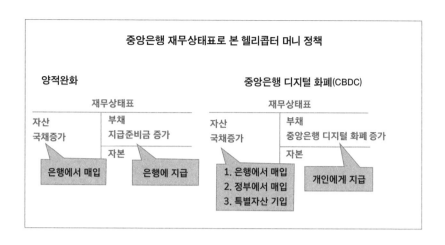

중앙은행 재무상태표로 본 헬리콥터 머니 정책

양적완화

재무상태표	
자산 국채증가	부채 지급준비금 증가
	자본
은행에서 매입	은행에 지급

중앙은행 디지털 화폐(CBDC)

재무상태표	
자산 국채증가	부채 중앙은행 디지털 화폐 증가
	자본
1. 은행에서 매입 2. 정부에서 매입 3. 특별자산 기입	개인에게 지급

경제학자 호르디 갈리^{Gali} 폼페우파브라대 교수는 2020년 5월 '헬리콥터 머니를 사용할 때$^{Helicopter\ money:\ The\ time\ is\ now}$'라는 글에서 '헬리콥터 머니' 를 회계적으로 중앙은행 대차대조표(재무상태표)에서 자본의 감소로 계상하거나 자산 항목에 영구적인 주석^{annotation}으로 남기자는 아이디어를 제시하기도 했다.[67]

그런데 '헬리콥터 머니'나 '드론 머니' 방식으로 중앙은행 디지털 화폐를 통해서 쉽게 전국민에게 돈을 뿌릴 수 있게 되면 정치인들이 가만히 있지 않을 것이다. 당초 헬리콥터 머니는 한번 주고 마는 1회성의 개념이다. 그러나 국민들에게 돈을 쥐어주는 현금 살포 정책은 표로 연결될 것이기 때문에 정치적으로 매력적인 정책이라고 할 수 있다. 한번으로 끝나지 않을 가능성이 크다는 것이다. 하지만 돈을 마구 풀면 장기적인 귀결은 인플레이션으로 갈 수밖에 없다. 단기적인 정치적 목적을 위해 돈

. . . .

67 R. Baldwin and B. Weder di Mauro(2020).

을 푸는 데 브레이크를 걸기 위해 현대 자본주의 국가들은 중앙은행을 정치권으로부터 독립적인 결정을 할 수 있는 구조로 만들었다. 그리고 더 나아가서 중앙은행이 통화량을 직접 정하기보다는 민간 은행에서 신용이 창조되도록 하고, 중앙은행은 금리를 가지고 시중의 돈의 양을 관리하도록 하는 제도를 도입했다. 인플레이션이라는 지표를 보고 돈의 양을 조절하는 '인플레이션 파이터' 역할을 맡긴 것이다. 그런데 앞으로는 이런 현재의 중앙은행 의사 결정 프레임이 흔들릴 우려가 생기는 것이다.

코로나 위기 극복을 위해서 또 하나 주목받는 정책 아이디어는 기본소득universal basic income이다. 기본소득은 전 국민을 차별하지 않고 보편적으로, 매달 정기적으로 지급하는 월급 같은 소득을 가리킨다. 앞으로 인공지능AI이 사람들의 일자리를 대체해 양극화가 심해질 것이라는 우려에서 4차 산업혁명과 얽혀서 기본소득 도입 논의가 진행됐었다. 그런데 코로나 경제 위기로 갑자기 일자리를 잃는 사람들이 늘어나면서 1회성 재난지원금이 아니라 매달 기본적인 소득을 지급하자는 아이디어가 나오고 있다. 기본소득 논쟁은 이 책이 다루고자 하는 범위를 넘어서는 것이다. 다만 여기서는 기본소득과 중앙은행 디지털 화폐가 만나는 접점에 대해서 알아보기로 한다. 중앙은행 디지털 화폐는 기본소득을 지급하는 방식, 재원 마련과 연결이 된다.

미국에선 2020년 민주당 대선 후보 중 한 명이었던 앤드류 양^{Yang}이 '자유 배당금'이란 이름으로 매달 1000달러씩을 전국민에 지급하는 기본소득 방안을 들고 나온 이후 기본소득에 대한 논의가 많이 나오고 있다. 앤드류 양의 기본소득 방식에 따르면 연간 2조 8000억 달러의 막대한 재원이 필요하다는 분석에 미국에서 아직 구체적인 정책 대안으로 고려되지는 않고 있다. 그렇지만 미국에선 코로나가 확산 된 이후 재난에 따른 기본소득을 지급하기 위해 디지털 달러를 활용하자는 법안이 제출되기도 했다.

미국 민주당 소속 하원 의원인 러시다 털리브^{Tlaib}가 4월 의회에 제출한 코로나 지원 법안인 Automatic BOOST to Communities Act(지역 사회를 위한 자동 부양법, ABC법)이 대표적이다. 이 법안은 코로나 사태가 종식될 때까지 '디지털 달러'로 매달 1000달러를 전 국민에 지급하자는 방안이 들어 있다. 털리브의 법안은 처음에는 선불 충전식 카드로 지급하다가 장기적으로는 '디지털 공적 머니 지갑 시스템'을 구축하고, 미 연준은 전 국민에게 페드 계좌를 열어줘 디지털 방식으로 지급하자는 방안을 제시했다. 전 국민들을 대상으로 디지털 달러를 매달 1000달러씩 지급한다는 의미에서 '기본소득'의 하나라고 할 수 있다. 그런데 그 지급 통로로 디지털 달러, 즉 중앙은행 디지털 화폐를 제시한 것이다.

털리브의 법안에서 눈길을 끄는 것은 재원 조달 방식으로 '1조 달러짜리 백금^{platinum} 동전'을 제시한 것이다. 기본소득의 재원은 통상 정부가 세금이나 국채를 발행해서 마련한다고 생각하기 때문에 이 방안이 흥미로운 것이다. 미 재무부가 액면가 1조 달러의 백금 동전 2개를 주조해서 미 연준에 예치하면, 그 재원으로 전 국민에게 기본소득을 지급할 수 있다는 것이다. '1조 달러 백금 동전' 방식은 미국의 특수성에서 나온 아이디어다. 2012~2013년 미국 국채 한도를 두고 공화당이 장악한 의회가 한도 증액에 반대하면서 이를 민주당 출신 버락 오바마 대통령의 행정부가 우회하는 방안 중 하나로 등장했었다. 노벨상 수상자이자 《뉴욕타임즈》 칼럼니스트인 폴 크루그먼 뉴욕시립대 교수가 '그 동전을 주조할 준비가 됐나Be Ready To Mint That Coin'이란 칼럼을 써서 대중적으로도 널리 알려진 아이디어다.[68]

당시 미국 재무부는 "재무부나 연준 모두 부채 한도를 우회하기 위해 백금 동전을 주조하지 않을 것이다"라고 발표할 정도로 이슈가 됐었다. 미국에서 화폐 중 지폐는 연준이, 동전은 재무부가 발행 권한을 갖고 있다. 그런데 금화, 은화 등 다른 동전은 의회가 발행할 수 있는 액면가를 1달러, 5달러, 10달러, 25달러, 50달러 등으로 정해놓았는데, 백금 동전만 액면가를 정해 놓지 않았다. 애초 입법 취지는 백금으로 기념주화를 발행할 때 다양한 액면가로 발행할 수 있도록 하기 위해서였다고 한다. 그런데 이를 정해놓지 않아, 1조 달러 백금 동전도 주조할 수 있다는 아이디어가 나온 것이다. 1조 달러 백금 동전을 미 재무부가 연준에 있는 재무부 계좌에 입금하면 연준의 자산상태표의 자산 항목에 1조 달러가 생긴다. 이에 대응해서 1조 달러 어치의 지폐를 발행할 수 있는데, 2020년판 1조 달러 백금 동전을 주조하자는 털리브의 방안은 지폐 대신 '디지털 달러'를 발행하자는 것이다.

한국에서 아직 기본소득론자들이 디지털 원화를 전달 통로로 얘기하

....

68 Paul Krugman, "Be Ready To Mint That Coin", *The New York Times*, 7 Jan. 2013.

지는 않는 것으로 보인다. 다만 대표적으로 기본소득을 주장하는 정치인인 이재명 경기지사가 재원 조달 방법으로 한국은행에 영구채를 인수하게 하자는 방안을 옹호한 적이 있다. 이 지사는 2020년 9월 6일 페이스북에 "국가의 가계이전소득 지원으로 가계소득을 늘려 가계부채를 줄이고 재원은 금리 0%인 영구채(상환의무 사실상 없음)로 조달하자는 최배근 (건국대) 교수의 주장에 전적으로 동의한다"고 했다.

더불어시민사당 대표 출신인 최배근 교수는 이에 앞서 9월 5일 페이스북에 "연 54조 원의 재원을 마련해 전 국민 1인당 100만 원을 지급하자"며 "정부가 0% 금리로 30~50년 만기의 원화표시 국채를 발행하고 이를 한국은행이 인수해 한은 금고에 저장하자"고 썼다. 이 지사가 언급한 영구채는 만기가 없는 채권으로 영국이 18~19세기 프랑스 나폴레옹과의 전쟁 등의 비용을 마련하기 위해 발행한 영구채[consol]를 가리키는 것으로 보인다. 이렇게 만기가 없는 영구채에 금리마저 0%이면 사실상 미국에서 나온 아이디어인 '1조 달러 백금 동전'과 같은 개념인 것이다.

한편 중앙은행 돈을 전 국민에 지급하는 것은 중앙은행 디지털 화폐의 측면에서 보면 미래의 통화정책 수단으로 볼 수도 있다. 앞서 설명했듯이 중앙은행 디지털 화폐는 이자 지급이 가능하다. 이것이 플러스(+) 이자라는 것은 모든 국민이 중앙은행 계좌나 전자 지갑을 갖고 있다면, 전 국민에게 일정액을 주는 것과 마찬가지 개념인 것이다. 그래서 기본소득의 지급 방식의 하나로 중앙은행 디지털 화폐가 고려될 수 있는 것이다. 반대로 마이너스(-) 금리가 되면 전 국민이 일률적으로 소득이 감소하게 된다. 이는 어떻게 보면 정부가 걷는 세금과 비슷한 개념이다. 지폐와 동전 시대에는 중앙은행이 이런 일을 할 수 없었지만, 앞으로 디지털 달러, 디지털 위안화, 디지털 원화 등 중앙은행 디지털 화폐가 나오면 이런 일이 가능해진다.

2013년 당시 미국에서 '1조 달러 백금 동전' 방식을 주장했던 사람들은 지폐 남발에 따른 인플레이션 우려에 대해 미 연준이 보유한 국채를 시장에 팔아 지폐를 다시 회수하면 된다는 논리를 내세웠다. 풀린 돈만큼 중앙은행이 보유하던 채권을 팔거나 채권을 발행해서 시중의 돈을 회수하는 불태화sterilization 정책을 펴면 된다는 것이다. 그러나 코로나 시대의 기본소득 아이디어는 이런 불태화 정책 없이 돈을 풀어 수요를 진작시키자는 아이디어이다. 그런 점에서 차이가 있다고 하겠다.

이제 양적 완화, 디지털 머니를 이용한 헬리콥터 머니, 그리고 기본소득 아이디어를 비교해 보도록 하겠다. 세 가지 모두 중앙은행 디지털 화폐와 연계가 가능한지를 따져서 이해할 수 있다.

우선 미국식 양적 완화[69]는 중앙은행 재량으로 하는 정책으로 은행 등 금융회사를 대상으로 한다. 그래서 전 국민에게 고르게 지급 가능한 중앙은행 디지털 화폐를 이용한 방식은 아니다.

반면 진정한 헬리콥터 머니 정책은 중앙은행 디지털 화폐를 전 국민의 계좌나 전자 지갑에 돈을 넣어줄 수 있는 수단이 있기 때문에 전 국민을 대상으로 할 수 있다. 기본소득도 마찬가지다. 다만, 헬리콥터 머니

....

69 미국식 양적 완화와 구별되는 개념으로 급진좌파 성향의 영국 노동당수인 제러미 코빈Corbyn이 2015년 당대표 선출 선거 과정에서 내놓은 '인민의 양적 완화People's QE라는 개념이 있다. 중앙은행이 창출한 돈으로 주거와 대중교통에 투자하자는 주장이다. 중간에 매개를 하는 기관으로는 미국식 양적 완화와 같이 은행이 아니라 '국립 투자 은행'을 만들어 이 은행이 발행한 채권을 영국의 중앙은행인 잉글랜드 은행이 사 주는 방식이다. 중앙은행 재량이 아니라 정부가 사용처를 지시한다는 점에서 미국식 양적 완화와 구별된다. 시장 보다는 국가와 정부의 역할을 중시하는 영국 노동당의 정책 방향이 반영돼 있는 것이다. 한편 국민에게 직접 중앙은행 화폐를 나눠주는 게 아니라 '국립 투자 은행'에 돈을 준다는 점에서 헬리콥터 머니 정책, 기본소득 정책 등과 구별된다. 어쨌든 은행이 중간이 낀다는 점에서 양적완화에 가깝다고 할 수 있다.

양적 완화, 헬리콥터 머니, 기본소득 비교

	양적 완화	헬리콥터 머니	기본소득
대상	은행	모든 국민	모든 국민
사용 횟수	위기 때 수시로	1회성	매달
자금 조달 방식	중앙은행 화폐	세금, 국채 중앙은행 화폐	세금, 국채 중앙은행 화폐
중앙은행 디지털 화폐 (CBDC) 이용 가능성	사용 안함 (은행 지급준비금 증가)	가능	가능
국채 화폐화 가능성	간접적 가능(중앙은행이 시 장에서 국채 매입)	중앙은행이 정부에서 국 채 직접 매입	중앙은행이 정부에서 국채 직접 매입
중앙은행 보유 국채	향후 매각 가능	계속 보유 가능	계속 보유 가능

정책은 코로나 재난지원금처럼 기본적인 성격은 1회성이다.

　기본소득은 매달 정기적으로 누구에게나 지급한다는 점에서 헬리콥터 머니 정책과는 구분된다. 중앙은행 디지털 화폐가 등장하면 과거에는 아이디어 수준에 머물러 있던 헬리콥터 머니, 드론 머니나 기본소득 같은 정책을 실제로 추진할 수 있는 수단이 마련된다. 이를 둘러싼 정치적인 논쟁도 격화될 것으로 보인다. 그 와중에 중앙은행이 가진 책무는 무엇인지도 정치적으로 다시 정의하려는 시도가 이어질 것으로 보인다.

　물론 중앙은행 디지털 화폐의 남발도 큰 이슈가 될 것이다. 과거 화폐의 과다한 발행은 인플레이션, 더 나아가서 인플레이션이 통제가 되지 않으면서 초[註]인플레이션을 불러왔던 경험이 있다. 금화, 은화 등 공급이 늘어나기 어려운 실물 화폐를 썼던 시대에도 대규모 금광, 은광 발견으로 금, 은의 공급이 갑자기 늘어나면 인플레이션이 생겼다. 지폐 남발이 일으킨 인플레이션 경험은 인류 역사 상에 수도 없이 많다. 독일 바이마르 공화국, 베네수엘라, 짐바브웨 등에선 월 물가상승률이 50%가 넘는 초인플레이션이 발생하기도 했다. 중앙은행 디지털 화폐가 그런 길을 가지 않을 수 있다는 보장은 어디에도 없다.

4장

세계의 중앙은행
디지털 화폐

일본의 ‘디지털 엔화’

　중국의 디지털 위안화 발행이 가시화되면서 일본에서도 정부와 정치권을 중심으로 경계심이 높아지고 있다.

　아소 다로^{麻生太郎} 부총리 겸 재무상은 2020년 1월 6일 일본 전국은행연합회 모임에서 “중국인민은행이 개발한다는 ‘디지털 위안화’가 국제결제 통화로 사용되면 일본에 아주 심각한 문제를 일으킬 수 있다”고 했다. 아소는 디지털 위안화가 문제가 되는 것은 일본이 대외 무역 결제를 대부분 미국 달러로 하고 있기 때문이라는 이유를 댔다. 주로 미국 달러를 무역 결제 통화로 쓰고 있는 일본으로서는 디지털 위안화가 국제 무역 결제에 확산돼 미국 달러의 지위가 흔들리면서 혼란이 오는 상황을 원하지 않는다는 뜻으로 해석된다. 아소는 2월 23일 사우디아라비아 리야드에서 열린 G20(주요 20개국) 재무장관 회의에서도 “각국은 중국이 갑자기 디지털 화폐를 발행하는 것과 글로벌 경제에 혼란을 초래하는 리스크에 대해 알고 있어야 한다"라고 말하는 등 여러 차례 디지털 위안화에 대해 경계심을 표현했다.

그런데 일본은 정부나 중앙은행 차원보다는 정계에서 디지털 위안화에 대응하자는 목소리가 먼저 나오는 분위기다. 일본 자민당 내에선 '디지털 위안화'에 대비하기 위해 연구하는 모임이 생겼다. 전 경제재생상인 아마리아키라甘利明 의원이 회장을 맡고 있는 자민당의 '룰(규칙) 형성전략 의원연맹'은 디지털 위안화가 금융 측면에서 패권을 잡을 가능성을 예측하고 연구하기 시작했다. 이 모임에는 약 70명이 자민당 의원들이 참여하고 있다.

이들은 또 디지털 위안화에 대비한 방안으로 '디지털 엔화'의 발행을 촉구하고 있다. '룰 형성전략의원연맹'은 재무성에 디지털 엔화를 발행하는 방안을 검토하라고 요구했다. 일본은 지폐는 일본은행이, 동전은 재무성이 발행 책임을 맡고 있다. 연맹의 사무국장인 나카야마 노부히로中山展宏 의원(외무정무관)은 아프리카에 디지털 위안화가 급속하게 보급될 가능성을 언급하며 "자국 통화보다 디지털 위안화가 안정된 통화로 결제하기 쉬워지면 그쪽으로 흘러가고. 그렇게 되면 중국의 영향력이 매우 강해진다"고 했다. 그는 또 "디지털 통화는 금융정책의 도구로서도 유효하다고 본다"며 "일본은 마이너스 금리이므로 디지털로 가는 것이 의미가 매우 크다"고 했다. 마이너스 금리 상태에선 디지털 화폐에도 마이너스 금리를 매길 수 있기 때문에, 액면가가 유지되는 현금을 쌓아두는 식으로 부양 자금이 이탈할 가능성은 낮아진다.

또 '아베노믹스'의 설계 그룹과 친밀한 야마모토 고조山本幸三 자민당 의

원도 '디지털 엔화'의 발행을 주장하고 있다. 야마모토 의원은 로이터통신과 2020년 2월 인터뷰에서 "일본은 2~3년 안에 엔을 디지털 화폐로 발행해야 한다"고 말했다. 야마모토 의원은 자민당 내 금융조사회 회장도 맡고 있다.

일본은행은 디지털 위안화의 위협이 당장 나타나지 않을 것으로 보면서 디지털 엔화의 발행도 시급하다고 보지 않는 것으로 알려졌다. 2020년 2월 초 일본은행의 고위 관계자와 아베 전 총리[70]와 가까운 자민당 내 인사가 현 상황에서 중국의 디지털 위안화 발행에 대해 논의한 적이 있다고 한다. 당시 일본은행 고위 관계자는 "아직 위협이 되고 있지 않으며, 성급할 필요도 없다"고 한 걸로 알려져 있다. 구로다 하루히코 黑田東彦 일본은행 총재는 중앙은행 디지털 화폐 발행에 대해 2020년 6월 11일 일본 참의원(상원)의 예산위원회에 출석, "일본은행은 즉시 발행할 예정은 없다"고 했다. 일본은행은 내부적으로 디지털 위안화가 성공하려면 5~10년이 필요하다고 추정한 것으로 알려졌다.

다만 일본은행도 디지털 화폐의 장단점에 대한 연구는 진행하고 있다. 구로다 총재는 2020년 6월 11일 의회에서 중앙은행 디지털 화폐 발행 예정은 없다고 하면서도, 당시 "국내와 해외의 디지털 통화 동향을 충분히 따르는 적절한 대응을 준비해 둘 필요는 없다"고 여지는 남겼다. 2020년 1월 국제결제은행을 중심으로 캐나다, 영국, 스웨덴, 스위스의 중앙은행과 유럽중앙은행이 중앙은행 디지털 화폐 연구 그룹을 발족시

....

70 2012년 12월 26일 취임하면서 일본 경제를 장기 침체에서 벗어나게 하려는 경제 정책인 '아베노믹스'를 들고 나왔던 아베 신조安倍晋三 전 총리는 일본 역사상 총리 최장수 기록을 세웠다. 아베는 건강 문제를 이유로 2020년 8월 28일 사의를 표명했고, 9월 16일 스가 요시히데菅義偉가 후임 총리로 선출되면서 물러났다.

켰는데, 여기에 일본은행도 적극적으로 참여하고 있다. 또 일본은행은 유럽중앙은행과 2017~2019년 은행 간 결제와 국가 간 결제에 있어서 블록체인 기술을 활용하는 기술을 테스트 하는 '스텔라 프로젝트'를 진행하기도 했다.

일본은행은 또 연구와 검토에 속도를 내고 있다. 일본은행은 2020년 7월 20일 내부 조직으로 결제기구국 내에 '디지털통화그룹'을 신설하고, 10명 정도의 인원을 배치했다. 이곳에서 중앙은행 디지털 화폐의 특성과 실현 가능성 등에 대한 검토와 연구를 진행한다는 것이다. 기무라 다케시木村武 일본은행 결제기구국장은 아사히신문과 인터뷰에서 "검토 수준은 사전 준비 단계는 넘기는 한편, 토론을 통해 좀 더 앞으로 나갈 예정이다"라고 했다.[71] 특히, 일본이 디지털 엔화를 발행하게 되면 꼭 필요한 두 가지의 특성이 보장되는지를 검토하는 게 목적이라고 했다. 첫째는, 현행 현금과 마찬가지로 누구나 쓸 수 있는 지다. 둘째는 전기가 일시적으로 끊기는 자연 재해나 다른 비상 상황에서도 사용할 수 있는 지 여부다. 지진, 태풍 등 자연재해의 영향을 많이 받는 일본의 지리적 특성 상 전기가 없어도 사용이 가능한 디지털 화폐가 필요하다는 것이다.

더구나 일본에선 민간은행과 정보기술 기업을 중심으로 '디지털 엔화'가 필요하다는 주장이 나오고 있다. 2020년 6월 요미우리신문 등은 일본 3대 메가뱅크인 미쓰비시UFJ, 미쓰이스미토모, 미즈호은행이 참가하는 가칭 '디지털 엔화' 검토회가 발족한다고 보도했다.[72] 민간 주도로 디지털 엔화를 만드는 안을 만들어 정부와 일본은행에 정식 제안한다는

71 "中央銀行デジタル通貨,日本銀行が実証実験本格開始へ", 朝日新聞, 2020년 7월 29일.
72 "「デジタル円」導入へ検討会が発足…「日本にとって最適な金融インフラを議論」, 読売新聞, 2020년 6월 3일.

얘기다. 또 이 검토회의 사무국 역할은 블록체인 기술을 가진 인터넷이
니셔티브[IIJ]가 설립한 암호화폐 거래기업 디카렛토[Decurret]가 맡는다.

일본 수도권에서 널리 사용되는 전자화폐 '스이카[Suica]'를 발행하는 JR
동일본과 통신, 유통 대기업 등 10여개 업체도 참여한다고 한다. 스이카
는 원래는 도쿄 광역권에서 전철. 기차 등을 탈 때 쓰는 선불형 교통카
드로 2001년 JR동일본이 도입했으나, 현재는 자판기, 편의점, 식당, 잡화
점 체인 등에서 광범위하게 쓰이고 있다. 0.2초 내에서 스치기만 해도 결
제가 되는 게 특징이다. 또 처음엔 카드 사용 방식이었지만, 현재는 스마
트폰에 설치된 모바일 앱을 통해서도 사용할 수 있게 돼 있다. 현금 사
용을 선호하는 일본에서도 스이카는 현재 실생활에 상당히 광범위하게
이용된다. 때문에 향후 일본에서 디지털 엔화를 도입하게 된다면, 스이
카와 어떻게 결합될 지도 관심사다.

스웨덴의 'e-크로나' 실험

    중국이 개인을 대상으로 하는 디지털 위안화 테스트가 노출된 것은 2020년 4월 중순이지만, 그에 앞서 중앙은행이 발행하는 '디지털 화폐'를 테스트하는 나라가 있었다. 스웨덴이다. 스웨덴 중앙은행^{Riksbank}은 2020년 2월 20일 보도자료를 통해 "e-크로나^{krona}의 기술적인 해법을 테스트하고 있다"며 "2021년 2월까지 e-크로나의 기술 솔루션을 개발하는 시범 사업을 진행할 예정"이고 밝혔다.

    스웨덴은 유럽 국가이긴 하지만, 2002년 도입된 유럽 통합 화폐인 유로에는 참여 하지 않고 '크로나'라는 독자 화폐를 유지하고 있다. 그런데 크로나의 디지털 버전인 'e-크로나'를 테스트한다는 것이다. 스웨덴은 2017년부터 개인이 쓸 수 있는 중앙은행 디지털 화폐인 e-크로나 관련 연구 프로젝트를 진행해 왔다. 그런데 이제 기술적으로 어떻게 구현할 수 있는지 테스트할 단계까지 진행이 됐다는 뜻이다. 앞서 스웨덴 중앙은행은 2019년 4월 스웨덴 의회에 법정 통화의 개념과 디지털화된 경제에서 중앙은행 화폐의 역할에 대해서 검토해달라고 요청하기도 했다.

스웨덴 중앙은행은 2020~2021년 진행하는 e-크로나 시범 사업은 일반 대중이 어떻게 e-크로나를 사용할 수 있는지 보여주는 게 목적이라고 했다. 스웨덴 중앙은행은 "e-크로나로 지불하는 게 문자 메시지를 보내는 것만큼 쉬울 것"이라고 했다.

스웨덴 중앙은행은 e-크로나 시범 사업의 기술적 솔루션도 공개했다. 사용자들은 디지털 지갑에 들어 있는 e-크로나를 스마트폰의 모바일 앱을 이용해 결제, 예금, 인출 등 금융 활동에 사용하게 된다. 디지털 지갑은 스마트폰 뿐만 아니라 웨어러블(착용형) 기기인 스마트워치나 카드에도 들어가게 된다. 결제는 기존 지폐나 동전과 같은 현금처럼 하루 24시간, 365일 모두 가능하게 된다. 또 네트워크에 접속돼 있지 않아도 e-크로나를 쓸 수 있는 기술도 적용한다. 사용자 입장에선 지폐나 동전이 디지털 동전(토큰) 형태로 디지털 지갑에 들어 있다 뿐이지 사용 범위나 시간, 네트워크 접속 여부 등에 제약을 받지 않는다는 것이다. 소비자들이 겉으로 느끼는 인터페이스는 스마트폰, 스마트워치 등의 화면에 보이는 것이어서 역시 현재의 모바일 결제와 차이를 느낄 수 없을 것이다.

e-크로나의 무대 뒤의 모습은 복층 구조로 설계된 '디지털 위안화'와 같이 '2단계 체제'이다. 스웨덴 중앙은행은 은행들만 대상으로 해서 e-크로나를 발행하고 회수한다. 은행들은 중앙은행에서 공급받은 디지털 토큰 형태의 e-크로나를 가계, 기업들 일반 경제 주체에게 배포하는 역할을 맡게 된다. 그리고 이 같은 네트워크의 바탕 기술은 블록체인 기술로

주요국의 현금 결제 비중

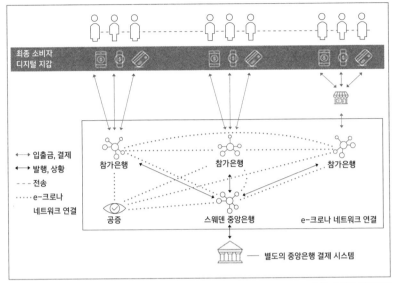

출처: 스웨덴 중앙은행

알려진 '분산 원장 기술'을 사용하기로 했다. 그런데 누구나 네트워크에 참여할 수 있는 블록체인 기술을 사용하는 민간 디지털 화폐인 비트코인과 달리 비공개 네트워크를 사용한다. 스웨덴 중앙은행과 은행들만이 참가해서 e-크로나 거래의 진위 여부를 판단하는 것이다. 이 같은 비공개형 분산 원장 기술은 글로벌 은행들이 투자한 블록체인 기술 개발 기업인 R3가 개발한 코다^{Corda}라는 플랫폼을 사용하게 된다. 코다 플랫폼은 모든 참가자가 인증을 해서 거래가 완결되는 방식의 기존 공개형 블록체인과 달리 중앙은행과 같이 신뢰 가능한 공증인이 거래를 공증해

이중 결제를 방지하고 거래의 효율성을 높이는 방식이다.[73]

다만 스웨덴 중앙은행은 e-크로나를 실제 발행하게 될 지에 대해선 아직 결정된 바가 없다고 밝히고 있다. 스웨덴 중앙은행은 시범 사업이 2021년 2월까지이기는 하나 필요할 경우 최대 7년까지 연장이 가능하다고 밝힌 바 있다.

스웨덴 중앙은행이 중앙은행 디지털 화폐 발행에 앞장서고 있는 이유는 스웨덴에서 최근 급격하게 현금 사용이 줄어들고 있기 때문이다. 스웨덴은 유럽에서 '현금 없는 사회'에 가장 가깝다고 평가 받는 나라다. 세계적으로도 가장 앞서서 달려가고 있다. 스웨덴 중앙은행에 따르면, 2018년 기준 스웨덴에서 유통되는 현금 비율이 명목 GDP(국내총생산)의 1% 쯤으로 낮아졌다. 이 비율이 유로 사용 지역의 경우 11%, 미국은 8%, 영국, 캐나다는 4%다. 또 스웨덴에서 가장 최근 거래에서 현금을 쓴 사람의 비율은 2010년 39%에서 2012년 33%, 2014년 23%, 2016년 15%, 2018년 13% 등 지속적으로 떨어져 왔다. 현금 사용이 급속하게 위축되자, 개인 간 거래에서도 신뢰할 수 있고 편리한 디지털 화폐를 제공할 필요성이 높아진 것이다.

주요국의 명목 GDP 대비 유통되는 현금 비율

단위: %

스웨덴	유로지역	미국	영국	캐나타	노르웨이
1	11	8	4	4	2

출처: 스웨덴 중앙은행

....

73 이명활(2020).

2020년 3월 12일 영국 중앙은행인 잉글랜드은행은 '중앙은행 디지털 화폐: 기회, 도전 그리고 디자인'이란 토론보고서를 발간했다. 마크 카니Carney 잉글랜드은행 총재가 금요일인 다음날(13일) 임기를 마치고, 후임인 앤드루 베일리Bailey 총재가 그 다음주 월요일(16일) 취임하기 전에 보고서가 나왔다. 카니 총재의 마지막 작품이라고 해도 될 듯하다. 카니 총재는 보고서 머리말에서 "우리는 지금 지급 결제 혁명의 한 가운데 있다"고 했다. 보고서에서 잉글랜드은행은 "아직 중앙은행 디지털 화폐를 도입할지 결정을 하지는 않았다"고 했지만, 은행이 그 동안 연구한 중앙은행 디지털 화폐의 장단점을 쉽게 이해할 수 있게 56쪽에 걸쳐 압축적으로 설명했다. 잉글랜드은행은 3개월 간 이 보고서에 대한 의견을 수렴했다.

카니 총재는 캐나다중앙은행 총재를 역임하고 2013년 7월 당시 320년 가까운 잉글랜드 은행 역사상 첫 외국인 총재로서 잉글랜드은행에 영입됐다. 그는 하버드 대학을 나와 캐나다 재무부와 중앙은행에서 일하기 전에 세계 1위 투자은행 골드만삭스에서 13년간 근무했다. 때문에 기존의 전통을 중시하는 보수적인 영국 중앙은행의 사고에 묶여 있지 않았다. 카니 총재는 새로운 분야에서 개방적인 아이디어를 많이 제시하려고 했다. 특히 그는 '디지털 화폐'에 우호적인 시각을 갖고 있었다. 비트코인 등 암호화폐의 등장에 관심이 많았고, 영국 런던을 '핀테크(금융과 기술이 결합된 것) 글로벌 허브'로 키우려는 야심이 있었다. 2019년 6월 페이스북이 리브라 프로젝트를 공개하자 각국 정부와 중앙은행들은 리브라에 의구심 많은 눈초리를 보냈지만, 카니 총재는 우호적인 입장을 보였다.

그런 카니 총재의 생각이 정점에 오른 건 2019년 8월 미국 휴양도시 잭슨홀에서 열린 세계 중앙은행 총재들의 심포지엄 자리라고 할 수 있다. 매년 8월이면 미 연준 의장을 포함해 전 세계 중앙은행 총재들과 경제계이 유력 인사들이 휴양을 겸한 심포지엄을 갖는다. 이 자리에선 앞으로 세계 경제에서 제기될 중요한 이슈와 대응 아이디어들이 토론 주제로 나오기 때문에 주목 받는다. 카니 총재는 세계 중앙은행 총재들 앞에서 달러 패권 시대 이후를 대비하라는 메시지를 꺼냈다. 그는 세계 기축통화로서의 달러의 역할은 언젠가 끝날 것이고 그 대안이 어떻게 돼야 하는지에 대한 연설을 했다. 카니 총재는 특히 페이스북의 리브라와 같은 민간의 '합성 패권 화폐Synthetic Hegemonic Currency'나 공공의 각국 중앙은행 디지털 화폐들의 네트워크가 달러 시대 이후를 대비하는 '최선의 대안'이 될 수 있다고 했다.[74] 합성 패권 화폐는 카니 총재가 제안한 신조어로 리브라처럼 미국 달러, 유로, 영국 파운드 등을 합성해서 만든 글로벌 디지털 화폐를 가리킨다. 특히 그는 중국 위안화의 굴기崛起(우뚝 섬)는 달러 시대 이후에 대한 '차선의 대안second best'이라고 했다. '차선의 대안'이라는 점잖은 용어를 썼지만 사실상 디지털 위안화에 대한 경계감을 나타낸 것으로 풀이된다.

카니 총재의 민간 합성 패권 화폐나 중앙은행 디지털 화폐 네트워크 아이디어는 미국 브레튼우즈에서 2차 대전 후 국제 금융 질서 재편을 논의할 때 영국 대표로 참석했던 경제학자 케인스Keynes가 '방코르bancor'란 세계 화폐 도입을 제안했던 걸 떠오르게 한다. 케인스가 저물어 가는 영국 파운드 패권을 보면서도 당장 미국 달러 패권을 인정하기 보다는 세계 화폐가 필요하다는 주장을 했듯이, 달러 패권의 다음 타자로 위안화를 인정하기 보다는 민간의 합성 패권 화폐나 중앙은행 디지털 화폐 네트워크로 국제 금융 질서를 재편하자는 얘기를 한 것이다. 영국은 민간 암호 화폐, 핀테크의 성장 등으로 국제 금융 환경이 바뀔 수 있다고 보면서 달러와 위안화의 기축통화 패권 경쟁까지 내다보는 '큰 그림'을 그리고 있는 것이다. 그런 만큼 영국에선 단순한 '디지털 파운드'에 대한 논의에 집중하기 보다는 중앙은행 디지털 화폐라는 일반론적인 논의에 중점을 두고 있는 것처럼 보인다.

사실 전 세계 중앙은행 중에서 가장 먼저 공개적으로 중앙은행 디지털 화폐에 대한 연구에 들어간 곳은 잉글랜드은행이라고 할 수 있다.

....

74 Mark Carney(2018).

잉글랜드은행은 2015년 2월 '하나의 은행 연구 아젠다One Bank Research Agenda'라는 6쪽 짜리 보고서에서 2008년 글로벌 금융위기 이후에 제기된 연구 과제들을 제시했다. 그중 하나가 '새로운 디지털, e-머니와 그리고 새로운 지급결제와 금융 중개 방법이 통화 수요와 중앙은행 화폐, 그리고 금융 규제에 던지는 근본적인 질문'이었다. 새로운 화폐 형태인 중앙은행 디지털 화폐의 비용과 이점에 대해 분석을 하자는 과제였다.

이후 잉글랜드은행은 중앙은행 디지털 화폐에 대한 연구 프로그램을 발족시키고 은행 고위관계자들이 각종 연설이나 보고서 등을 통해서 연구 결과를 발표했다. 예컨대 당시 잉글랜드은행의 수석 이코노미스트인 앤디 할데인Haldane이 2015년 중앙은행의 정책 금리가 '제로 금리 하한下限'에 도달한 경우에도 중앙은행 디지털 화폐가 있으면 금리를 마이너스로 더 낮춰 소비와 투자를 자극하는 정책을 펼 수 있다는 주장을 했다. 현금만 있다면 중앙은행이 정책금리를 마이너스로 낮춰도 가계나 기업이 예금을 줄여 가며 현금 보유를 늘릴 것이라 정책 효과가 없겠지만, 중앙은행 디지털 화폐는 물리적으로 금리를 적용할 수 없는 현금과 달리 전자적으로 자동으로 마이너스 금리를 적용할 수 있기 때문에 돈, 즉 중앙은행 디지털 화폐를 쓸 수밖에 없다는 것이다.

또 당시 잉글랜드은행 부총재인 벤 브로드벤트Broadbent는 2016년 중앙은행 디지털 화폐 발행으로 은행 예금이 모두 중앙은행 디지털 화폐로 이동하는 현상이 생기면 내로 뱅킹이 도래할 가능성을 지적했다.

이런 와중에 현재 학계에서 중앙은행 디지털 화폐 관련해서 '가장 중요한 논문'으로 꼽히는 '중앙은행 발행 디지털 화폐의 거시경제학'보고서가 2016년 잉글랜드은행에서 나오게 된다. 이 논문은 경제학 모델을 이용해 중앙은행 디지털 화폐를 발행했을 때의 성장, 인플레이션, 금리 등 거시경제 변수들이 어떻게 변하는 지 분석한 것이다. 이후 학계와 각국 중앙은행에서 중앙은행 디지털 화폐의 리스크와 기회를 분석하는 논문들이 쏟아지는 계기가 된다. 다만 학계에선 잉글랜드은행의 보고서 발간에 앞서 2010년대 초부터 중앙은행 디지털 화폐 개념 등을 연구하는 논문이 조금씩 나오기 시작했었다. 그러나 중앙은행 디지털 화폐 연구의 봇물을 터지게 한 것은 잉글랜드은행의 보고서였다는 평가가 많다.

그런데 2020년 4월 디지털 위안화 테스트에 나선 중국인민은행은 2016년 쯤부터 자신들은 이미 2014년부터 저우샤오촨周小川 당시 총재의 지도 아래 법정 디지털 화폐(즉, 중앙은행 디지털 화폐) 개발에 주목하고 있었다고 주장했다. 하지만 중국인민은행은 중앙은행 디지털 화폐에 대한 공개적인 연구 보고서들을 내지는 않았다. 그저 각종 포럼 등에서 중국인민은행 인사들의 발언 등을 통해서 조금씩 중국 내에서 그 같은 움직임이 있다는 것이 알려졌을 뿐이다. 중국 내에서 벌어지는 일을 지속해서 관찰하던 일부 해외 인사들이 주목하고 있었지만, 어떤 개념을 갖고 어떤 방식으로 개발하며 그 영향을 어떻게 분석하고 있는지는 대외비對外祕 수준이었다. 내부에서만 비밀스럽게 진행된 것이다. 최근 중국 현지에서 수행하고 있는 디지털 위안화 실험도 소셜미디어 등에서 화제가 된 이후에야 공식 매체를 통해 그런 게 있다는 걸 인정하는 식이다.

그런 사정을 감안해 볼 때 잉글랜드은행이 2015~2016년부터 중앙은행 디지털 화폐에 대한 공개적인 논의를 글로벌 수준에서 주도해왔다고 해도 과언이 아닐 것이다.

다만 실제 중앙은행 디지털 화폐 실험에 있어서는 잉글랜드은행의 발걸음은 밖에서 보기에는 느리다. 중국 등 일부 국가의 중앙은행들은 테스트 단계에까지 돌입했지만, 아직 잉글랜드은행은 밑그림을 그리고 있는 상태라고 판단되기 때문이다.

한편 2020년 3월 잉글랜드은행이 내놓은 '중앙은행 디지털 화폐: 기회, 도전 그리고 디자인'이란 토론보고서를 보면 잉글랜드은행이 그리는 그림이 뭔지 가늠할 수 있다. 잉글랜드은행은 중앙은행 디지털 화폐를 위한 플랫폼을 제공한다는 개념을 갖고 있다. 소위 '플랫폼 모델'이다. 중앙은행은 가계와 기업이 중앙은행 디지털 화폐를 쉽게 이용할 수 있는 빠르고 안전하고 유연한 기술 인프라를 제공한다는 것이다. 그리고 민간 결제 인터페이스 제공 회사들을 참여시켜 실제 서비스는 이들이 제공하도록 하는 구상이다. 하나부터 열까지 중앙은행이 나서서 모두 하지는

잉글랜드은행의 중앙은행 디지털화폐 모델

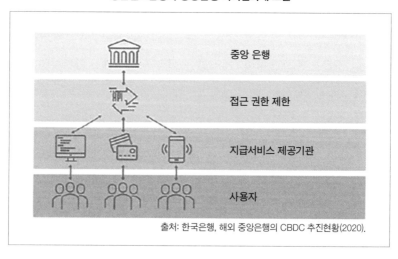

출처: 한국은행, 해외 중앙은행의 CBDC 추진현황(2020).

않는다. 민간의 경쟁을 중시하는 영국식 자본주의의 정신을 그대로 반영하겠다는 것이다. 카니 총재 후임인 베일리 총재가 새로운 리더십으로 '디지털 파운드'에 대한 새로운 그림을 그릴지 아니면 카니 총재가 그려놓은 그림을 이어갈지 관심을 가져볼 만하다.

　현재로선 미국 달러에 이어 세계 2위의 기축 통화인 유로를 갖고 있는 유럽도 '디지털 달러'나 '디지털 위안화'를 만들려는 움직임을 보면서 가만히 보고만 있지는 않는다. 다만 유로는 유럽 19국이 사용하고 있어, 단일한 목소리가 나오기 어렵다. 유로 발행을 책임지는 유럽중앙은행ECB 은 당연히 고민이 많다.

　우선 유로 지역은 다른 나라에 비해 상대적으로 현금 사용이 많은 지역이다. 2016년 유럽중앙은행 조사[75]에 따르면, 유로 사용 지역 거래 건수 중에서 현금이 차지하는 비중은 78.8%에 달했다. 이는 미국(37%), 중국(40%), 영국(42%), 스웨덴(20%) 등 유로를 사용하지 않는 지역들과 비

75　Henk Esselink and Lola Hernández(2017).

교하면 거래 중에 현금 사용 비중이 매우 높은 것이다.[76] 게다가 유로 사용 나라마다 따져 봐도 국가별 현금 사용 비중의 편차가 크다. 스페인 (87%), 이탈리아(86%), 그리스(88%), 포르투갈(81%) 등 남유럽 국가들과 독일(80%)의 현금 사용 비중이 높은데 반해, 프랑스(68%), 벨기에(63%) 등은 중간 수준이고, 네덜란드(45%), 핀란드(54%) 등은 낮은 수준이다. 같은 유로를 사용하고 있지만 화폐 사용 행태는 나라마다 크게 다르다는 얘기다.

유럽중앙은행ECB은 일단 '디지털 유로' 발급을 준비하고 있다는 입장을 밝히고 있다. 룩셈부르크 중앙은행 총재를 지냈던 이브 메르시Mersch 현 ECB 정책위원(한국의 금융·통화위원)인 2020년 5월 11일 세계 최대 블록체인 컨퍼런스인 '콘센서스 2020'에서 이 같은 입장을 밝혔다. 메르시 정책위원은 유로 지역의 현금 비중이 높다는 것을 전제하면서도 "디지털 화폐를 발행할 정책 결정을 내릴 준비를 하고 있다"고 했다. 그는 동시에 ECB는 이미 유로 시스템 내에서 중앙은행 디지털 화폐 발행을 준비하는 태스크 포스를 꾸렸다고 밝혔다. 특히 메르시 정책위원은 "모든 사람이 접근할 수 있는 소매용 중앙은행 디지털 화폐는 '게임 체인저'가 될 수 있다"며 "소매용 중앙은행 디지털 화폐가 현재 우리의 주된 포커스(중점 사항)이다"라고 했다.

크리스틴 라가르드Lagarde ECB 총재는 앞서 2019년 12월 기자회견에서 "(ECB는) 디지털 통화 태스크 포스를 이미 만들었으며, 이 연구에는 (유로 지역 내) 각국 중앙은행들이 참여해 각종 실험 프로젝트 등을 여기

....

76 World Cash Report 2018, G4S Global Cash Solutions, 17 Apr. 2018.

저기에서 수행하고 있다"고 밝힌 바 있다. 또 라가르드 총재는 "CBDC 의 가능성과 장점에 대해 연구하고 있다"고 여러 차례 강조했다.

라가르드 총재는 특히 '디지털 유로'라는 용어를 쓰면서 이에 대한 검토를 하고 있다고 강조하고 있다. 라가르드 총재는 2020년 9월 10일 독일중앙은행인 분데스방크의 온라인 컨퍼런스에서 "디지털 유로는 점차 지폐를 떠나 디지털 결제로 이동하고 있는 소비자들에게 유용할 것으로 보지만, 아직 도입할 지는 결정하지 않았다"고 했다. 다만 그는 "(디지털 유로의) 이점과 위험성, 그리고 운영상의 어려움 등에 대해서 검토하고 있다"고 다시 강조했다.[77]

같은 해 9월 21일 열린 프랑스–독일 의회 공동 회의 행사에선 "디지털 유로가 전통 화폐인 현금을 '대체'하기보다는 '보완'하는 역할을 하게 될 것"이라고 했다. 또 "디지털 유로는 유럽 연합 시민들에게 민간 디지털 화폐의 대안을 제공하게 될 것"이라며 "이는 주권 화폐가 유럽 지불 시스템의 핵심에 남아 있게 된다는 것을 확실하게 해줄 것이다"라고 덧붙였다. 라가르드 총재는 페이스북의 리브라나 암호화폐 같은 민간 디지털 화폐가 유럽 디지털 머니 영역에서 주도권을 잡는 것을 허용하지 않겠다는 것을 우회적으로 표현한 것이다. IT(정보기술) 영역에서 한 발 늦었던 유럽이 미국의 구글, 페이스북 등에 IT 시장을 완전히 내 준 것을 반복하지 않겠다는 생각이 깔려 있어 보인다. 2019년 11월부터 유럽중앙은행를 이끌고 있는 라가르드 총재는 앞서 2011년 7월~2019년 9월 IMF 총재를 역임하기도 했다. 라가르드는 IMF 총재 시절 비트코인 등 암호

....

77 "ECB to consult public on digital euro: Lagarde", *Reuters*, 10 Sep. 2020.

화폐와 블록체인 기술에 대해 우호적인 입장이었다. 그럼에도 유럽에서 미래 지불 시스템의 주도권은 유로와 유럽중앙은행이 쥐어야 한다고 한 것이다. 혁신 기술과 아이디어을 포용해야 한다는 라가르드의 생각이 '디지털 유로' 검토 과정에서 어떻게 반영될지 관심사다. 유로 지역에서 과연 어떤 형태의 '디지털 유로'가 등장하게 될지 지켜봐야 할 것이다.

유로 지역 국가의 중앙은행들은 자체 화폐가 없다. 단일 화폐인 유로를 사용하고 있기 때문이다. 하지만 그럼에도 불구하고 유럽중앙은행이 '디지털 유로' 발행에 나설 때를 대비해서 선제적인 연구와 실험에 나서고 있다.

2002년 유로화 지폐와 동전이 정식으로 등장한 이후, 유로화 지폐 발행량의 결정은 각국 중앙은행이 아닌 유럽중앙은행이 맡게 됐다. 형식적으로는 유로화 지폐는 각국 중앙은행이 발행하지만, ECB가 발행량을 할당한다. 유로화 동전은 각국 정부와 중앙은행이 발행하도록 돼 있지만, 발행량은 ECB의 승인을 받아야 한다. 결국 유로화 지폐와 동전 발행의 책임은 궁극적으로 ECB가 지고 있는 것이다. 때문에 '디지털 유로'의 미래에 대한 유로 사용 지역 각국의 중앙은행이나 정부의 다양한 의견은 ECB 내로 수렴되는 과정이 필요하다. 유로 사용 국가는 독일, 프랑스, 이탈리아, 스페인, 네덜란드 등 19국이다. 인구는 3억 4000만 명에 달한다. 그런데 이 19국의 경제 발전 정도나 결제 성숙 정도 등은 모두 다르다. 어느 한 국가라도 반대하면 '디지털 유로' 도입은 쉽지 않다. 반대로 한 나라가 '디지털 유로' 기술과 정책에서 앞서 있다면, '디지털 유로'가 도입된 후에 주도권을 잡을 수도 있다.

프랑스 중앙은행의 경우에는 2020년 5월 프랑스 은행인 소시에테제네랄이 발행한 4000만 유로짜리 채권을 블록체인 기술과 디지털 유로를 활용해 결제하는 실험을 하기도 했다. 프랑스 중앙은행은 이에 앞서 같은 해 3월엔 은행 간 결제에 쓰이는 디지털 유로 실험 프로젝트에 참여할 10곳의 기관을 모집하는 공고를 내기도 했다. 프랑스 중앙은행은 당시 "어떻게 기술이 지급결제 시스템과 금융 인프라의 효율성과 유용성을 증진시킬 수 있는지 확인하기 위한 것"이라며 "이들 프로젝트는 디지털 토큰(동전)의 생성과 유통에 초점을 맞추게 된다"고 밝혔다. 프랑스 중앙은행이 개발 중인 중앙은행 디지털 화폐 기술은 첫째, 은행 간 결제를 위한 '도매형 중앙은행 디지털 화폐'이고, 둘째 계좌형과 토큰형 중에서 토큰형이라는 것을 알린 것이다. 빌루아 드 갈로^{Galhau} 프랑스 중앙은행 총재는 2019년 12월 한 컨퍼런스에서 "적어도 도매형 중앙은행 디지털 화폐로 재빨리 움직이는 게 이점이 있다"며 "(ECB가) 세계 최초로 발행하게 되면 중앙은행 디지털 화폐의 벤치마크를 보유하게 되는 이점을 누릴 수 있을 것"이라고 말하기도 했다.[78] 당시 갈로 총재는 2020년 1분

....

78 "ECB needs to move fast on "e-euro" digital currency", *Reuters*, 4 Dec. 2019.

기 말까지 프랑스 중앙은행이 그 같은 프로젝트를 출범시키기로 했는데, 그때 제시한 일정에 맞추기 위해 실험 프로젝트 모집을 시작한 것이다.

네덜란드 중앙은행은 유럽중앙은행에 개인과 가계 등이 쓸 수 있는 소매형 '디지털 유로' 발행을 촉구하고 있다. 유로 지역 내에서 상대적으로 현금 사용 비중이 적은 나라이기 때문에 '디지털 유로'를 선도하고 싶다는 얘기다. 네덜란드 중앙은행은 2020년 4월 45페이지짜리 중앙은행 디지털 화폐 보고서를 내고, 은행 홈페이지에 보고서를 소개하면서 "만약 유로 시스템이 CBDC와 관련된 실험을 하기로 결정한다면, 네덜란드가 선도적 역할을 준비가 됐다"고 밝혔다. 또 "네덜란드 중앙은행은 CBDC에 대해 우호적인 태도를 갖고 있다"며 "여기서 CBDC는 중앙은행이 발행하며, 가계와 기업이 일반적으로 사용할 수 있는 것을 가리킨다"고 했다.

네덜란드 중앙은행이 관심을 두는 건 일반 개인이나 가계, 기업 등이 쓸 수 있는 소매형 '디지털 유로'라는 걸 확실하게 한 것이다. 유로 지역에서 디지털 유로 이슈가 등장한 이유로 크게 두 가지를 들었다. 첫째는 현금 사용이 줄고 있다는 것이고, 둘째는 리브라와 같은 민간 화폐와 유로가 경쟁을 하게 된다는 것이다. 현금 사용 비율이 여전히 많은 다른 유로 지역과 달리 디지털 화폐가 널리 쓰이면서 '디지털 유로'의 필요성을 강하게 느끼고 있는 걸 반영한 것이다. 보고서에 따르면 네덜란드는 2010년만 해도 거래의 65%가 현금 지불이고, 35%가 전자 지불이었는데 2019년엔 현금이 32%, 전자 지불이 68%로 역전됐다. 네덜란드가 유로 지역에서 현금 사용 비율이 낮고 전자 결제 이용에 앞서 있는 만큼 '디지털 유로' 분야에서 선도할 수 있다는 얘기다.

독일에서도 '디지털 유로'가 필요하다는 말이 나오고 있다. 도이치은행, 코메르츠방크 등 200여개 독일 민간 은행들이 모인 독일은행협회는 2019년 10월 암호화에 기반한 디지털 유로의 발행과 디지털 유로 사용을 위한 범 유럽 결제 시스템이 필요하다는 요구를 내놨다. 당시 올라프 슐츠Schulz 독일 재무장관은 독일 경제 주간지 비르츠샤프츠보케Wirschafts Woche와 인터뷰에서 "디지털 유로 발행을 통한 결제 시스템은 유럽 금융 센터에 이득이 될 것이고, 더 나아가 전 세계 금융 시스템에 결합되는 데 도움이 될 것이다"며 "이 분야를 중국. 러시아, 미국이나 민간 기업에 넘겨서는 안 된다"고 했다.

바하마나 마셜제도, 거기서 왜 디지털 화폐가 나와?

인구가 많지 않은 작은 섬나라들도 중앙은행 디지털 화폐 발행을 적극적으로 검토하고 있다. 나라가 많은 섬으로 이뤄진 탓에 현물 지폐와 동전을 이동하려면 비용이 많이 들자 디지털 방식으로 중앙은행 돈을 옮기면 국민들이 비용도 절감하고 금융 서비스도 쉽게 이용할 수 있을 것이란 생각이다. 비록 작은 규모지만 모바일 환경이 구축돼 있다면 중앙은행 디지털 화폐가 실제로 작동할 수 있을지 실제로 실험을 하기에는 좋은 환경이다. 하지만 마셜 제도 같은 곳에 대해선 자금 세탁 우려 등으로 IMF가 디지털 화폐 발행 계획을 재고하라는 권고를 하기도 한다.

2020년 2월 카리브해의 섬나라인 바하마 연방공화국 중앙은행은 연내에 '디지털 달러(바하마 달러)'를 관내 모든 섬에서 사용할 수 있게 하겠다고 했다. 바하마 연방공화국은 미국 플로리다주 남쪽과 쿠바 북쪽 사이의 카리브해에서 700개 가까운 섬으로 이뤄진 나라로 주요한 큰 섬만 26개이다. 인구는 38만여 명이다. 2018년 기준 1인당 GDP는 3만 4000달러로 부국에 속한다.

존 롤Rolle 바하마 중앙은행 총재는 2020년 2월 '샌드 달러 프로젝트'라고 명명된 바하마 디지털 달러 이니셔티브는 2020년 하반기 모든 섬에서 시작될 것이라고 했다. 바하마는 엑서마Exuma 섬에서 이미 2019년 12월 디지털 바하마 달러 시범 프로젝트를 시작했다고 했다. 바하마 중앙은행에 따르면, 엑서마 섬에서 1200명이 시범 프로젝트에 참여하고 있다. 엑서마 섬의 인구 7000명 정도다. 바하마는 2019년 3월 NZIA란 업체를 디지털 화폐 솔루션 공급자로 선정한 것으로 알려져 있다.

바하마 중앙은행은 이 디지털 바하마 달러, 또는 샌드 달러는 바하마 국내에서만 사용하기 위해 설계했다고 밝혔다. 하지만 외화로도 바꿀 수 있다고 설명하고 있어, 사실상은 환전도 가능한 것으로 보인다. IMF는 2019년 바하마에 대한 국가 보고서에서 '샌드 달러 프로젝트'에 대해 "혁신적인 기술이 금융 환경의 차이를 극복하는 데 도움을 줄 것"이라면서도 "e-화폐 발행은 금융안정, 사이버 안전, 자금세탁방지 등에 리스크 요인을 만들기 때문에 CBDC 시범 프로젝트와 전면 도입을 위해서 인적 자본과 기술 능력에 투자하기를 권고한다"고 했다.

이에 앞서 2019년 3월 동카리브해 중앙은행East Caribbean Central Bank은 세계 최초로 블록체인 기반의 디지털 화폐를 발행하는 시범 프로젝트를 시작한다는 자료를 냈다. 카리브해에 있는 섬나라 바베이도스에 있는 비트Bitt라는 핀테크 업체와 손잡고 시범 프로젝트를 시작한다는 것이다. 바베이도스는 ECCB 관할은 아니다. ECCB는 카리브해 동부에 있는 앤

티가바부다(인구 9만 1000명, 1인당 GDP 1만 6700달러), 도미니카연방(7만 1000명, 7800달러), 그레나다(10만 7000명, 1만 400달러), 몬세라트(5000명, 1만 2300달러), 세인트키츠네비스(5만 5000명, 1만 7400달러), 세인트루시아(17만 5000명, 9600달러), 세인트빈센트그레나딘(11만 명, 7100달러), 앵귈라(1만 5000명, 2만 2100달러) 등 8개 나라의 통화정책을 통합해서 관장하고 있다. 이 지역 인구는 63만 명 정도다.

ECCB에 따르면 이 디지털 화폐는 현지에서 사용되는 EC 달러(XCD)의 디지털 버전(DXCD)으로, 스마트폰을 이용한 개인간 거래에서 사용될 수 있게 개발될 예정이다. 이는 또 은행 뿐 아니라 비은행 금융 회사를 통해서도 배포될 계획이다. ECCB는 홈페이지에서 "세인트키츠네비스에서 한 개인이 DXCD를 안전하게 그레나다에 있는 친구에게 몇 초 안에 보낼 수 있게 된다"고 설명하고 있다.

티모시 앤토인(Antoine) ECCB 총재는 "이는 학술적인 연습이 아니다"라며 "디지털 EC 달러는 세계 최초의 디지털 법정 화폐가 될 뿐만 아니라, 이 시범 프로젝트는 궁극적으로 일반 대중에게 발행되는 단계의 CBDC 개발을 생생하게 보여줄 것"이라고 했다. 앤토인 총재는 "동카리브해 지역의 현금 사용을 50%까지 줄이고, 금융 안정을 증진시킬 뿐 아니라 회원국의 성장과 개발을 촉진할 것이다"며 "우리가 사업을 하는 방식의 게임 체인저가 될 것이다"라고 덧붙였다.

남태평양 한 가운데 있는 마셜제도도 디지털 화폐 발행을 선언했다. 마셜제도는 2018년 2월 소버린(Sovereign), 또는 약자로 'SOV'란 이름의 암호화폐를 법정 통화로 도입하겠다는 법안을 통과시켰다. 법안에 따르면 SOV는 모두 2400만개를 발행해, 이 중 10%인 240만개는 주민에게 무상 분배된다. 마셜제도는 기존에 미국 달러를 쓰고 있었는데, 여기서 벗어나기 위해 블록체인 기반의 디지털 화폐를 국가 법정 화폐로 도입하겠다는 것이다. 2019년 9월 싱가포르에서 열린 한 컨퍼런스에서 당시 마셜제도의 데이비드 폴 환경 장관은 "블록체인 기술을 가지고, 우리는 우리 자신의 법정 화폐를 만들 기회를 얻었다고 생각한다"고 설명하기도 했다. 마셜제도는 29개의 환초^atoll과 5개 섬으로 구성돼 있다. 인구는 7만 5000명으로 추정된다.

하지만 마셜제도의 사정은 복잡하다. 마셜제도는 2차 대전 후에 미국이 핵실험을 하던 곳이다. 비키니 환초^Vikini Atoll 등에서 67차례의 핵실험을 실시했다. 미국은 핵실험이 끝난 후 1975년 마셜제도를 독립시켰지만, 통화는 미국 달러를 썼다. 또 나라 경제와 재정은 상당부분 미국에 의존한다. 핵실험에 대한 보상금과 미군기지 사용료로 먹고 사는 것이다. 하지만 연간 6000만 달러였던 보상금은 2023년부터 절반 수준으로 줄어들 예정이다. 이에 경제의 독립성을 강화하고 새로운 자금원을 찾기 위한 노력의 일환으로 디지털 화폐도 고려하는 것으로 보인다.

이런 마셜제도의 계획에 IMF는 우려를 표명하면서 디지털 화폐발행 계획을 "심각하게 다시 고려할 것"을 요구하고 있다. IMF는 2018년 마셜 제도의 디지털 화폐 발행 계획에 대해 "암호화폐를 법정 화폐로 도입하는 것은 득보다 실이 많을 수 있다"는 결론을 내렸다. 현재 마셜제도의 국내 은행 중 미국과 외국환 거래은행 서비스^correspondent banking relationship를 하는 곳도 단 한 곳뿐이다. 그런데 마셜제도가 암호화폐를 법정 통화로 도입하면 미국 은행들이 마셜제도 금융 기관과 관계를 끊을 수밖에 없다는 지적이다. 미국은 자금세탁 관련 규정을 강화하고 있는데, 마셜제도가 아주 엄격한 자금세탁 방지 규제를 시행하지 않는 한 계속 그 관계를 이어가기는 어렵다는 것이다. 결국 암호화폐를 도입하게 되면 마셜제도는 그나마 미국과 이어진 금융시장의 끈이 끊어질 우려가 크고, 전 세계 금융시장에서 더욱 소외된다는 결론이다.

지금까지 우리는 중앙은행 디지털 화폐의 개념과 시범 프로젝트를 수행한 경우만 살펴봤다. 그래서 실행한 적이 없는 가상의 정책이라고 생각하기 쉽다. 하지만 실제로 중앙은행 디지털 화폐를 발행해서 국민들에게 사용하게 했던 나라가 있다. 남미의 에콰도르다. 그러나 지금은 사용하지 않는데, '실패 사례'이기 때문이다.

에콰도르는 통화 정책과 관련해서 상상 속에만 존재할 것 같은 '달러화dollarization' 실험을 하는 나라이기도 하다. 달러화란 한 나라에서 사용하는 자국 화폐를 폐지하고 달러를 사용하는 것이다. 암시장에서 달러가 통용되는 나라는 생각해 봄직 하지만, '아예 정부와 중앙은행이 자국의 화폐를 폐지하고 달러를 사용하라고 하다니'라고 여겨질 일이 실제 에콰도르에선 일어났다. 에콰도르의 중앙은행 디지털 화폐 도입도 달러화와 연결돼 있다.

먼저 에콰도르의 달러라이제이션을 알아보자. 에콰도르는 2000년 달러화를 결정했다. 이전까지 에콰도르는 자국 화폐인 수크레sucre를 썼다. 하지만 통화 관리 부실과 1998년 아시아 금융 위기에 이은 1999년 경제 위기가 겹치면서 2000년 물가상승률이 96.1%에 달하는 하이퍼인플레이션이 발생하자, 고육지책으로 2000년 3월 미국 달러를 그대로 국내 법정 화폐로 쓰기로 하면서 물가를 잡기 시작했다.[79] 당시 2만 5000수크레 당 1달러로 환산해서 모든 국내 금융 자산을 달러로 표기했다. 대신 2000년 9월부터 수크레 지폐는 발행을 중지했고, 에콰도르 중앙은행은 역시 수크레 지폐를 2001년 3월까지 2만 5000수크레 당 1달러로 바꿔줬다. 에콰도르의 국내 모든 거래를 달러 기반으로 하게 한 것이다.

물가가 잡히자 에콰도르는 다시 자국 통화를 발행할 길을 찾지만, 이미 국민들은 미국 달러로 물가가 잡혔다는 신뢰 때문에 자국 통화로 복귀에 데 부정적이었다. 이에 만들어낸 아이디어가 디지털 화폐를 발행하는 것이다. 디지털 화폐란 명목으로 자국 통화를 만들면 국민들이 달러를 버리고 자국 통화로 다시 돌아올 것이란 기대였다.

2014년 당시 라파엘 꼬레아Correa 대통령은 에콰도르 중앙은행이 '디네로 엘렉트로니꼬dinero electronico'라는 디지털 화폐를 발행할 것이라고 발표했다. 방식은 사용자들이 중앙은행에 계좌를 열고 모바일 폰의 앱을 통해 디지털 화폐를 거래하는 방식이었다. 중앙은행이 사용자들의 계좌를 집중해서 관리하는 계좌형 방식으로 분산원장 방식은 아니었다. 이

....

79 에콰도르의 연간 물가 상승률은 2001년 37.7%, 2002년 12.5%, 2003년 7.9%, 2004년 2.7%, 2005년 2.2% 등으로 해가 갈수록 안정됐다.

를 위해 필요한 입법은 같은 해 9월 의회를 통과했다. 2015년 2월부터 실제 사용할 수 있게 됐다. 당시 미국의 CNBC방송은 "에콰도르가 전 세계에서 처음으로 디지털 현금을 출시했다"고 전했다.

하지만 3년도 안 돼서 에콰도르의 중앙은행 디지털 화폐 시스템은 문을 닫았다. 2017년 12월 당시 대통령인 레닌 모레노Moreno는 의회에 중앙은행 전자 화폐 시스템을 폐지하는 입법을 통과시켜 달라고 촉구했다. 모레노 대통령은 전임 꼬레아 대통령이 직접 후계자로 지목한 사람이었지만, 중앙은행이 디네로를 운영하는 것을 중단하는 결정을 했다. 이후 국가 디지털 화폐 시스템을 민간으로 이전하는 법이 통과됐다. 중앙은행에 디지털 화폐 계좌를 가진 이용자들은 2018년 3월 말까지 돈을 찾아가도록 했고, 4월 중순 중앙은행 디지털 화폐 시스템은 작동을 멈췄다.

에콰도르의 중앙은행 디지털 화폐 계좌가 정점이었을 때 1130만 달러에 해당하는 돈이 계좌에 있었다. 이는 에콰도르의 협의 통화량M1인 245억 달러의 0.05%도 되지 않았다.[80] 또 하루 평균 거래 건수는 1100건에 불과했다. 3년 동안 시스템이 처리한 전체 금액은 6500만 달러어치에 불과했다. 에콰도르 중앙은행에 따르면, 이 시스템을 이용하기 위해 중앙은행에 계좌를 연 개인이나 기업은 40만 2515건이나 됐지만, 4만 1966건이 상품이나 서비스 거래에 이 시스템을 사용했다. 7만 6105건은 자금을 업로드하거나 다운로드했다. 아무런 활동도 하지 않은 경우가 71%인 28만 6207건에 달했다. 2014년 말 중앙은행 디지털 화폐를 준비할 때만 하더라도 에콰도르 정부는 "2015년이면 50만 명의 개인들이 이

----

80 Lawrence White(2018).

용할 것"이라고 했지만 실제 이용률은 현저하게 낮았던 것이다.

이렇게 에콰도르의 중앙은행 디지털 화폐 시스템이 실패한 데는 에콰도르 정부와 중앙은행이 화폐 가치를 지켜줄 것이라는 신뢰가 낮았기 때문으로 분석된다. 당시 에콰도르는 앞에서 설명했듯이 미국 달러에 대한 신뢰가 높아 미국 달러를 국가 화폐로 사용하고 있었다. 즉, 달러라이제이션 중이었다. 따라서 실생활에 주로 사용하는 디지털 머니인 은행 예금도 미국 달러로 표기되고 있었다. 그런데 정부와 중앙은행이 '디네로'라는 법정 디지털 화폐를 내놓은 것이다. 에콰도르의 꼬레아 대통령 정부 재정은 2008년 글로벌 금융위기 때 달러 표시 정부 부채에 대해 사실상 디폴트 선언을 할 정도로 취약했다. 하지만 에콰도르 민간 은행들은 건실했다. 이에 에콰도르의 가계와 기업은 2014~2017년 중앙은행 디지털 화폐인 '디네로'가 나왔을 때, 디네로보다 민간 은행에 들어 있는 미국 달러를 더 신뢰했던 것이다. 일반적으로 중앙은행 디지털 화폐가 은행 예금보다 우월하다고 본다. 왜냐하면 중앙은행은 파산하지 않지만 민간 은행은 파산할 위험성이 있기 때문이다. 하지만 에콰도르에서 실제 국민들은 이와 달리 민간 은행들이 중앙은행보다 더 파산 위험성이 없다고 본 것이다.

에콰도르 사례에서 중앙은행 디지털 화폐 도입이 성공하려면 정부와 중앙은행이 화폐 가치를 떨어뜨리지 않고 잘 관리할 수 있다는 믿음을 국민들에게 줘야 한다는 교훈을 얻을 수 있다.

거액 결제용 디지털 코인
개발하는 캐나다, 싱가포르

이제까지는 주로 개인 간에 쓸 수 있는 소매형 중앙은행 디지털 화폐를 발행하려고 하거나 발행한 나라들에 대해 살펴봤다. 그런데 이와 다른 방향으로 디지털 화폐를 개발하는 중앙은행들이 있다. 은행 간 거액 결제 거래에서 쓰이는 도매형 중앙은행 디지털 화폐를 개발하려는 흐름이다. 이미 캐나다와 싱가포르 등은 2016년부터 이 같은 중앙은행 디지털 화폐 기술을 개발하기 시작해, 국가 간 거래에까지 테스트를 마쳤다. 다만, 은행 간 거액 결제 거래에는 이미 화폐가 디지털화돼 있다는 것을 유념해야 한다. 은행들은 이미 중앙은행에 거액의 디지털화된 지급준비금을 맡겨 놓고 은행 간 거액 자금 정산을 할 때 이 지급준비금을 사용해서 거래한다.

캐나다나 싱가포르 중앙은행들이 테스트하는 기술은 이미 디지털화된 중앙은행 화폐를 다시 디지털화하려는 건 아니다. 비트코인, 이더리움 등 암호화폐에서 쓰이는 블록체인 기술, 즉 분산원장 기술Distributed Ledger Technology, DLT을 은행 간이나 금융회사 간 거액 결제에 사용하는 것을 따져 보는 것이다. 흥미로운 것은 이들은 디지털 코인(동전) 방식으로 중앙은행 디지털 화폐를 만들어 거래하는 테스트를 했다는 것이다. 이미 은행들은 중앙은행에 계좌를 만들어 거래하고 있기 때문에, 계좌형과는 다른 코인 방식을 실험했던 것으로 보인다.

캐나다중앙은행은 2016년 3월부터 '재스퍼Japser 프로젝트'라고 이름 붙인 도매형 중앙은행 디지털 화폐 테스트를 진행했다.[81] 재스퍼는 캐나다 서부 앨버타주에 있는 유명한 국립공원의 이름이기도 하고, '금고지기'란 뜻을 갖고 있다. 캐나다중앙은행은 캐나다 달러와 1대1로 교환되는 개념으로 디지털 코인인 '캐드코인CADcoin'을 만들었다. 여기서 CAD는 캐나다 달러Canadian Dollar, coin은 단어 그대로 코인(동전)을 뜻한다. 물론 디지털 형태로 만들어지기 때문에 실제 실물이 존재하는 것은 아니다. 캐드코인이란 이름의 디지털 캐나다 달러가 클릭 한번으로 만들어지는 것이다. 그리고 캐나다중앙은행과 캐나다결제협회, 캐나다 6대 은행, 그리고 분산원장 기술 기업인 R3가 분산원장 기술을 활용해 은행 간 결제시스템을 만들었다.

실제 은행이 중앙은행에 예치한 지급준비금을 가지고 한 실험은 다음과 같다. 업무 개시 시간에 맞춰 지급준비금 중 일부를 떼서 캐드코인으로 만든 후 개별 은행들이 이 실험을 위해 만든 디지털 지갑에 넣어준다.

....

81 캐나다와 싱가포르의 사례는 이명활(2019)을 주로 참고했다.

그리고 이 코인을 이용해서 은행 간 결제에 사용하고 하루 업무가 종료되면 캐드코인을 회수해서 파기하고 거래량을 따져서 지급준비금에 넣어줬다. 매일 은행 업무 마감 때 점검하는 하루 통화량에는 영향을 미치지 않도록 한 것이다. 방식은 은행 간 거래지만, 확대하면 개인 간 거래에도 활용할 수 있는 방식이다. 중앙은행이 디지털 코인을 만들어 각 개인의 디지털 지갑에 넣어주면, 개인들은 상점에서 물건을 살 때나 송금을할 때 등에 사용을 할 수 있는 것이다. 처음엔 은행 간 결제에만 테스트하다가 캐나다중앙은행은 은행뿐만 아니라 토론토 증권거래소와 증권청산 결제에도 사용할 수 있는지 이런 방식을 테스트했다. 캐나다중앙은행은 싱가포르, 영국과는 캐드코인을 외환 결제에도 사용할 수 있는 테스트하고 있다.

캐나다중앙은행은 2020년 2월 비상 계획으로 중앙은행 디지털 화폐를 쓸 수 있도록 준비하고 있다고 밝히기도 했다. 캐나다중앙은행은 첫째, 실물 화폐 사용이 줄거나 사라지는 경우와 둘째, 결제 수단으로 민간 암호화폐나 스테이블 코인(달러 등 담보가 뒷받침돼 안정적인 디지털 화폐) 등이 광범위하게 사용될 때를 대비해서 비상 계획을 준비한다고 했다. 여차하면 일반 국민들도 쓸 수 있는 방식으로 준비할 수 있다는 것이다.

싱가포르중앙은행인 MAS도 2016년 11월부터 거액 결제용 중앙은행 디지털 화폐를 테스트하는 '우빈Ubin 프로젝트'를 진행하고 있다. 우빈은 싱가포르 북동쪽 말레이시아와 접경 지역에 있는 작은 섬 이름이다. 캐나다의 재스퍼 프로젝트에 자극을 받아 시작한 프로젝트라서 개념은 재스퍼 프로젝트와 비슷하다. 또 캐나다와 분산원장 기술을 활용한 외환 결제 시스템 테스트를 중앙은행 디지털 화폐를 활용해서 진행하는 등 두 나라 사이의 협력도 공고하게 진행되고 있다.

싱가포르 중앙은행은 '디지털 싱가포르 달러DSG'라는 이름의 디지털 코인을 만들고 이를 금융회사 간의 거액 결제에 사용하는 방식을 테스트했다. 하루 중 은행 영업시간 안에 모든 프로세스가 끝나는 캐나다와 달리, 싱가포르는 24시간 결제가 가능한지 테스트했다. 금융회사들은 영업시간 이외에도 '디지털 싱가포르 달러'를 보관하고, 하루를 넘겨 보관할 수도 있었다. 또 초기부터 싱가포르 은행연합회, 거래소, 싱가포르 은행들뿐만 아니라 JP모건, 뱅크오브아메리카BOA, HSBC 등 글로벌 은행들을 참여시켰다. 싱가포르가 아시아 금융 허브인 만큼, 싱가포르 내 은행 간 거액 자금 결제뿐만이 아니라 외환 거액 결제도 가능한지 테스트해 보겠다는 것이다. 싱가포르는 캐나다중앙은행, 영국 중앙은행인 잉글랜드은행과 함께 외환 동시 결제 시스템에 대한 연구도 진행했다. 싱가포르는 블록체인 기술 기업으로는 캐나다와 마찬가지로 분산원장 기술 기업 R3와 손을 잡고 프로젝트를 진행했다.

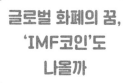

글로벌 화폐의 꿈,
'IMF코인'도
나올까

'비트코인은 잊어라. IMF코인을 들어 본 적 있나.' 지난 2017년 10월 5일 다소 도전적인 제목의 기사가 월스트리트저널에 실렸다.[82] IMF코인coin은 IMF가 발행하는 동전(코인)이란 뜻이다. 여기서는 글자 그대로의 동전이 아니라 암호화폐인 비트코인과 같은 형태의 디지털 코인을 뜻한다. 월스트리트저널은 "IMF 수장이 화폐의 미래에 대해서 들려주면서, (IMF코인이) 세계 금융 시스템의 수호자로 나설 수 있는 괜찮은 기회가 있다고 했다"고 덧붙였다. 당시 IMF 총재였던 크리스틴 라가르드Lagarde 현 유럽중앙은행 총재는 잉글랜드은행 포럼에서 이와 관련해 한 마디를 던졌다. 그런데 그 한 마디 말을 듣고 'IMF코인' 가능성을 제기한 것

82 "Forget Bitcoin, Have You Heard of IMFcoin?", *Wall Street Journal*, 5 Oct. 2017.

이다. 라가르드는 '중앙은행과 핀테크-멋진 신세계인가'란 주제로 연설을 하면서 "IMF는 새로운 참가자를 테이블에 불러오는 변화에 대해 개방적이다. SDR의 디지털 버전에 새로운 역할을 맡기는 걸 검토하겠다"고 했다.[83] 디지털 버전의 SDR이 글로벌 경제와 금융 안정, 글로벌 결제의 안전성, 금융 인프라 등을 위해 수행할 수 있는 역할을 찾아보겠다는 것이다. 이 역할은 현재 글로벌 무대에서 '제1의 기축통화'인 달러가 맡고 있다. 라가르드는 SDR이 현존하는 국제 통화들을 대체할 수 있을지는 '물음표'라고 했지만, "터무니없는 가설은 아니다"고 했다. 《월스트리트 저널》은 라가르드가 언급한 'SDR의 디지털 버전'을 'IMF코인'으로 포장한 것이다.

IMF의 SDR은 화폐는 아니다. 말 그대로 특별한 권리이다. 각국 중앙은행의 자산으로 분류된다. IMF가 회원국에 외환보유액으로 갖고 있을 수 있도록 분배한다. 각국 중앙은행만이 보유할 수 있으며, 거래도 각국 중앙은행들끼리만 할 수 있다. IMF가 분배할 때는 SDR은 회계 장부상에만 있지만, 외환위기 가능성이 있으면 실제 거래를 하기도 한다. 그래서 '종이 금paper gold'이라고도 불린다. 각국 중앙은행은 외환이 부족할 때 갖고 있는 SDR로 다른 나라에 그대로 지불할 수 있고, SDR을 달러로 바꿔서 줄 수도 있다. SDR을 달러로 바꿀 수 있는 것은 그 가치가 IMF가 정한 '5대 기축통화'로 뒷받침되고 있어서, 달러로 환산한 가치를 알수 있기 때문이다. SDR의 구성비는 미국 달러 41.73%, 유로 30.93%, 중국 위안화 10.92%, 일본 엔화 8.33%, 영국 파운드화 8.09%이다. SDR과

....

83 Christine Lagarde(2017).

SDR의 구성 비율

단위: %

통화	미국 달러	유로	중국 위안화	일본 엔화	영국 파운드화
구성비	41.73	30.93	10.92	8.33	8.09

출처: IMF

달러의 교환 비율은 IMF가 매일 고시하는데, 2020년 9월 현재 1SDR은 1.4달러 정도 한다. 현재까지 IMF 회원국에 분배된 SDR은 2042억 SDR로, 달러 가치로는 2860억 달러 정도 된다. 전 세계 외환보유액이 전부 다 해서 약 12조 달러인 것과 비교하면 2.4% 밖에 안 된다. 또 외환 위기에 몰린 국가나 사용하기 때문에 평소에는 거의 사용되지 않는다고 보면 된다.

그런데 당시 라가르드 IMF 총재는 SDR이 언젠가는 '글로벌 화폐'로 사용될 가능성을 얘기한 것이다. 미국이 아닌 나라의 정책 담당자라면, "왜 글로벌 무역과 금융에 사용되는 돈이 미국 달러여야 하나"란 고민을 할 수밖에 없다. 달러와는 다르게 가치가 안정적으로 유지되는 '글로벌 화폐'가 있다면, 환전 리스크도 사라지고 나라 별로 다른 외환 규제도 신경 쓰지 않고 상품과 서비스를 사고팔 수 있기 때문이다. 글로벌 1위 소셜 미디어인 페이스북이 2019년 6월 단일한 글로벌 화폐 역할을 할 '리브라' 구상을 발표한 이유도 마찬가지다. 26억 명에 달하는 페이스북 이용자가 환전이나 규제를 신경 쓰지 않고 네트워크 내에서 쓸 수 있는 화폐가 필요했던 것이다. 리브라는 SDR과 마찬가지로 미국 달러, 유로, 일본 엔화 등 주요국 통화로 가치가 뒷받침되는 '스테이블 코인' 형태로 만들겠다고 했다. 이 같은 글로벌 화폐 개념은 1944년 '브레튼우즈 협상' 때 케인스Keynes가 제기했던 '방코르Bancor'라는 글로벌 화폐를 새로 만들자는 아이디어와 크게 다르지 않아 보인다.

하지만 'IMF코인'이란 별명이 붙었던 라가르드의 'SDR 디지털 버전' 아이디어는 이후 더 이상은 구체적으로 진전된 모습을 보이지 않고 있다. 더구나 라가르드는 2019년 11월 유럽중앙은행 총재로 자리를 옮겼다. 이후 간혹 'eSDR(전자SDR)', 'dSDR(디지털SDR)' 등의 용어로 포장돼서 논의가 진행되고는 있다.

SDR을 '글로벌 화폐'로 사용하자는 아이디어는 미국 달러 패권의 지속 가능성과 맞물려 있다. 아직은 글로벌 통화 시스템에서 달러 패권이 우세한 데 굳이 SDR 얘기를 꺼낼 이유는 없어 보인다. 하지만 점차 달러의 글로벌 화폐로서의 패권이 약화되면 계속해서 등장할 아이디어이기는 하다. 특히 달러 이후에 위안화가 '제1 기축통화'로 등장하는 걸 우려하는 서구 사회에서 대안으로 SDR을 들고 나올 가능성이 있다. 중국도 글로벌 금융위기 직후인 2009년 3월 23일 저우샤오촨 당시 중국인민은행 총재가 "국제 금융 시스템을 개혁하기 위해선 개별 국가와 연계가 없는 국제 기축 통화를 만들어야 한다"며 "이를 위해 SDR에 더 큰 역할을 부여해야 한다"고 주장을 하고 나선 적이 있는 등 SDR에 우호적이다.[84] 글로벌 화폐 역할을 SDR에 맡기는 데 서구나 중국의 반대가 없을 것이란 얘기다.

'SDR의 디지털 버전'에 대해선 라가르드가 언급한 이후에 IMF 자문 그룹이나 IMF 간부 등을 통해서 계속해서 언급되고는 있다. 실은 라가

84 "China calls for new reserve currency", *Financial Times*, 23 Mar. 2009.

르드의 'SDR의 디지털 버전'이란 아이디어는 IMF가 당시 SDR의 글로벌 금융 시스템 안에서 역할을 확대해보겠다는 검토를 하고 있는 것과 맞물려 있었다. IMF는 2016년 10월 외부 전문가 그룹을 초빙해서 SDR의 역할 확대를 검토하는 역할을 맡겼다. 그중 한 명이 콜롬비아 재무장관 출신으로 국제 금융계에서 신흥국을 대표하는 목소리를 내고 있는 호세 안토니오 오캄포Ocampo 컬럼비아대 교수이다. 오캄포는 2019년 12월 IMF에서 발간하는 잡지인 《금융과 개발Finance & Development》 기고에서 "가상virtual SDR은 민간 거래에서 SDR의 이용을 가능하게 하고, 중앙은행이 뒷받침하는 국가나 지역 암호화폐와 더불어 사용되는 글로벌 암호화폐가 될 수 있다"고 했다.[85] 가상 SDR은 변동성이 심한 암호화폐나 각국이 규제하려고 하는 페이스북의 리브라보다 선호될 것이라고 했다. SDR은 5대 기축통화와 연동돼 있어 가치가 안정돼 있다는 게 이미 증명돼 있고, 국제금융기구인 IMF가 발행하면 각국이 규제할 이유가 없을 것이기 때문이다. 오캄포가 얘기하는 가상 SDR은 라가르드가 말한 'SDR의 디지털 버전'을 가리키는 것으로 해석된다.

한편 토비아스 애드리안Adrian IMF 통화자본시장국장은 2019년 5월 스위스 중앙은행과 IMF의 공동 컨퍼런스에서 'eSDR' 등을 언급했다. 애드리안 국장은 당시 국경 간 거래를 사례로 들면서 "각국 통화의 바스켓(구성)과 1대1 대응이 되면서 중앙은행 간 결제를 완결시키는 새로운 e-머니가 탄생한다면 어떻게 될까"라는 질문을 던졌다. 그는 "이를 일부에서 'eSDR'이나 'dSDR'이라고 부르기도 한다"고 덧붙였다. '5대 기축통화'

....

85 Jose Antonio Ocampo, "The SDR's Time Has Come", *Finance & Development*, Dec. 2019.

의 바스켓인 SDR은 중앙은행 간 거래에서만 사용될 수 있는데, 이를 국경 간 결제를 연결해 주는데 사용하면 어떤가라는 얘기였다.

디지털 달러, 디지털 위안화 등 중앙은행 디지털 화폐가 실제 무대 위에 등장하게 되면 '글로벌 화폐'는 어떤 게 돼야 하느냐는 논쟁이 불붙을 가능성이 있다. 각국이 국제 거래에서 디지털 달러를 선호하는 디지털 달러라이제이션digital dollarization이 심화될 수도 있다. 디지털 위안화가 선점 효과를 누리면서 글로벌 디지털 머니의 선두로 치고 나갈 가능성도 있다. 아니면 페이스북의 리브라와 같은 민간 코인들이 등장해 글로벌 결제 영역을 확대해 나갈 수도 있다. 글로벌 화폐를 지향하는 SDR을 본딴 민간 코인들이 등장할 수도 있다. 수많은 각국의 중앙은행 디지털 화폐나 민간 글로벌 화폐가 등장해서 혼란이 벌어지면 어쩌면 IMF가 주도해서 'IMF코인'을 만들지도 모른다. 각국 중앙은행들이 공조에 나서 마크 카니 전 잉글랜드은행 총재가 제시했던 각국 중앙은행 디지털 화폐의 네트워크와 같은 '연합 중앙은행 디지털 화폐'를 글로벌 화폐로 고안할 지도 모르겠다. 아직 가능성은 낮아 보이지만, '디지털 원화'가 혁신적인 형태로 개발된다면 글로벌 디지털 화폐 영역도 노려볼 만하다. 디지털 시대의 글로벌 화폐는 아직은 밑그림을 위한 스케치만이 무성한 상태나 다름없다. 누가 새로운 그림을 그릴지 주목된다.

5장

한국의 선택,
디지털 원화

코로나 사태가 한창이던 2020년 4월 6일 한국은행은 "중앙은행 디지털 화폐 파일럿 테스트를 추진 하겠다"는 내용의 자료를 발표했다.[86] 파일럿(시범 운영) 테스트를 하겠다는 것은 우리나라에서 중앙은행 디지털 화폐, 즉 '디지털 원화' 발행이 가능한지 구현 기술, 운영 방식, 법률적 문제 등을 검토하고 제한된 환경에서 실제로 실험해보겠다는 것이다. 미국과 중국에서 진행되고 있는 '디지털 달러' '디지털 위안화' 등에 대한 논의를 보고만 있지는 않겠다는 의미가 깔려 있다. 한은은 2021년 12월까지 파일럿 테스트 준비를 마치고 테스트에 들어가겠다는 일정까지 덧붙여 밝혔다.

....

86 "한국은행, 중앙은행 디지털화폐(CBDC) 파일럿 테스트 추진", 한국은행, 2020년 4월 6일.

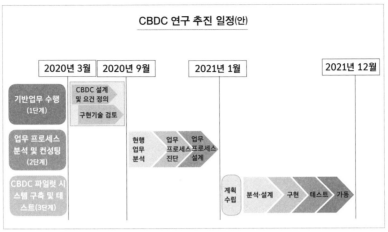

출처: 한국은행

이런 발표가 나오기 전날 한은은 '코로나19 확산이 최근 주요국 지급 수단에 미친 영향'이란 자료도 냈다.[87] 이 자료에선 "코로나19 확산이 디 지털 화폐 및 CBDC 발행을 앞당기는 촉매제가 될 것이라는 전망이 확 산되고 있다"고 평가했다.

한은은 2018년 1월 부총재보가 의장을 맡는 '가상통화 및 CBDC 공 동연구 TF'를 출범시키는 등 중앙은행 디지털 화폐에 대한 연구를 하 고 있었지만, 내부적으로는 굳이 우리나라가 '디지털 원화' 발행을 서 두를 필요가 없다는 입장이었다. 하지만 코로나 사태 와중에 글로벌 중 앙은행들이 중앙은행 디지털 화폐 발행을 적극적으로 검토하는 쪽으 로 분위기가 바뀌면서 한은도 파일럿 테스트 준비에 나서겠다고 공개하 고 나선 것이다. 한은은 "여전히 존재하는 현금 수요, 경쟁적 지급서비스

87 "코로나19 확산이 최근 주요국 지급수단에 미친 영향", 한국은행, 2020년 4월 5일.

시장, 높은 금융포용 수준 등을 고려할 때 (국내에서) 가까운 시일 내에 CBDC를 발행할 필요성은 크지 않다"는 단서를 달기는 했다. 하지만 미국, 중국 등 주요국이 중앙은행 디지털 화폐를 발행하고, 페이스북 등도 리브라와 같은 디지털 화폐를 발행하는 일이 벌어진다면 '디지털 원화'의 발행은 불가피하게 될 것이다. '가까운 시일 내에 필요성이 없다'는 단서를 달았지만 한은이 움직여야 하는 시점은 순식간에 도래할 수 있다. 코로나 사태 이후 최근 변화하는 글로벌 환경은 예측하기 어렵기 때문이다. 이주열 한은 총재는 2020년 6월 12일 한은 창립 70주년을 맞는 기념사에서 "이번 위기에서 중앙은행이 '크라이시스 파이터crisis fighter'로서 보다 적극적으로 나서야 한다는 주장도 힘을 얻고 있다"면서 디지털 원화에 관해선 "현재 진행 중인 중앙은행 디지털 화폐에 대한 연구·개발을 계획대로 추진해야 하겠다"라고 했다.

한은이 적극적인 행보로 태도를 바꾸게 된 데는 글로벌 중앙은행들이 중앙은행 디지털 화폐에 대한 태도가 바뀐 것도 영향을 미쳤다. 한은은 "가까운 장래에 CBDC 발행 계획이 없다고 밝혔던 미국, 일본 등도 관련 연구를 강화하겠다는 입장으로 선회했다"고 했다. 미국, 일본 등 주요국이 중앙은행 디지털 화폐 연구를 강화하면서 준비 태세를 바꾸자, 우리도 이와 발맞춰 나가겠다는 것이다. 미국, 일본이 입장을 바꾼 것은 2019년 6월 글로벌 소셜미디어 기업 페이스북이 글로벌 디지털 통화로 리브라를 발행하겠다는 계획을 발표한 것과 2020년 들어 중국이 디지털 위안화를 실제 테스트하겠다고 나온 데 영향 받은 것이다. 한은은 이런 분위기에서 앞서서 나가지는 않겠지만 남보다는 뒤처지지 않겠다는 전형적인 한은의 태도를 보이고 있다.

세계 중앙은행들의 중앙은행으로 불리는 BIS의 2019년 조사에서 세계 중앙은행의 80% 이상이 연구, 실험, 개발, 테스트 등 중앙은행 디지털 화폐 관련 업무를 수행하고 있다고 답했다.[88] 이는 앞선 2018년 조사에서 70% 수준이었는데 이보다 늘어난 것이다. 2019년 조사에서는 3년 이내에 개인들이 사용할 수 있는 범용 중앙은행 디지털 화폐를 발행할 가능성이 있다고 답한 중앙은행 비율도 10%에 달했다. 이 비율은 2018년에는 5% 수준이었다. 2020년 1월 21일에는 캐나다, 영국, 일본, 유럽, 스웨덴, 스위스 등 6개 중앙은행이 중앙은행 디지털 화폐 연구 그룹을 구성하기도 했다. 미국은 공식적으로 이 연구그룹에 참여하지는 않지만 연구 결과를 거의 실시간으로 공유하고 있는 것으로 알려져 있다.

한국에서 중앙은행 디지털 화폐를 발행하기 위해서는 디지털 기술과 시스템을 준비하는 것도 필요하지만 법률적인 걸림돌이 없는지도 검토해야 한다. 한은은 2020년 6월 디지털 원화를 발행하게 되면 생길 수 있는 법적 이슈 등을 검토하기 위해 법률 자문단도 발족시켰다. 디지털 원화를 발행하게 되면 '한국은행법' 등에서 문제가 될 수 있는 지점에는 세 가지 정도가 있다.

우선 법적으로 한은이 디지털 화폐를 발행할 수 있느냐는 것이다. 한국은행법에는 한은이 정부의 승인을 받아 '어떠한 규격·모양 및 권종의 한국은행권·주화'도 발행할 수 있다고 돼 있다. 그런데 디지털 화폐가 '어떠한 규격·모양'에 해당하는지 논란이 있을 수 있다. 법에 한은이 디지털 화폐를 발행할 수 있다고 명확하게 규정할 필요가 있는 것이다.

....

88 "Impending arrival-a sequel to the survey on central bank digital currency", *BIS Papers No 107*, Jan. 2020.

둘째, 중앙은행 디지털 화폐를 발행하면 중앙은행이 개인이나 기업과 직접 거래할 필요가 있는데, 이것이 법률적으로 가능한지의 문제다. 한국은행법에는 한국은행과 민간과의 거래를 금지하고 있기 때문이다. 한은이 디지털 화폐를 직접 운영하지 않고 은행에 맡겨서 민간과 거래를 금지하는 법 조항을 우회할 수도 있지만, 역시 논란을 피하기 위해서는 법 조항을 명확하게 할 필요가 있다.

셋째, 마이너스(-) 금리 정책을 펼 수 있느냐는 문제다. 중앙은행 디지털 화폐가 통화 정책에 있어서 큰 의미를 갖는 것은 저성장기에 마이너스 금리 정책으로 경기를 부양할 수 있다는 점이다. 하지만 일부 학자들은 개인이나 기업이 보유한 디지털 원화에 마이너스 금리를 부과해서 디지털 원화 보유 잔액을 감소시키는 경우 헌법 상 기본권인 재산권이 침해된다고 주장하고 있다. 헌법 상 기본권이라고 해도 법률로 제한할 수 있기 때문에 논란을 없애기 위해선 법에 마이너스 금리를 부과할 수 있는 규정을 만들어야 한다는 것이다.

긴급재난지원금은 '디지털 원화' 실험?

코로나 사태에 대응하기 위해 우리나라 정부는 2020년 5월 사상 처음으로 전 국민을 대상으로 긴급재난지원금을 지급했다. 같은 해 9월 2차 긴급재난지원금을 지급하기로 했지만, 앞서와 달리 취약계층만 선별적으로 주기로 했다. 일각에서는 긴급재난지원금이 누구에게나 아무런 조건 없이 정기적으로 지급하는 '기본소득'의 전 단계라고 보기도 한다. 그러나 이것은 누구나 사용할 수 있는 범용 '디지털 원화' 실험의 일종이라고 볼 수 있다.

한국의 1차 긴급재난지원금이 범용 중앙은행 디지털 화폐와 비슷한 것은 세 가지 측면에서다.

첫째, 모든 국민에게 지급했다. 당초 긴급재난지원금 논의에선 고소득자와 재산이 많은 상위 30%의 국민은 지급 대상에서 제외하려고 했다.

하지만 막바지 국회 논의 과정에서 소득 등을 따지지 않고 전 국민에 지급하는 것으로 결론이 났다. 대상은 전국의 2171만 가구 전부였다. 다만 가구원 수에 따라 가구당 지급액이 달라졌다. 1인 가구는 40만 원, 2인 가구 60만 원, 3인 가구 80만 원, 4인 가구 100만 원 식이다. 그렇게 해서 2171만 가구에 14조 2448억 원의 긴급재난지원금을 지급하기로 했다. 누구나 상점 등에 가서 개인간 거래에서 사용할 수 있다는 점에서 중앙은행 디지털 화폐와 같다고 볼 수 있다.

둘째, 비대면 즉시성이다. 긴급재난지원금 수령 통로로 카드를 선택한 경우 신청 이틀 후부터 사용이 가능했다. 카드에 긴급재난지원금 충전을 선택하면 가장 빠른 경우 카드사 홈페이지에서 5월 11일부터 온라인으로 신청할 수 있었는데, 포인트로 충전된 긴급재난지원금을 5월 13일부터 사용할 수 있었다. 긴급재난지원금 주무 부처인 행정안전부에 따르면 2020년 6월 7일 현재 신청 대상 2171만 가구 중 67.4%인 1463만 가구가 카드를 수령 통로로 선택했다. 이들은 비대면으로 신청했고, 즉시 사용 가능했다. 물론 여기에는 통로 역할을 맡은 카드사가 신청자에게 선지급하고, 이후에 정부 재정을 카드사가 받는 방식으로 구조를 짜서 재빠르게 지급했던 측면이 있다.

하지만 이것도 정부 재정이 준비돼 있었다면 즉시 지급이 가능했다는 점에서 우리나라 긴급재난지원금의 '비대면 즉시성' 의미를 크게 훼손하는 것은 아니라고 보인다. 미국에서 코로나 사태 이후 '디지털 달러' 논의가 나온 것은 재난 소득을 수표 등으로 지급하면 걸리는 시간이 길기 때문에 즉시 경기 부양 자금을 가계에 도달하기 위해서였는데 이런 문제점을 해결할 방법을 한국이 보여준 것이다. 한은의 2019년 지급수단 이용 형태 조사 결과에 따르면, 우리나라 사람들이 가장 많이 이용하는 지급 수단은 신용카드로 건수 기준 43.7%, 금액 기준 53.8%에 달한다. 이어 현금이 각각 26.3%, 17.4%를 차지했다. 현금 사용 비중은 세계적인 수준에서 낮은 편에 속한다. 긴급재난지원금 70% 가까이가 디지털 머니 형태로 통로는 카드를 이용해서 나간 것은 우리나라가 '현금 없는 사회'로 이처럼 진전해 있었기에 가능한 것이었다.

셋째, 돈에 프로그램이 가능하다는 점이다. 우리 정부는 긴급재난지원금의 사용 기간과 사용처를 제한했다. 사용 기한은 8월 31일까지다. 사용처에 대형마트, 백화점, 대형전자판매점, 온라인쇼핑몰, 유흥업소 등이 제외됐다. 이는 프로그램이 가능하고 필요한 경우 추적할 수 있다는 중앙은행 디지털 화폐의 특징을 그대로 살린 것이다. 사용 기간을 제한한다는 것은 그 기한이 지난 후에는 돈에 마이너스(-) 100%의 금리를 적용하는 셈이다. 경기부양을 위해 중앙은행 디지털 화폐를 지급한 후에 마이너스(-) 금리를 적용하는 것과 논리적으로는 차이가 없다고 볼 수 있다.

물론 우리 정부가 지급한 긴급재난지원금과 중앙은행 디지털 화폐는 지급 주체가 완전히 다르다는 가장 큰 차이가 있다. 긴급재난지원금은 중앙은행인 한은이 아닌 정부가 카드, 상품권 등 여러 통로를 통해서 지급한 것이다. 하지만 중앙은행 디지털 화폐는 중앙은행이 전 국민에게 계좌를 열어 주거나, 전 국민에게 중앙은행이 발행한 코인을 지급하는 방식이다. 그러나 만약 이번에 정부가 긴급재난지원금을 지급할 때 지급 통로에 한은을 거쳐 카드사에 지급되는 방식이 들어갔다면 사실상 중앙은행 디지털 화폐를 발행해 지급한 것이라고 볼 수 있었을 것이다.

'현금 없는 한국'은 상당히 빠른 속도로 진행 중이다. 영국의 데이터 분석 컨설팅업체인 글로벌데이터가 2020년 1월 발표한 '2022년 현금 없는 사회 선도국 전망' 자료에 따르면, 한국은 1위인 핀란드를 이어 2위에 올랐다.[89] 이어 노르웨이(3위), 스웨덴(4위), 중국(5위), 영국(6위), 호주(7위), 아일랜드(8위), 에스토니아(9위), 네덜란드(10위) 등의 순이었다. 글로벌데이터는 카드 사용 빈도, GDP 대비 전자 상거래액, 인터넷 뱅킹 이용률, 스마트폰 가입률 등의 지표를 종합해서 순위를 매겼다. 글로벌데이터는 "한국은 아시아의 현금 없는 사회의 챔피언이다"라고 했다. 중국이 알리페이, 위챗페이 등 각종 페이 서비스를 바탕으로 현금 없는 사회

89 "The Decade of Digital Money: 2022 Forecast for Leaders in Cashless", *GlobalData*, Jan. 2020.

한국에서 간편 결제의 성장

단위: 원, %

	2016년	2017년	2018년	2019년
간편 결제 이용액	255억	655억	1212억	1745억
카드 이용액	2조 2730억	2조 3950억	2조 5360억	2조 6700억
카드 대비 간편 결제 이용액 비율	1.1	2.7	4.8	6.5

로 빠르게 진행하고 있지만, 한국은 이미 전국에 현금 없는 사회 관련해 다양한 인프라가 잘 깔려 있다는 것이다.

한국은 그간 신용카드를 중심으로 현금 사용을 줄여왔지만, 최근에는 네이버페이, 카카오페이 등 '페이' 서비스가 새로운 현금 없는 사회로 가는 동력으로 떠오르고 있다. 이런 간편 결제 서비스 이용액은 2016년 하루 평균 255억 원에 불과했지만, 2019년에는 하루 1745억 원으로 7배 가까이 불어났다. 이는 카드 사용액 규모와 비교하면 급증하는 추세가 뚜렷하게 보인다. 2016년 신용카드 이용액은 하루 평균 1조 8460억 원이었다. 당시 간편 결제 이용액은 신용카드 이용액의 1.1% 수준이었다. 그런데 2019년 신용카드 사용액이 하루 평균 2조1320억 원으로 늘어났지만, 간편 결제 이용액은 더 가파르게 늘어나면서 신용카드 사용액 대비 6.5%에 달하게 됐다.

금융감독원에 따르면 우리나라의 연간 간편 결제 이용액은 2018년 80조 1450억 원에 달하는데, 이는 전년보다 60.1% 늘어난 것이다. 이 추세가 계속됐다고 보면 2019년에는 연간 100조~120조 원 이상으로 간편 결제 거래액이 증가했을 것으로 업계는 추정한다.

'페이' 서비스는 신용카드 정보를 스마트폰 등에 저장해 놓고 단순히 카드 결제를 대행해주는 경우도 있지만, 점차 페이 서비스 업체에 일정 금액을 미리 저장해 놓고 수시로 사용하는 선불 충전 방식이 늘어나고 있다. 언론보도에 따르면 2020년 6월 기준 금융감독원에 등록된 이 같은 업체는 60곳에 달하고, 간편 결제 업체 등이 선불 충전금 형식으로 받아 놓은 돈이 2019년 말 현재 1조 7000억 원에 달한다.[90] 이는 2016년 말의 1조 원보다 7000억 원쯤 늘어난 것이다. 금융당국도 2020년 6월 현재 200만 원인 선불전자지급수단의 충전한도를 300만~500만 원으로 증액하는 걸 추진하고 있다. 이 같은 선불 충전 방식의 '페이' 서비스는 금융 소비자가 흔히 사용하는 카드나 은행 예금 송금과 같은 'B-머니'와 달리 예금자 보호가 되지 않는 디지털 머니인 'E-머니'다.

한국에서 이런 추세가 계속 진행되면 전통적인 디지털 머니인 B-머니의 영향력은 점차 줄어들고 E-머니의 영향력이 커지게 될 수 있다. 다시 정리하자면, B-머니는 은행 예금을 기반으로 한 것이고, 은행은 금융위원회, 금융감독원 등 금융 당국이 '건전성 규제'와 '감독', 그리고 한은의 통화정책으로 금리 수준을 컨트롤하고 있다. 하지만 E-머니 규모가 커지면 이런 전통적인 정책 수단이 얼마나 작동을 할지 미지의 영역으로 들어갈 수 있다. 또 지금은 금융 시장에 큰 영향을 미치진 않지만, 역시 정책 당국의 통제가 느슨한 비트코인과 같은 암호화폐 형식의 디지털 머니도 점차 영향력을 키워갈 수 있다. 이런 상황에서 한은은 디지털 원

90 "2조 규모 '페이' 충전금…… 연내 보호장치 만든다", 서울경제, 2020년 6월 17일.

화를 발행해야 하느냐의 결정을 조만간 내려야 할 것으로 보인다.

마커스 브러너마이어^{Brunnermeier} 스탠포드대 교수는 중앙은행이 세 가지 접근법을 고려할 수 있다고 했다.[91] 첫째는 이 같은 디지털 머니의 경쟁을 제한 없이 놔두는 것이다. 소위 '자유방임^{laissez-faire}' 접근법이다. 이 경우에 중앙은행이 부딪힐 가장 큰 리스크는, 'B-머니' 'E-머니' '암호 화폐' 등 민간 화폐가 완전히 한 나라의 지폐와 동전 등 법정 화폐를 대체하는 것이라고 할 수 있다. 자유방임주의자라면 정부와 중앙은행이 통화정책을 남용하는 것을 막고 민간에서 시장 자율로 통화량이 조절되는 이상적인 경제 환경이 조성된다고 박수를 치며 환호할지 모르겠다. 그러나 이는 중앙은행의 통화정책을 무력화하게 되고 인플레이션을 막거나 경기 침체기에 경기 부양책을 쓰는 일을 할 수 없게 만든다. 또 다른 문제는 '디지털 달러라이제이션'이다. 디지털 환경은 국경으로 막기 어렵다. 그러다 보니 한 나라에 민간 디지털 머니만 놔둔다고 해서 다른 나라에서 발행한 디지털 화폐가 들어오지 오지 않는 아니다. 브러너마이어 교수는 "소규모나 중규모 개방 경제의 경우에는 특히 이런 리스크(디지털 달러라이제이션)에 노출된다"고 했다.

둘째는 규제 당국이 디지털 머니 혁신을 제한하거나 금지하는 것이다. 우리나라 정부가 국내에서 암호화폐 투자자를 공개 모집하는 ICO^{Initial Coin Offering}을 금지하듯이 정부는 규제를 할 수 있는 권한이 있다. 또 법정 화폐를 규정하고, 지급결제 제도와 금융 중개에 관한 시스템을 규제할 권한도 있다. 하지만 이 경우에도 리스크가 있다. 금융 소비자들은 현재

....

91 "Central banks should issue own digital currencies as digitized money goes mainstream", *The Mainichi*, 15 May 2020.

돈을 송금하고 지불하는 것을 이메일을 보내는 것처럼 쉽게 하기를 원한다. 그런데 역시 디지털 세상에서는 국경이 회피할 수 있는 많은 방법들이 있다. 때문에 해외에서 편리하고 송금이나 지불 비용이 적은 디지털 머니가 개발된다면 정부가 아무리 막으려고 해도 금융 소비자들이 먼저 사용하고 나설 것이다. 이 경우에도 소규모 개방 경제는 '디지털 달러라이제이션'의 리스크가 상존하는 것이다.

세 번째 접근법은 중앙은행이 중앙은행 디지털 화폐를 발행하는 것이다. 우리나라의 경우 한은이 '디지털 원화'를 발행하는 것이다. 한국이 디지털 원화를 발행하지 않으면, '디지털 달러' '디지털 위안화' 같은 해외 중앙은행의 디지털 화폐뿐만이 아니라 '리브라'와 같은 해외 IT 기업이 만드는 디지털 머니나 비트코인과 같은 암호화폐들이 얼마든지 국내 디지털 거래에서 쓰일 수 있다. 이는 '현금 없는 한국'의 가속과 맞물려 한국의 통화 주권을 갉아 먹을 수 있다. 장 피에르 란도^{Landau} 전 프랑스중앙은행 부총재는 《파이낸셜타임즈》 기고에서 "디지털 머니는 천성적으로 국경 간 결제이므로 새로운 형태의 화폐 경쟁을 불러올 것"이라며 "금융 안정, 통화 정책, 공적 화폐에 대한 접근 등을 보호하기 위해 중앙은행은 자체 디지털 화폐를 발행할 필요가 있다"고 했다.[92] 디지털 원화를 발행하면 통화 주권을 지키면서도, 통화 정책의 유효성을 확보하고, 금융 소비자들에게도 신뢰할 수 잇는 디지털 머니를 제공할 수 있다. 브러너마이어 교수는 "중앙은행 디지털 화폐는 물리적인 형태의 현금이 사라지고 디지털 머니가 서로 경쟁하는 세상을 준비하기 위한 가장 좋

....

92 "Central banks should issue digital currencies of their own", *Financial Times*, 1 Jul. 2019.

은 방법이다"라고 했다.

그러나 중앙은행 디지털 화폐가 '현금 없는 한국'이 맞닥뜨릴 리스크를 일거에 해결하지는 못 할 것이다. 중앙은행 디지털 화폐는 장점과 동시에 단점도 갖고 있기 때문이다. 장타오張濤 IMF 부총재가 2020년 2월 한 컨퍼런스에서 장단점을 짧게 정리한 적이 있다.[93] 장점은 크게 다섯 가지다. 첫째, 비용을 절감하고 효율성을 높일 수 있다는 것이다. 둘째, 취약계층에게 금융 서비스를 제공하는 금융 포용을 심화시킬 수 있다. 셋째, 신규 결제 시스템에 참가하는 기업들에 대한 장벽을 낮출 수 잇다. 넷째, 이자를 부과할 수 있어 통화정책 수단이 강화된다. 다섯째, 민간 발행 디지털 머니에 대응할 수단이 된다.

단점은 네 가지다. 첫째, 은행 예금이 중앙은행 디지털 화폐로 이동하면서 은행 부문의 중개 역할이 축소된다. 둘째, 위기 때 은행 고객들이 중앙은행 디지털 화폐로 쏠리면서 '뱅크런(예금 대량 인출 사태)'의 문제가 생긴다. 셋째, 불어나는 중앙은행 자산을 어디에 써야할지 자원 배분의 문제가 생긴다. 넷째, 중앙은행의 관리 비용이 늘어나고 부담도 커진다.

중앙은행 디지털 화폐 발행을 부정적으로 보는 반대론자들도 적지 않다. 파이낸셜 타임스의 금융시장 전문 디지털 매체인 'FT 알파빌' 편집장인 이자벨라 카민스카Kaminska 등이 대표적이다. 카민스카는 중앙은행 디지털 화폐가 민간 은행의 역할을 축소시켜 금융에 있어 국가 독점으로 가는 길을 열 수 있고 익명성 보호에 있어서도 문제를 일으킬 수 있다고 우려하면서 "중앙은행은 디지털 화폐를 발행해서는 안 된다"고

....

93 "Deputy Managing Director Tao Zhang's Keynote Address on Central Bank Digital Currency", *International Monetary Fund*, 18 Mar. 2020.

한다.[94] 중앙은행 디지털 화폐가 민간 디지털 머니와 경쟁을 하다가 민간 디지털 머니를 시장에서 밀어낼 우려가 크다는 얘기다. 또 자금 세탁 등을 막기 위해 결국 디지털 기술을 이용해 추적 가능한 형태로 나올 것이기 때문에 개인 사생활이나 익명성 보호에 취약할 수밖에 없다는 것이다.

하지만 필자는 많은 리스크 요인에도 불구하고 '디지털 원화' 발행이 불가피 하다고 보고 있다. 한국은 소규모 개방 경제인데다, '현금 없는 사회' 진입도 세계적으로 앞서가고 있다. 이런 나라에서 민간 디지털 머니만 갖고 경제를 운용한다면, 앞으로 디지털 달러, 디지털 위안화 등 중앙은행 디지털 화폐를 갖게 될 미국, 중국 등 경제 대국의 입김에서 자유로울 수 없을 것이다. 지금도 대외 요인에 쉽게 흔들리는 한국 경제다. 경제를 튼실하게 만들기 위해서는 독자적인 '디지털 원화'가 있어야 된다고 생각한다.

....
94 "Central banks should not issue digital currencies", *Financial Times*, 17 Sep. 2019.

남북으로 분단된 한국이 통일 되면 어떤 화폐를 쓰게 될까. 북한에는
북한원화가 있기는 하지만 달러, 위안화가 광범위하게 쓰이고 있는 것으
로 알려져 있다. 2009년 11월 북한의 제5차 화폐개혁 때 일반 주민에게
10만 원(북한원화)까지만 100대1(구권 100원을 신권 1원)로 신권으로 교환
해줬다. 앞서 북한 돈으로 재산을 모아뒀던 북한 주민들은 눈앞에서 돈
이 '휴지조각'이 되는 걸 볼 수밖에 없었다고 한다. 때문에 이후 재산 축
적을 달러, 위안화로 하는 건 더욱 당연한 일이 됐다고 한다.[95] 또 화폐
개혁 후 인플레이션(물가상승)이 급격히 닥쳐서 북한원화로 거래하기 보

....

95 북한의 이런 화폐 개혁이 얼마나 이례적인가 하면 경제학자 찰스 윌런은 『돈의 정석』(2020)이란 책 첫머리에서
이 사례를 들면서 '북한의 이상한 화폐 개혁'이라며 다른 나라들은 없던 돈도 만드는데 북한은 '있던 돈을 휴지로 만
드는 나라'라고 묘사했다.

다는 달러, 위안화로 거래하는 것을 선호하게 됐다고 한다.[96] 북한은 외부에 통제된 정보만 노출하기 때문에 정확한 사정을 밖에서 알기 어렵다. 하지만 국내 북한 연구자들이 분석한 자료 등을 보면 현재 실생활에 있어서도 북한원화뿐 아니라 달러, 위안화 등 외화를 널리 사용하고 있는 것으로 보인다.

통일이 된 후에 공식적으로 어떤 화폐가 북한에서 공인될지는 현재로선 내다보기 어렵다. 정부가 통일을 대비한 '컨틴전시 플랜(비상 계획)' 수준의 계획을 만들어 놓고 있겠지만, 현 단계에서 대외에 공개하지 않을 것이기 때문이고 그런 계획이 있다고 해서 정작 통일이 닥쳤을 때 그대로 시행될지도 의문이기 때문이다. 다만 2014년 금융위원회가 통일에 대비해 만든 '통일과 금융의 역할'에 대한 분석한 자료를 만들었다. 이 자료에는 '원칙적으로 남북한 단일화폐로 통합은 점진적으로 추진한다' '체제이행 초기엔 남북이 각각의 화폐를 사용 한다' '남북한 화폐 통합을 통한 체제 이행이 완료되기 전까지는 북한지역에 중앙은행을 별도로 운영한다'는 등을 골자로 하는 내용이 들어 있는 것으로 알려져 있다. 과거 정부의 입장이라고는 하지만, 화폐 통합으로 일상생활에서 혼란이 불가피하다는 것을 감안하면 그 기조가 앞으로도 크게 바뀔 가능성은 없어 보인다. 통일이 되더라도 여건이 갖춰지기 전까지는 같은 통화를 쓸 가능성이 그렇게 높지 않은 것이다. 그렇다면 통일이 되더라도 한 동안은 북한 지역은 화폐에 있어서는 큰 변화가 없을 수 있다. 때문에 현재와 같이 북한 지역에서 북한원화, 달러, 위안화가 모두 쓰이는 일이 계속될 것으

....

96 손광수(2020).

로 보인다. 다만 북한의 현 체제가 유지되지 못 한다면, 북한원화는 퇴장되고 달러, 위안화가 북한 지역에서 주로 쓰이게 될 가능성도 높다.

그런데 이런 전망은 통일 후에도 지폐와 동전이 주로 사용되는 상황을 가정한 것이다. 하지만 북한에서도 다른 나라와 같이 앞으로 모바일 결제가 일상생활에 널리 보급된다면 조금 다른 전망을 해볼 수 있다. 글로벌 모바일 세상에선 디지털 달러, 디지털 위안화, 리브라 등 IT 기업이 만든 화폐, 비트코인 등 암호화폐 등이 서로 경쟁할 수 있는 환경이 만들어진다. 마찬가지로 북한의 모바일 네트워크 안에서도 디지털 북한원화, 디지털 달러, 디지털 위안화, 암호화폐 등이 경쟁할 수 있을까. 일단은 북한의 인터넷 환경은 외부와 단절돼 있기 때문에 이런 전망은 쉽지 않아 보인다. 다만 통일 후에 북한의 인터넷이 외부와 연결된다면 네트워크상에서 한국의 '디지털 원화'도 사용할 수 있는 경로가 생길 수 있어 보인다.

우선 현재 북한의 모바일 결제 현황에 대해 알아보자. 북한에도 모바일 결제가 점차 퍼지고 있다고 한다. 이와 관련해 2018년 경제 교류 행사를 위해 평양을 방문했던 한 금융권 인사에게 들은 얘기를 하나 소개하려고 한다. 평양에 비행기를 내리자 갖고 간 미국 달러를 북한원화로 바꿔 북한에서 사용할 수 있는 휴대전화에 충전해주더라는 것이다. 북한 상점 등에서 모바일 결제 방식으로 물건을 살 수 있었다고 한다. 하지만 귀국할 때는 남은 북한원화를 다시 외화로 바꿔주지 않았다고 한다.

북한 연구자이나 북한 관련 국내 매체들에 따르면, 북한에는 2018년 자체 개발한 스마트폰에 전자 결제 앱인 '울림 1.0'이 기본적으로 장착돼 있다고 한다. 북한 주민들도 사용할 수 있는 초보적인 형태의 모바일 결제 시스템을 갖추고 있다는 평가다. 울림 앱은 조선중앙은행이 발행한 선불카드인 '전성카드'와 연계돼 있다. 스마트폰 전화번호와 전성카드 번호를 연결해서 간편 결제, 각종 요금 지불, 개인간 송금 등에 사용할 수 있다.[97] 그러나 울림 앱이 탑재돼 있는 스마트폰의 구입비용은 500달러 이상으로 알려져 있다. 때문에 일반 주민들보다는 평양 등 대도시에 사는 젊은 부유층이나 무역업, 서비스업 등에서 일하는 고위직, 소위 '돈주'라고 불리는 고리대금업자 등이 쓸 수 있을 것으로 보인다. 또 스마트폰 거래는 추적이 가능하기 때문에 자금 출처가 분명한 사람들만 쓸 수 있을 것을 보인다.

그런데 북한에서 중앙은행 역할도 하는 조선중앙은행이 발행한 '전성카드'와 울림 앱이 연계돼 있는 것은 중앙은행 디지털 화폐 개념과 가까워 보인다. 중앙은행이 발행한 디지털 형태의 화폐를 거래하는 것이기 때문이다. 다만, 아직 북한은 중앙은행과 상업은행 기능이 분리돼 있지 않다. 조선중앙은행은 상업은행 기능도 하고 있어, 이 돈이 중앙은행 화폐인지 은행 예금인지 구분이 돼 있지 않다는 것이다. 그런 의미에서 북한이 해외의 중앙은행 디지털 화폐 개념을 완전하게 구현했다고 보기는 어렵다.

한편 북한 일반 주민들 사이에서는 '전화돈'이라고 불리는 방식의 모바일 결제가 사용된다고 한다. 이는 일반 휴대폰의 요금 충전 기능을 사용하는 것이다. 북한은 휴대폰의 전화 요금은 선불 결제이다. 때문에 휴대폰 대리점에 해당하는 봉사소나 우체국에 해당하는 체신소에서 미리

....

97 김민관, "북한의 모바일 결제 활용 현황 및 전망", KDB 미래전략연구소, 2019년 7월 8일.

돈을 내고 휴대폰 단말기와 유심칩을 구매해 개통하게 된다. 이때 선불로 구입한 한 달 통화시간이나 추가로 충전한 통화시간을 다른 전화번호끼리 주고받을 수 있는데, 이를 이용해서 송금을 하는 것이다. 예컨대 평양에 있는 사람이 청진에 돈을 보내려고 한다면, 평양에 있는 체신소에 가서 청진 사람의 전화번호에 통화요금(통화가능시간)을 충전해 주는 것이다. 청진 사람은 체신소에 가서 1~2%의 수수료를 내면 현금화도 할 수 있다고 한다. 그런데 이 과정에서 체신소는 달러나 위안화로 거래를 중개한다고 한다. 이를 북한에선 '전화돈'이라고 부른다는 것이다.[98]

북한의 휴대폰 가입자는 2018년 기준으로 약 600만 명으로 알려져 있다.[99] 약 2500만 명 인구의 4분의 1쯤은 휴대폰을 사용하고 있다는 계산이다. 북한은 2008년 이집트 통신회사 '오라스콤'과 체신성이 합작해 휴대폰 서비스를 시작한 이후, 자체 사업자인 '강성네트' '별' 등을 통해서 휴대폰 서비스를 보급하고 있다. 유선 전화 네트워크가 부족한 후진국들의 경우 유선망을 깔기에는 돈이 많이 드니, 무선 전화 네트워크를 먼저 확대하는 것과 같은 것이다.

아프리카 국가 케냐나 탄자니아의 경우 휴대전화 번호만 있으면 송금, 이체가 가능한 '엠 페사M-Pesa'라는 모바일 결제로 저소득층까지 금융 서비스를 이용할 수 있게 된 성공 사례가 있다. 중국에서 '알리페이' '위챗페이' 등 QR코드를 이용한 모바일 결제가 발달하게 된 것도, 기존에 유선 전화망보다 무선 네트워크가 빠르게 보급된데다 은행, 신용카드 등 전통적인 제도권 금융 서비스가 발달하지 않았기 때문이다.

....

98 손광수(2020).
99 조봉현, "북한의 모바일 금융 도입 구상과 추진 과제", 한국금융연구원 세미나, 2018년 12월 19일.

북한도 기존 금융 서비스를 넘어서 휴대폰을 이용한 모바일 결제가 더 광범위하게 보급될 징후를 보이는 것이다. 이 과정에서 북한에선 '전화돈'이라고 부르는 모바일 송금 방식이 확산되고 있고 아예 스마트폰을 이용한 결제 앱까지 선을 보이고 있는 것이다.

이렇게 모바일 결제가 북한 주민들에게 익숙해진다면 통일 이후에 오히려 지폐와 동전 보다는 '디지털 원화'가 더 확대되기 쉬워질 것으로 보인다. 휴대폰 화면에 보이는 것은 숫자일 뿐이지 북한원화인지 '디지털 원화'인지 구별하기 힘들기 때문이다. 이런 의미에서 보면 통일 이후까지를 대비해서 '디지털 원화'를 준비하는 것이 필요해 보인다.

디지털 달러, 디지털 위안화, 디지털 유로와 같은 해외의 중앙은행 디지털 화폐 도입에는 나타나지 않을 이슈가 한국에는 있다. 리디노미네이션redenomination 문제다. 리디노미네이션이란 '다시 이름을 붙인다'는 뜻으로, 한 나라의 화폐를 가치 변동 없이 모든 지폐와 동전의 액면을 동일한 비율의 낮은 숫자로 표현하거나 이와 더불어 새로운 통화 단위로 화폐의 호칭을 변경하는 걸 말한다. 다시 말해서 1000대1로 리디노미네이션 한다면, 1000원이 1원이 되는 것이다. 동시에 원을 '돈'이란 호칭으로 바꾼다면 1000원이 1돈이 되는 것이다.

우리나라는 과거에 1953년 이승만 대통령 때 100대1의 비율로 화폐 액면을 낮추면서 화폐 단위를 '원圜'에서 '환圜'으로 바꿨고, 박정희 정권 시절인 1962년엔 10대1의 비율로 액면을 낮추면서 '환'을 '원'으로 바꿨다. 리디노미네이션은 가장 최근에는 노무현 정부 시절인 2002~2003년 박승 전 한은 총재가 추진했던 바 있다. 박 전 총재는 회고록 『하늘을 보고 별을 보고』에서 그 과정을 상세히 밝혔다. 1000원을 1환으로 하고, 1환의 보조 단위로 100전을 만드는 방안으로 2008년 1월 1일을 기해 시행하는 계획이었다. 하지만 인플레이션을 촉발할 수 있고, 뇌물을 주기 편해져 부패를 조장할 우려가 있다는 반대가 나와 실제로 정책으로 채택되지는 않았다. 이후 매번 새로운 정권이 출범하고 나면 리디노미네이션 논의가 있다는 얘기가 물밑에서 흘러나오곤 했다.

우리나라에서 리디노미네이션 이슈가 나오는 이유는 그간 경제 성장에도 불구하고, 원화 가치를 표시하는 단위가 외국에 비해 너무 낮아져 있다는 것이다. 2020년 8월 현재로 보면 미국 달러 대비 원화 환율은 '1달러 당 1180원' 대인데 이는 주요국의 대미 달러 환율에 비하면 상당히 높은 것이다. 영국 파운드는 1파운드 당 1.3달러, 유로는 1유로당 1.18달러 수준이고, 일본 엔화는 달러당 106엔, 스위스 프랑은 달러당 0.9프랑, 캐나다 달러는 달러당 1.3캐나다 달러 수준이다. 중국 위안화도 달러당 6.9위안 수준이다. 경제협력개발기구OECD 30여개 회원국 중 달러당 환율이 1000단위인 것은 한국이 유일하다고 한다. 만약 원화 단위가 1000대 1로 낮아지면, 달러 대비 환율은 달러당 1.18 수준으로 떨어지게 된다.

또 1000대1로 원화 단위가 낮아지면 0을 세 개를 떼고 표시해도 돼서 거래도 편리해진다는 이유도 있다. 이미 실생활에선 새로 생기는 카페나 음식점 등에서 가격 표시를 할 때 '0' 세 개를 작은 글씨로 쓰거나 아예 5000원을 5.0으로 표기하는 곳이 많이 등장하고 있다. 심리적으로 집값이 떨어졌다고 느끼게 되는 효과도 있을 수 있다. 10억 원 아파트는 100만 원으로 표기되기 때문이다. 회계 장부를 처리할 때도 0을 세 개 줄여도 되기 때문에 장부 처리가 더 간편해진다는 주장도 있다.

그러나 우려되는 점도 있다. 새 화폐 제조와 컴퓨터 시스템, 현금자동지급기, 자동판매기 교체 등에 엄청난 비용이 발생할 것이란 주장이다. 2003년 리디노미네이션을 위해 한은이 내부적으로 조사했을 때는 이런 시스템 교체로 2조 6000억 원의 비용이 발생할 것이라는 계산이 나온 것으로 알려져 있다. 또 화폐 단위를 낮출 경우 상인들이 잔돈을 떼고 가격을 표시하는 일이 생기기 때문에 물가를 상승시킬 가능성이 있다는 주장도 있다. 예컨대 900원 짜리 상품이 1000대1로 원화 단위가 낮아지면 0.9원이 될 텐데, 상점 주인들은 이 가격을 그냥 1원으로 표기할 가능성이 있다는 것이다.

그런데, 중앙은행 디지털 화폐 발행과 동시에 리디노미네이션을 하면 새로운 지폐를 발행할 필요도 없고 현금지급기를 교체할 필요도 없다. 새로운 화폐 제조비용이나 현금자동지급기, 자동판매기 교체 등에 들어가는 비용이 거의 없다는 것이다. 게다가 디지털 화폐로 계산한다면 0.9원 같이 소수점 이하가 붙은 가격도 일반 소비자가 쉽게 수용할 수 있을 것이기 때문에 물가 상승 우려도 줄일 수 있다. 중앙은행 디지털 화폐가 있으면, 과거 리디노미네이션의 부작용으로 우려되는 문제들이 발생할 가능성을 크게 줄일 수 있다는 얘기다. 그렇기 때문에 '디지털 원화' 발행이 리디노미네이션을 다시 추진할 수 있는 계기가 될 수 있다는 것이다.

'디지털 원화' 발행 방식은 크게 두 가지 방식이 있을 수 있다. 첫째, 한은이 전 국민에게 한은 계좌를 열어주고, 각 개인이 가진 지폐와 동전을 '디지털 원화'로 바꿔 주는 것이다. 둘째, 한은이 업무를 은행에 위탁해서 은행이 기존 계좌에 인이 가진 지폐와 동전을 '디지털 원화'로 바꿔 주는 것이다. 만약 기존 계좌에 있는 돈과 새로 바꿔서 받게 되는 '디지털 원화'를 쉽게 구별해야 할 필요가 있을 수 있다. 이 때 은행 예금과 디지털 원화를 구별하기 위해 디지털 원화에 다른 이름을 붙이는 걸 상정해볼 수 있다. 이른바 'e-원'이나 '환' '돈' 등의 새로운 이름을 붙일 수 있는 것이다. 디지털 원화에 새 이름을 지어 주면서, 화폐 단위도 낮추는 리디노미네이션을 진행하면 은행 계좌에 들어 있는 디지털 원화를 기존 은행 예금과 쉽게 구별할 수 있게 되는 것이다. 다만, 궁극적으로는 디지털 원화가 '가치 척도' 기능을 수행하기 때문에 은행 예금이나 모두 같은 수준으로 리디노미네이션되게 될 것으로 보인다.

그런데 리디노미네이션이라고 하면 과거 지하 자금을 없앤다는 명목으로 예금 인출을 묶었던 '화폐 개혁'이나 새 화폐 교환량을 제한하는 북한식의 '화폐 개혁'을 떠올리는 일부 국민들이 있어 쉽게 공론화장에 나오지 못하고 있다. 홍남기 경제부총리 겸 기획재정부 장관은 2019년 7월 국회에 나와 "정부가 검토할 시기가 아니라는 것을 명확히 밝힌다"고 했다. 이주열 한은 총재도 2019년 5월 기자들에게 "한은은 리디노미네이션을 검토한 적도 없고, 추진할 계획도 없다는 점을 분명히 말한다"고 했다. 이 총재가 앞서 같은 해 4월 국회 업무보고에서 "이제는 논의를 시작할 때가 됐다"고 하기는 했지만, 원론적인 의미에서 한 말이라고 진화한 것이다. '논의를 시작할 때가 됐다'는 한 마디에 시중에 리디노미네이션 추진설[註]이 퍼졌기 때문이다. 그만큼 리디노미네이션에 대한 정책 당국자들의 한 마디가 민감하게 받아들여지는 이슈라는 얘기다. 때문에 '디지털 원화'가 수면 위로 드러나더라도 한 동안은 리디노미네이션과 동시에 논의되기는 어려워 보이는 사안이다. 그러나 '디지털 원화' 도입이 리디노미네이션을 다시 논의하기에 좋은 계기인 것도 사실이다. 언제까지 수십 년 전에 있었던 화폐개혁의 충격에 매여 있을 수는 없다고 생각한다.

2002년 유로를 도입할 때 특히 이탈리아의 경우에는 1936.27리라를 1유로로 바꿔줬다. 화폐 액면액을 1936.27대1로 낮추고, 화폐이름도 '리라'에서 '유로'로 전환하는 사실상의 리디노미네이션을 했지만, 큰 충격이 없었다.[100] 걱정했던 물가상승률도 2002년 이탈리아 소비자물가 상승률이 2.6%로 오히려 전년(2.7%)보다 낮았다. '유럽의 공동 화폐를 만들어 경제를 키워보겠다'는 공동 이익을 위한다는 신뢰가 있었기 때문이다. 프랑스의 경우엔 이에 앞서 1960년 프랑의 화폐 단위를 100대1로 낮추면서 신프랑nouveau franc으로 이름도 바꿨다. 그간 물가 상승으로 화폐 가치가 떨어지자 단위를 바꾸기로 한 것이었다. 심지어 구舊프랑 지폐에 신프랑 단위 액면을 추가로 인쇄해서 사용하기도 했다. 그러다 신프랑으로 지폐 교환이 어느 정도 마무리되자 신프랑이란 이름을 폐지하고 프랑franc으로 다시 표시했다. 이후 프랑은 유로가 출범할 때 6.55957프랑을 1유로로 전환했다. 핀란드도 1963년 100마르카를 1마르카로 바꾸는 화폐 단위 변경을 했으며, 유로 출범 때는 5.94573마르카를 1유로로 바꿔주는 사실상의 리디노미네이션을 다시 했다.

---

100 한국은행(2003).

디지털 원화로 바꾸는 경우에는 과거 지폐를 새 지폐로 교환해야 하는 번잡한 일도 없다. 정부와 한은이 디지털 원화와 리디노미네이션, 두 사안을 같이 논의할 수 있도록 공론화해 줬으면 한다.

디지털 위안화나 디지털 달러의 발행이 디지털 원화 발행을 앞선다면 어떤 일이 벌어질까. 경제대국의 중앙은행 디지털 화폐가 우리나라의 디지털 머니 환경을 장악해 버릴 위험성이 있다는 게 전문가들의 경고다. 소위 디지털 달러라이제이션이나 디지털 위안나이제이션yuan-nization이 벌어질 수 있다는 것이다. 두 현상은 한 국가가 주요한 디지털 머니로 디지털 달러나 디지털 위안화를 쓰게 되는 것을 가리킨다. 아직은 디지털 달러나 디지털 위안화가 발행되지 않았으니 가상의 일이다.

현실에선 에콰도르 등 남미 국가들이 물가를 잡고 금융 안정을 꾀하기 위해 미국 달러를 법정 화폐로 인정하거나 통용시키는 달러라이제이션이 2000년대 초반에 이미 일어났다. 최근엔 2억 5000만%라는 초인플레이션을 겪은 아프리카의 짐바브웨가 2009년 미국 달러를 통용하기로 결정하기도 했다. 굳이 공식적으로 달러라이제이션을 선언하지 않더라도 미국 달러 지폐는 해외에서 쉽게 통용되고 했다. 미국 시카고 연방준비은행은 2018년 한 연구에서, 미국 달러 지폐의 60% 이상, 특히 100달러짜리 지폐는 80% 가까이가 해외에서 사용된다는 추정 결과를 발표하기도 했다.[101] 1980년대만 해도 이 비율이 각각 15%, 30%로 추정됐는데 상당히 높아졌다.

달러라이제이션을 일반화하면 한 나라에서 통용되던 화폐가 다른 나라의 화폐로 바뀌는 화폐 대체 현상이라고 부를 수 있다. 유럽이 2002년 독일 마르크, 프랑스 프랑 등 각국이 쓰던 법정 화폐를 폐지하고, 유로를 도입한 것은 유럽판 화폐 대체라고 볼 수 있다. 유로가 등장하자, EU 가입국이 아닌 안도라, 모나코, 산마리노, 바티칸 공국과 같은 소국들은 EU와 협정을 맺고 유로를 사용하고 있다. 심지어 코소보, 몬테네그로는 EU와 협정도 맺지 않고 자체적으로 유로를 받아들여 쓰고 있다. 이런 사례들도 모두 화폐 대체라고 할 수 있다.

디지털 세상에서 벌어지는 화폐 대체 현상이 디지털 달러라이제이션이나 디지털 위안나이제이션이다. 디지털 달러라이제이션은 마커스 브러너마이어Brunnermeier 스탠포드대 교수가 '디지털 통화 지역Digital Currency Area, DCA'란 개념을 만들어 이론화했다. 노벨경제학상 수상자인 로버트 먼델Mundell 컬럼비아대 교수가 만들어 유로화의 이론적 토대가 됐던 '최적 통화 지역Optimum Currency Area, OCA'이론의 디지털 버전인 셈이다. 먼델 교수가 1960년 발표한 최적 통화 이론은 서로 다른 화폐를 사용하던 지역들

....
101 Thomas Hassl, Sam Schulhofer-Wohl and Anna Paulson(2018).

이 고정환율제도나 단일화폐를 도입할 경우 거래비용 감소 등에 따른 편익과 환율 정책수단 상실에 따른 비용이 발생하게 되는데, 편익이 비용보다 크면 환율을 고정시키거나 화폐를 통합시키는 것이 바람직한 '최적 통화 지역'이 된다는 것이다. 글로벌 화폐나 국가별 화폐를 쓰지 않고, 유로와 같이 여러 국가가 같은 화폐를 쓰는 게 정당화될 수 있는 이론이다.

'디지털 통화 지역' 이론과 '최적 통화 지역' 이론의 다른 점은 다음과 같다. 우선 최적 통화 지역 이론은 지역적 근접성과 환율 조정이라는 정책 도구가 중요하게 여겨지지만 디지털 통화 지역 이론은 참여자들의 디지털 연결성이 중요하다. 국경과 상관없이 디지털 네트워크가 연결돼 있고 참여자들이 돈으로 인정한다면 같은 디지털 머니가 사용될 수 있다는 것이다. 그러다 보니 국경이 큰 걸림돌이 되지 않는다. 디지털 네트워크는 국민 경제보다 더 크게 성장할 수 있다. 글로벌 소셜 미디어인 페이스북의 경우 사용자가 26억 명을 넘어서고 있다. 이 네트워크 안에서 예컨대 디지털 달러가 사용되기 시작한다면 '디지털 달러라이제이션'은 쉽게 발생할 수 있다는 것이다.

디지털 세상에서 새로 나오거나 기존에 있던 디지털 화폐가 쉽게 서로 경쟁 상황에 놓이게 되는 것은 크게 두 가지 이유다. 첫째, 디지털 네트워크에서 하나의 화폐가 인정받게 되면 한 나라 안에서는 물론이고 국제적으로도 금방 광범위하게 화폐로 인정받게 된다. 둘째, 화폐 간에 전환 비용이 아주 저렴해졌다는 것이다. 이미 스마트폰 이용자들은 싸고 쉽게 환전할 수 있는 앱들을 사용하는 데 익숙해져 있다. 이런 상황에서 디지털 통화 지역은 쉽게 확대될 수 있다. 이미 현실에서 달러라이제이션이 일어났듯이, 소규모 개방 경제들은 신뢰할 수 있는 디지털 달러가 제공된다면 디지털 달러라이제이션에 취약할 수밖에 없다. 이 같은 디지털 달러라이제이션 개념은 브러너마이어 교수가 중심이 돼서 상당한 연구와 논의가 진척돼 있다.

다만 디지털 위안나이제이션에 대한 논의는 아직 거의 없다. 앞서 살펴봤듯이 북한에서는 위안화가 널리 통용되고 있다. 이미 상당부분 위안나이제이션이 진행되고 있다고 봐도 무방한 것이다. 북한의 디지털화가 진전되면서 디지털 위안화도 폭넓게 사용하게 된다면, 북한이 디지털 위안나이제이션의 사례가 될 수도 있을 것이다.

한편 2020년 5월 중국 베이징에서 열린 '양회兩會(전국 인민 대표 대회와 전국인민정치협상회의를 가리킴)에서 한·중·일 공동 디지털 화폐 발행이 언급됐다. 이에 대한 논의는 디지털 위안나이제이션과 얽힐 수밖에 없고 앞으로도 관련 논의가 나올 것이다. 5월 21일 열린 전국인민정치협상회의(정협)에서는 정협 전국위원회 위원이자 글로벌 벤처투자회사 세콰이어캐피털의 선난펑沈南鵬 파트너가 10여명의 공동 명의로 홍콩을 기반으로 중국 위안화, 일본 엔화, 한국 원화, 홍콩 달러를 기초로 하는 디지털 스테이블 코인을 발행하자는 제안을 했다. 선난펑은 "코로나 이후 무역이 경제를 진흥하는 데 관건이 될 것인데, 이 같은 디지털 화폐로 국경 간 무역 결제 업무가 편리해지고 중국과 일본, 한국의 경제 협력이 촉진될 것"이라고 했다. 세 나라 중 디지털 위안화 개발이 가장 빠른 중국의 이 같은 제안은 디지털 위안화를 중심으로 한중일 무역 결제 시스템을 재편하는 상황을 불러올 수도 있다. 우리나라는 디지털 달러라이제이션 뿐만 아니라 디지털 위안나이제이션의 가능성에 대해서도 레이더를 세워둘 필요가 있다.

달러 블록과
위안화 블록 사이에 낀
한국의 선택

디지털 달러라이제이션이나 디지털 위안나이제이션은 아직 가상의 일이다. 당장 디지털 달러나 디지털 위안화가 발행된다고 해도 디지털 원화로 대응한다면 눈앞의 큰 리스크 요인이 되지는 않을 전망이다.

그것보다는 원화가 현재 형성된 달러 블록과 위안화 블록 사이에서 어떻게 생존해 나갈 수 있을지 검토해 보는 게 필요하다. 이는 디지털 원화의 미래를 가늠하는 데 더욱 도움이 될 수 있을 것 같다. 특히 코로나 이후 시대에 더욱 격화될 미국 달러와 중국 위안화의 갈등 속에서 한국 원화의 위상을 찾아가는 게 더 중요하다고 하겠다.

미국과 중국이 공동 경제운명체와 같이 움직이던 '차이메리카'[102]의

....

102 차이메리카chimerica는 경제사학자 니얼 퍼거슨Ferguson 스탠포드대 교수가 2006년 만든 신조어이다. 중국China와 미국America의 합성어로 중국의 저축과 미국의 소비가 얽혀서 당시 세계 경제의 성장을 만들어가는 공동운명체와 같다는 뜻으로 사용했다.

시대는 저물고 있다. 예컨대 과거 1990년대 후반에서 2000년대 초반까지 중국 무역 흑자가 미국의 국채 매입으로 흘러 들어가 미국 시장이 활황을 겪었던 매커니즘을 살펴보자. 중국 위안화는 1994년부터 2005년까지 '달러당 8.3위안'에 고정돼 있었고, 중국에는 무역흑자가 쌓였다. 이렇게 모인 달러는 중국의 미국 국채 매입으로 미국으로 다시 흘러갔다. 그 결과 미국의 장기 금리를 낮게 유지해 미국의 소비와 부동산 시장이 활황을 겪는 결과를 나타냈다.

하지만 2008년 글로벌 금융 위기를 계기로 미국과 중국은 다른 길을 가기 시작했다. 2015년 8월 페그제가 폐지되면서 2017년 트럼프 미 대통령이 취임한 후에는 미중 무역 갈등이 심해졌고 두 나라는 경제 관계는 완전한 '이혼'의 방향으로 가고 있다. 미 트럼프 행정부는 2019년 8월 중국을 '환율조작국'으로 지정하고 중국의 금융 정책에 직접 개입하려는 의도를 보였다. 2020년 1월 중국에 대한 환율조작국 지정은 해제됐지만 언제 다시 미중 경제 갈등이 폭발할지는 알 수 없는 상황이다. 바이든 시대에도 미중 경제 관계는 갈등 국면이 지속될 가능성이 있다. 전통적으로 미국 민주당은 중국에 인권 문제를 제기하면서 우호적이지 않았기 때문이다. 그 와중에 글로벌 금융 시스템 내에는 미국 달러 블록과 중국 위안화 블록이 형성되고 있다.

한국의 원화는 해외 투자자들이 위안화 투자에 대한 프록시proxy(대용화폐)로 사용할 정도로 위안화와 비슷한 움직임을 보이고 있다. 중국 위안화는 아직 외환 규제 등이 많아 해외 투자자들이 직접 투자하기는 부담되지만, 그 대용화폐로 한국 원화에 투자해 놓으면 위안화에 투자한 것과 같은 효과를 얻을 수 있다는 뜻이다. 그런 의미에서 한국 원화는 위안화 블록에 들어 있다고 볼 수 있다.

하지만 글로벌 시장에 금융 위기가 닥치면 미국 연방준비제도(연준)의 도움을 받아야 시장이 안정된다. 2008년 글로벌 금융위기 때와 2020년 코로나 사태로 인한 글로벌 시장의 불안이 닥쳤을 때 한국은 미국 연준과 통화 스와프(교환) 협정을 맺어 시장을 안정시킬 수 있었다. 특히 미국이 통화 스와프를 맺는 몇 개 안 되는 나라에 속한다는 의미가 적지 않다. 달러 통화 당국의 도움을 받아야만 원화 가치의 요동을 막을 수 있다는 의미에서 달러 블록에 들어 있다고 볼 수 있다.

그런데 IMF가 글로벌 통화 블록에 대한 연구를 진행한 결과에 따르면 한국은 위안화 블록에 속한다.[103] IMF는 1969~2015년 환율 자료가 잘 구비돼 있는 130국을 대상으로 통화 가치의 움직임이 같은 방향인지 아닌지를 따져 어떤 통화 블록에 속하는지 따져 봤다. 그 결과 2011~2015년간 평균적인 움직임을 봤을 때 70국(53.8%)이 달러 블록, 38국(29.2%)이 유로 블록, 20국(15.4%)이 위안화 블록에 속해 있었다. 한국은 위안화 블록에 속해 있었다. 한국 원화 환율의 움직임이 중국 위안화와 유사하기 때문인 것으로 해석된다. 위안화 블록은 2008년엔 3~4% 수준이었지만, 중국의 위안화 국제화 전략에 따라 점차 영향력을 넓혀가는 모습이 관찰됐다. 위안화 블록은 동남아시아 등 아시아권 국가들보다는 브라질, 러시아, 인도, 남아프리카공화국 등 브릭스[BRICs] 국가들이 중심이었다.

....

103 Camilo Tovar and Tania Nor(2018). 여기서는 보고서 중 Kawai and Pontines의 추산 방식으로 130국을 대상으로 분석한 결과를 바탕으로 서술한다. 보고서엔 Frankel and Wei 추산 방식으로 189국을 분석한 결과 등 다양한 분석 결과가 들어 있다.

한국의 무역과 대외자산 중 달러 비중

단위: %

	2016년	2017년	2018년	2019년
달러 표시 수출 비중	84.4	84.5	84.5	83.5
달러 표시 수입 비중	78.6	78.6	80.2	80.6
달러 표시 대외 금융자산 비중	59.8	57.3	57.3	56.2
한국은행 외화자산 중 달러 비중	70.3	68.1	69.8	69.1

경제 규모로 봤을 때 위안화 블록의 크기는 더 큰 것으로 나왔다. 세계 GDP 중 달러 블록의 규모는 39.9%였다. 위안화 블록은 32.5%로 유로 블록(19.6%)을 제치는 것으로 나타났다.

그러나 환율 움직임만 가지고 한국 원화가 완전히 위안화의 영향력만 받는다고 결론을 내리는 것은 성급하다. 우리나라의 무역이나 대외자산 투자에선 달러로 표시된 경우가 압도적이기 때문이다. 한국은행에 따르면 2019년 수출 결제액 중 미 달러로 표시된 비중이 83.5%, 수입 결제액 중 미 달러로 표시된 비중은 80.6%에 달한다. 위안화로 표시된 경우는 수출 중 1.8%, 수입 중 1.1%로 미미한 수준이다. 대외금융자산의 경우엔 달러로 표시된 경우가 2019년 말이 56.2%로 가장 많다. 위안화로 표시된 경우는 7.8%를 차지했다. 외환보유액 중 달러 비중을 가늠할 수 있는 한국은행 외화자산 중 달러는 2019년 말에 69.1%로 여전히 높은 비중을 차지하고 있다.

결국 한국은 달러 블록과 위안화 블록 사이에 끼어 있다고 볼 수 있다. 통화 블록만 놓고 본다면 홍콩과 비슷한 처지다. 홍콩 달러는 미국 달러 대비 7.75~7.85달러 범위에서 움직이도록 하는 페그제로 미국 달러에 자신을 묶어 두고 있다. 이 상태에서 미국 달러와 자유로운 교환을 허용하기 때문에 사실상 미국 달러를 사용하는 것과 같아 달러 블록에 들어 있다고 볼 수 있다. 다만 미국으로 자금 유출을 막기 위해 금리만 미국보다 최소한 0.5% 포인트 높게 유지하고 있다.

하지만 홍콩의 실물 경제는 중국과 묶여 있어 홍콩의 경제 상황은 중국 경제의 부침에 따라 움직인다. 또 중국으로 들어가고 나오는 해외 투자의 길목 역할을 한다. 중국으로 유입되는 외국인직접투자와 중국에서 나오는 해외직접투자의 3분의2가 홍콩을 통해서 이뤄지고 있다. 게다가 중국이 국가 전략으로 추진하는 위안화 국제화의 대외 허브(중심지) 역할도 하고 있다. 2019년 중국의 대외 위안화 무역결제액의 89%에 달하는 5조 3800억 위안이 홍콩의 은행들을 통해서 이뤄졌다. 홍콩의 위안화 예금은 6580억 위안으로 전 세계 역외 위안화 예금의 절반에 해당해 전 세계 어느 나라보다도 위안화 예금 보유액이 많다.[104] 그리고 2047년이면 중국과 완전하게 합병할 예정으로 돼 있다.

홍콩은 디지털 위안화가 먼저 발행되고 영향력을 확대해 간다면 디지털 달러와의 관계는 어떻게 설정해야 할지 고민을 할 수밖에 없는 위치다. 한국은 홍콩과 달리 중국과 별도 경제 체제를 유지하고 있지만 디지털 달러와 디지털 위안화 등장에 따라 글로벌 금융 질서가 바뀌면 어떤 영향을 받게 될지 따져볼 필요가 있다. 다만 어느 한쪽을 선택하는 문제는 아닐 것이다. 그 사이에서 디지털 원화가 어떻게 하면 독자적인 위상을 가질 수 있을지 고민해야 할 것이다.

....

104 "Hong Kong: A Leading Financial Hub of Offshore RMB", *HK Financial Services Development Council*, 8 Apr. 2020.

'디지털 원화'는
마이너스 금리 세상을
열 수 있을까

한국은행이 디지털 원화를 발행하게 된다면 다른 나라의 중앙은행 디지털 화폐와 같은 문제들을 당면하게 된다. 그중 가장 중요한 게 '이자를 매길 것이냐'의 문제다.

중앙은행 디지털 화폐가 지폐나 동전과 같은 현금과 다른 가장 큰 차이점은 디지털 형태라서 프로그램이 가능하다는 것이다. 프로그램을 넣어 사용기간이나 사용처를 제한할 수도 있고, 특정한 조건이 달성됐을 때 결제가 진행되도록 조건을 달 수도 있다. 그런데 특히 이자를 매길 수 있다는 점에서 현금과 가장 큰 차이를 낳는다. '돈에는 이자가 없다'는 상식이 무너지게 되는 것이다.

그런데 실제로 이자를 매길지는 정책적인 판단이 필요하다. 플러스(+) 금리를 매기게 되면 B-머니와 디지털 머니로서 직접적인 경쟁 관계에 놓

258

이게 된다. 중앙은행 디지털 화폐가 은행 예금보다 더 믿을 만하기 때문에 이자가 나오는 디지털 원화가 각종 예금을 대체하는 일이 벌어질 가능성이 높다. 물론 은행들도 예금이 빠지는 것을 두고 보지는 않을 것이기 때문에 예금 금리를 중앙은행 디지털 화폐 금리보다는 약간 높게 제시하면서 예금을 유치할 수 있다. 이 경우엔 시중의 금리가 상승하는 효과를 낳게 된다. 때문에 시중 금리 상승을 원하지 않는다면 정책적으로 디지털 원화에는 금리를 매기지 않는 것을 원칙으로 정할 수도 있다.

다음으로 마이너스(-) 금리를 매기게 되는 경우에도 정책적인 판단이 필요하다. 우선 현행 국내법 체계에서 마이너스 금리를 매길 수 있는지도 논란거리다. 헌법 상 기본권인 재산권이 침해된다는 문제 제기가 나올 수 있기 때문이다.

그러나 경기 침체와 저성장이 계속된다면 유럽. 일본 등과 같이 마이너스 금리를 정책적으로 선택해야 하는 순간이 올 수도 있다. 경기가 어려운데 마이너스 금리를 매길 수 있는 정책 수단인 디지털 원화가 있는데 정책 당국이 이 같은 옵션에 눈 감을 리는 없기 때문이다. 심지어 과거 글로벌 금융위기 때는 지폐를 가지고도 마이너스 금리 효과를 나타낼 수 있는 정책 아이디어가 경제학계에서 나오기도 했다. 예컨대 그레고리 맨큐Mankiw 하버드대 교수는 글로벌 금융위기 직후인 2009년 매년 0~9 중 임의의 숫자를 골라 지폐 일련번호 끝자리가 선택된 숫자와 일치하는 화폐에 대해 법화로서 지위를 박탈하는 방식으로 화폐의 기대수익률(즉 금리)을 사실상 -10%로 설정하는 방안을 제안하기도 했다.[105]

....

105 "It May Be Time for the Fed to Go Negative", *New York Times*, 18 Apr. 2009.

2008년 글로벌 금융위기에 이어 2010~2011년 남유럽 부채 위기로 연달아 타격을 받은 유럽 지역에선 유럽중앙은행이 2014년 6월 마이너스 금리 정책을 시작했다. '잃어버린 20년'의 장기 침체를 겪은 와중에 역시 저성장의 늪에서 벗어나지 못하고 있는 일본도 2016년 1월 마이너스 금리 정책을 도입했다. 마이너스 금리 정책의 가장 큰 구멍이라 할 수 있는 것은 마이너스 금리를 피해서 현금으로 도피가 가능하다는 점이다. 예금과 달리 현금에는 금리를 매길 수가 없어 '제로 금리' 자산이라고 할 수 있는데, 중앙은행이 예치금 등에 마이너스 금리를 매기면 제로 금리 자산인 현금으로 쏠림 현상이 벌어지기 때문이다. 그러나 현금이 중앙은행 디지털 화폐로 대체되고 난 뒤에는 이런 쏠림 현상을 걱정하지 않아도 된다. 경기 부양을 위해 좌고우면 하지 않고 마이너스 금리 정책을 펼 수 있는 가능성이 열리게 된다.

그렇다면 당연히 디지털 원화를 발행하고 나서 우리나라에도 마이너스 금리 정책을 도입할 수 있느냐의 문제가 대두될 수밖에 없다. 그런데 필자는 미국의 통화정책에서 벗어나 그나마 독자적인 통화정책을 펼 수 있는 유럽이나 일본과 우리나라는 상황이 다르다고 본다. 미국이 '제로 금리' 정책을 유지하고 있는데, 한국이 마이너스 금리 정책을 펼 수는 없다는 것이다.

한국이 마이너스 금리 정책을 논의하려면 디지털 원화가 디지털 머니 시장에 영향력을 미칠 수 있을 정도로 널리 퍼진 후에 미국도 마이너스 금리 정책을 펼쳐야 가능해질 것으로 전망한다. 앞서 살펴봤듯이 홍콩은 미국 달러에 홍콩 달러를 묶어 놓고 있어 독자적인 금리 정책이 불가능하다. 다만 자금 유출을 막기 위해 미국보다 금리를 최소 0.5% 포인트 높게 유지하고 있다. 홍콩은 미국 정책 금리가 마이너스 0.5% 이하로 떨어지지 않는 한 마이너스 정책 금리가 나타날 수 없는 구조인 것이다. 한국은 코로나 사태에 대응하기 위해 2020년 5월 정책 금리를 사상 최저인 연 0.5%로 낮췄다. 미국이 제로 금리를 유지하는 한 이 보다 더 정책 금리를 낮추기는 어려운 상황인 것이다.

미국 연준은 마이너스 금리 정책에 대해서 오히려 돈 가뭄을 부추길 수 있다며 부정적인 입장이다. 파월 연준 의장은 2020년 2월 의회에서 "만약 마이너스 금리가 된다면, 은행 수익성에 하락 압력을 만들게 될 것이고 이는 신용 팽창을 제한하게 할 것이다"라고 말했다. 은행은 고객에게 마이너스 금리를 전가하지 못하기 때문에 은행들이 마이너스 금리로 생기는 손실을 떠안게 되고, 은행의 손실이 늘어나면 대출 등 신용을 제공하는 데 어려움을 겪게 될 것이란 얘기다. 파월 의장은 5월 13일에도 전날 트럼프 대통령이 마이너스 금리가 선물이라고 주장하자 "연준의 시각은 달라지지 않았다"면서 "실효성에 대해 의견이 엇갈린다. 그것은 우리가 고려하고 있는 조치는 아니다"라고 했다.

또 미국은 유로지역이나 일본과는 달리 은행보다는 자본시장 중심의 금융 시스템이어서, 마이너스 금리 정책을 펴도 은행을 통한 신용 확대에는 한계가 있다는 지적도 나오고 있다. 미국에선 기업들이 은행 대출이 아니라 MMF(머니마켓펀드) 시장 중심으로 단기 자금을 조달한다. MMF는 하루만 맡겨도 이자를 주는 금융 상품인데, 수익을 올리기 위해서 국채, 우량 회사채, 우량 기업어음 등에 투자한다. 때문에 시장 금리가 마이너스가 돼서 MMF 수익률이 떨어지면서 MMF 환매 요청이 급증하고 단기 금융 시장이 위축되면서 신용 불안이 심화될 우려가 있다는 것이다. 이미 일본에선 2016년 1월 마이너스 금리 정책이 시행되자, 그 영향으로 MMF 산업이 소멸되는 현상이 나타났다.[106]

다만, 미국에선 코로나 사태에 대응하기 위해 마이너스 금리가 필요하다는 논의가 나오고 있다. 한 세기에 올까 말까 할 정도로 큰 위기에 대응하려면 평소에는 상상하지 못할 정책마저 끌고 나와야 한다는 분위기다. 트럼프 미국 대통령은 2020년 5월 12일 "미국은 마이너스 금리의 '선물'을 받아들여야 한다"고 소셜미디어인 트위터에 메시지를 올렸다.[107]

케네스 로고프Rogoff 하버드대 교수도 2020년 5월 칼럼에서 "연준이 마이너스 금리를 채택하면 많은 한계기업이 계속 생존할 수 있을 것"이라며 "연준이 쓸 수 있는 도구로 마이너스 금리를 고려하지 않는 것은 실수"라고 말했다.[108] 글로벌 투자은행 골드만삭스의 자크 팬들Pandl 글로벌 외환시장 공동 책임자도 미국 내에서 코로나 2차 감염 확산이 있을 경우 미 연준이 마이너스 금리 정책을 검토할 것이라고 예상했다.[109]

벤 버냉키Bernanke 전 연준 의장은 2020년 1월 자신의 블로그에 올린 글에서 마이너스 금리 정책에 대해 연준이 '건설적 모호성constructive ambiguity'를 유지할 필요성이 있다는 의미심장한 주장을 했다.[110] 버냉키는 명목 금리에 제로(0) 하한을 두고 양적완화나 포워드 가이던스forward guidance(금리 방향을 미리 공표하는 것) 등 현재 쓰고 있는 정책을 펼치는 게 효과적이라고 보지만, 단기 금리를 마이너스로 낮추는 마이너스 금

106 김성택, 황원정, 홍서희(2020).
107 https://twitter.com/realdonaldtrump/status/1260206276216266754.
108 "The case for deeply negative interest rates", *Project Syndicate*, 5 May 2020.
109 "A 2nd wave of coronavirus cases could force the Fed to reconsider negative interest rates, Goldman Sachs says", *Business Insider*, 14 May 2020.
110 Bernanke(2020).

리 정책이 유용할 수 있는 때가 올 수 있다고 봤다. 때문에 통화정책의 여력을 확보하기 위해서 연준이 마이너스 금리 정책에 대한 입장을 명확하게 밝힐 필요가 없다는 얘기다. 또 양적완화로 장기 채권을 사들여 금리를 낮추다보면 장기 금리가 마이너스로 갈 수도 있는데, 연준이 마이너스 금리 정책을 배제한다고 밝히는 것은 연준의 손발을 묶을 수 있다는 얘기다. 버냉키의 말을 해석하자면, 연준의 공식적인 발표 뒤에 있는 움직임에 촉각을 세워둬야 한다는 의미가 된다.

한국 디지털 원화의 마이너스 금리 가능성을 점검하기 위해선 현재 제로 금리 정책을 펴고 있는 미국 내에서 벌어지는 마이너스 금리 논의를 따져 보는 게 중요하다. 한국만 독자적으로 마이너스 금리 정책을 펼 가능성은 낮아 보이기 때문이다.

6장

중앙은행 디지털 화폐 시대의
자산 시장 변화

구매력을 미래로 옮겨주는 '머니 스토리지'

　디지털 달러, 디지털 위안화, 디지털 원화……. 이런 디지털 머니도 모두 돈이다. 돈은 경제학 교과서에서 크게 세 가지 속성을 가지고 있다고 설명하고 있다. 첫째, 교환의 매개 기능이다. 상품과 서비스를 살 때 돈으로 지불하고 교환한다. 둘째, 가치 저장 기능이다. 돈은 현재의 구매력을 미래로 이전한다. 셋째, 가치의 척도이다. 돈으로 특정한 상품, 서비스, 예금, 대출의 가치를 잰다.

　지금까지는 주로 중앙은행 디지털 화폐를 결제나 지불의 수단, 즉 교환의 매개 수단으로서의 기능 측면에서 살펴봤다. 중앙은행 디지털 화폐는 일상생활에서 지폐와 동전과 같은 현금을 대체할 것이다. 그래서 일반 금융소비자는 이 새로운 화폐의 교환의 매개 수단으로서 속성부터 먼저 경험하게 될 것이기 때문이다. 하지만 가치를 미래로 옮겨주는 '머

주요국 고액 지폐의 유통 수명

국가(액면가)	유통수명(개월)
미국(100달러)	180
유로존(500유로)	235
영국(50파운드)	492
호주(100달러)	330
일본(만엔)	54
멕시코(천메소)	103
한국(5만원)	162

출처: 한국은행

니 스토리지money storage'로서의 가치 저장 수단의 기능도 중요하다. 만약 화폐가 가치 저장 기능이 없다면 교환의 매개 수단으로서도 잘 작동하기가 어렵다. 상품과 서비스 대신 화폐를 주고받는 와중에 저장된 가치가 보존되지 않으면 누구도 주고받으려고 하지 않으려고 할 것이기 때문이다.

주로 교환의 매개로 쓰이는 현금도 가치 저장 수단으로 쓰인다는 것은 5만 원짜리 지폐의 사례를 보면 쉽게 이해할 수 있다. 가치 저장 기능은 현재의 구매력을 미래로 옮기는 것이다. 즉, 다시 말하면 오래 보관하게 된다는 것이다. 한국은행의 은행권 유통 수명 조사에 따르면 2019년 처음으로 5만 원 지폐의 유통 수명을 조사했더니, 162개월(13년 6개월)로 나왔다. 1만 원 지폐의 127개월(10년 7개월)보다 3년 가까이, 5000원 지폐의 49개월(4년 1개월)이나 1000원 지폐의 53개월(4년 5개월)보다 9년 넘게 더 오래 시중에 머무는 것이다. 역시 가치 저장 수단으로 많이 쓰이는 미국의 100달러짜리 지폐의 유통 수명도 180개월에 달한다. 한은은 "5만 원권은 다른 권종보다 가치 저장 수단으로 널리 이용되기 때문에 유통 수명이 가장 긴 것으로 나타났다"고 했다. 한은의 '2018년 경제주체별 현금사용 형태 조사 결과'에 따르면, 우리나라 가계가 예비용 현금을 보관하는 경우 평균 54만 3000원을 갖고 있었다. 그런데 예비용 현금의 79.4%가 5만 원 지폐였고 18.6%가 1만 원 지폐였다.

이렇게 지폐도 가치 저장 수단으로 쓰이는 만큼 중앙은행 디지털 화폐가 등장하면 역시 가치 저장 수단으로 쓰일 것이라고 봐도 무방할 것이다. 지폐는 5만 원짜리 지폐와 같은 고액권이 주로 가치 저장 수단으로 쓰였다. 금고 등에 넣어 둬야하기 때문에 고액권을 보관하는 게 비용 대비 저장 가치가 높기 때문이다. 그러나 디지털 원화는 금고나 실물 지갑에 넣어 놓을 필요가 없어 보관비용이 거의 들지 않는다. 대신 디지털 지갑이 해킹 당하거나 암호를 잊어버릴 위험이 있다. 디지털 원화 같은 중앙은행 디지털 화폐는 고액권이든 아니든 해킹이나 암호 등의 분실 위험을 줄이면 쉽게 보관할 수 있는 이점이 있는 것이다.

중앙은행 디지털 화폐는
'최고의 무위험 자산'

중앙은행 디지털 화폐는 현금과 마찬가지로 인플레이션이 발생하면 가치가 떨어지게 된다. 인플레이션으로 인해 가치가 떨어지는 현금은 결국 제대로 된 교환의 매개 기능을 수행하기 어려울 수도 있기 때문에, 이자를 줘서 인플레이션에 대응해 가치를 보존할 수 있도록 해야 한다는 논의가 과거부터 있었다. 그래서 미국의 저명한 경제학자 밀턴 프리드먼 Friedman 시카고대 교수는 정부가 발행하는 화폐는 다른 무위험 자산(즉, 국채) 정도의 수익률이 나오게 해야 한다고 주장하기도 했다.[111] 하지만 금고나 지갑에 들어 있는 실물 형태의 지폐나 동전에 이자를 준다는 것은 현실 세계에서는 쉽지 않은 일이다.

....

111 Michael Bordo and Andrew Levin(2017).

그런데 중앙은행 디지털 화폐는 지폐나 동전과 같은 현금과 달리 '이자를 받을 가능성'이 있다. 디지털 형태에 이자를 줄 수 있게 컴퓨터로 프로그래밍할 수 있기 때문이다. 은행에 넣어 놓은 예금의 경우 계좌 내역을 열어 보면 은행 본점에서 프로그래밍한대로 금리를 따져 자동으로 매달 이자가 들어오는 것을 확인할 수 있는 것과 같다고 생각하면 된다. BIS는 2018년 3월 중앙은행 디지털 화폐 발행 때 유념해야 할 권고사항 등을 담은 보고서에서 "금리가 지급되는 경우 CBDC는 보유자에게 지급 결제 수단으로서의 편리성뿐 아니라 가치 저장 수단으로서의 경제성도 제공할 수 있다"고 했다.[112] 마크 카니 전 잉글랜드은행 총재는 중앙은행 디지털 화폐의 가치 저장 기능을 두고, '최고의 무위험 자산ultimate risk-free asset'이라고 말하기도 했다. 가치를 잃을 위험도 없고 이자까지 받을 수 있다는 측면에서 중앙은행 디지털 화폐는 지폐나 동전과 같은 현금보다 '가치 저장' 기능에 있어서 뛰어나다고 할 수 있다.

다만 중앙은행 디지털 화폐에 대한 이자는 플러스(+)가 아니라 마이너스(-)로 갈 수도 있다. 그런데 디지털 달러, 디지털 원화 같은 중앙은행 디지털 화폐에 마이너스 금리를 매겨야 한다면 실물 경기가 워낙 안 좋아 다른 비슷한 금융자산(국채, 은행 예금)에도 마이너스 금리가 적용되는 시대일 가능성이 높다. 때문에 마이너스 금리 시대에도 디지털 원화 등이 가치 저장 수단으로서의 경쟁력을 계속 유지할 수 있을 것으로 보인다. 중앙은행 디지털 화폐에 마이너스 금리가 매겨질 경우에 자산관리 측면에선 어떻게 대처해야 되는지에 대해선 뒤에서 자세히 살펴보도록

112 "Central bank digital currencies", *BIS Committee on Payments and Market Infrastructure*, Mar. 2018.

하겠다.

중앙은행 디지털 화폐가 '최고의 무위험 자산'이라고 한다면, 우선 가계 자산 중에서 은행 예금이 중앙은행 디지털 화폐로 대체될 가능성에 주목해야 한다. 일상 거래에서 쓸 수 있으면서도 이자가 나올 수 있는 중앙은행 디지털 화폐는 가치 저장 수단으로서 은행 예금과 경쟁 관계에 있게 되기 때문이다.

먼저 현재 국내 가계의 자산 중에 은행 예금 비중은 얼마나 되나 알아보자. 한국은행, 금융감독원, 통계청 등이 매년 조사하는 '가계 금융·복지 조사'에서 가계의 자산 구성을 가늠할 수 있다. '2019년 가계 금융·복지 조사' 결과를 보면 가구소득이 늘거나 여유자금이 생겼을 때 주된 운용 방법을 물었더니 '저축과 금융자산 투자'가 46.8%로 가장 많았다. '부동산 구입'이 24.5%, '부채 상환'이 22.7% 순으로 그 뒤를 이었다. 금융자산을 투자할 때 선호하는 운용 방법은 예금이 91.5%(은행 예금만 보면 73.3%, 그 외 저축은행이나 비은행 금융기관 예금 등임)로 압도적으로 많았다. 이어 주식 4.4%, 개인연금 2.5% 등의 순이었다.

우리나라 가계의 전체 자산 구성을 보면 부동산 등 실물 자산이 75.5%, 예금 등 금융자산이 24.5%로 실물 자산이 상당 부분을 차지한다. 하지만 여윳돈이 생기면 은행 예금에 넣는 경우가 많다는 것을 알 수 있다. 때문에 디지털 원화 등이 발행되면 여윳돈을 은행 예금에 넣어 두지 않고, 중앙은행 디지털 화폐 형태로 보관할 가능성이 높아진다. 지금까지는 국내에선 디지털 머니를 은행 예금 형태로 보관하는 경우가 많지만, 디지털 원화가 등장하면 중앙은행 계좌나 전자 지갑에 디지털 원화 형태로 보관하는 경우가 늘어날 수 있다는 것이다. 그러다 마음에 드는 투자처가 생기면 투자하는 것이다.

그런데 아무래도 중앙은행 디지털 화폐는 은행 예금과 비교하면 이점이 많다. 위기 때 흔들릴 수 있는 은행과 달리 부도 위험이 거의 없는 중앙은행이 발행하기 때문이다. 중앙은행이 문을 닫는다는 것은 한 나라경제가 완전히 정지되기 전에는 상상할 수 없는 일이다. 특히 중앙은행디지털 화폐에 이자까지 지급하게 된다면 은행 예금을 상당 부분 잠식할 가능성이 높다.

디지털 원화가 가치 저장 수단으로 활용되는 경우 전자 지갑의 해킹문제 등 이제까지 지폐나 동전 등 현금 사용 때는 나오지 않던 새로운이슈가 나오게 될 것이다. 또 전자 지갑이 내장된 스마트폰을 분실했을경우 디지털 원화를 회수할 수 있을지 등도 새로운 이슈로 등장하게 될것이다. 현재는 현금을 분실하거나 도둑맞았을 경우 찾기가 어려웠다. 하지만 디지털 원화는 익명성을 어느 정도 수준에서 구현하느냐에 따라디지털 네트워크 내에서 추적이 가능할 수 있기 때문이다.

한편 해외 중앙은행 디지털 화폐를 국내 금융 소비자들의 자산 꾸러미에 얼마나 담을 수 있을지도 관심사다. 국내 부자들이 해외 투자 때 디지털 달러나 디지털 위안화, 디지털 엔화 등 해외 중앙은행이 발행한 디지털 화폐에 투자할 것인지도 이슈가 될 수 있다는 것이다.

이와 관련해 국내 부자들의 해외 금융자산 구성에 대한 흥미로운 조사가 있다. 국내 부자들의 자산 관리 방식 등을 조사한 하나금융그룹의'2020 코리안 웰스 리포트'에 따르면 해외 자산의 보유 형태로 외화 예금(71.5%), 외화 현금(50.9%)을 갖고 있다는 대답이 1, 2위를 차지해 압도적으로 많았다(복수 응답이 가능한 설문이었다). 그 뒤를 이어 해외 주식을

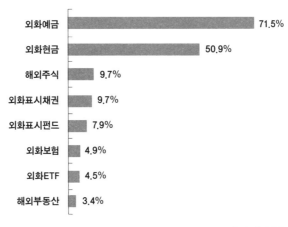

현재 보유 외화자산(복수응답)

외화예금	71.5%
외화현금	50.9%
해외주식	9.7%
외화표시채권	9.7%
외화표시펀드	7.9%
외화보험	4.9%
외화ETF	4.5%
해외부동산	3.4%

출처: 하나금융경영연구소

보유 한다는 대답은 9.7%, 외화 표시 채권 9.7%, 외화 표시 펀드 4.9% 순이었다.

또 '어떤 외화 자산이 형태로 보유하고 싶냐'는 질문에는 외화 예금이 55.2%, 외화 현금이 36.8%로 1, 2위를 차지했다. 해외 자산의 경우에는 금융 상품의 형태가 아니라 현금이나 단순한 예금 형태로 갖고 있거나 갖고 싶다는 게 국내 부자들의 수요인 것이다. 해외에서 지폐 등 현금, 또는 은행 예금을 대체할 수 있는 디지털 달러 등이 나오면 그에 대한 관심이 상당할 수 있다는 것을 함의하는 것이다. 앞으로 디지털 달러나 디지털 위안화와 같은 해외 중앙은행 디지털 화폐의 국내 수요가 상당할 수 있다는 것을 방증하는 조사인 것이다.

디지털 달러와 디지털 골드, 어디에 가치를 저장할까

"만약 중앙은행 디지털 화폐가 발행된다면, 즉시 암호화폐를 대체하게 될 것이다. 암호화폐는 확장 가능성도 없고, 싸지도 않고, 안전하지도 않고, 실제로 탈중앙화돼 있지도 않기 때문이다."

누리엘 루비니[Roubini] 뉴욕대 교수는 2018년 11월 '왜 중앙은행 디지털 화폐가 비트코인을 파괴할 것인가'라는 칼럼에서 이렇게 주장했다.[113] 중앙은행 디지털 화폐는 현재 쓰이고 있는 어떠한 디지털 머니 형태보다 우월한 강점을 갖고 있다는 의미에서다. 현재 우리는 은행 예금(B-머니), 각종 페이(E-머니), 암호화폐 등의 민간 디지털 머니를 사용할 수 있다. 그리고 은행들은 실제 은행 간 거래에서 디지털 머니로 중앙은행 디지털

113 Nouriel Roubini, "Why central bank digital currencies will destroy bitcoin", *The Guardian*, 19 Nov. 2018.

화폐(지급준비금)를 사용하고 있다. 은행 간 거래에서 처리 속도, 처리 비용이나 안정성을 볼 때 중앙은행 디지털 화폐가 개인 간 거래로 확장돼서 쓰이더라도 비용이나 안전성을 담보할 수 있다는 것이다. 민간의 은행 예금이나 암호화폐는 금세 중앙은행 디지털 화폐로 대체될 것이란 전망이다.

암호화폐 업계에선 비트코인과 같은 암호화폐는 '익명성'이 중앙은행 디지털 화폐보다 높기 때문에 중앙은행 디지털 화폐 시대에도 살아남을 수 있다고 본다. '익명성'을 원하는 사람들은 디지털 화폐로 암호화폐를 선호할 것이기 때문이다. 그런데 루비니 교수는 이런 암호화폐 업계의 전망도 부정했다. 비트코인 같은 암호화폐의 거래는 중앙은행이나 정부가 들여다 볼 수 없는 탈중앙화된 분산원장 방식이어서 익명성이 보장된다는 게 업계의 얘기다. 하지만 루비니 교수는 암호화폐를 전자 지갑에 넣었다가 뺄 때 디지털 족적足跡을 남기기 때문에 실제로는 익명으로 거래할 수 없다는 지적을 했다. 암호화폐가 중앙은행 디지털 화폐보다 나은 이점이 없기 때문에 모든 민간 디지털 머니는 사라질 것이란 전망이라는 것이다. 루비니 교수의 주장대로라면 미래에 가치가 사라질 암호화폐를 지금 보유하는 것은 의미 없는 행위인 것이다.

그러나 여전히 암호화폐에 가치를 저장하는 투자자들이 적지 않다. 특히 업계에선 암호화폐의 대표인 비트코인에 대해 실물 세상의 금과 같은 가치 저장 수단이라며 '디지털 골드(금)'라고 부르기도 한다.[114] 세계적인 자산관리 회사인 피델리티가 2020년 6월 발표한 세계 기관 투자자에

....

114 암호화폐 업계에선 암호화폐를 만드는 것을 마치 금을 캐는 것처럼 채굴mining한다고 표현한다.

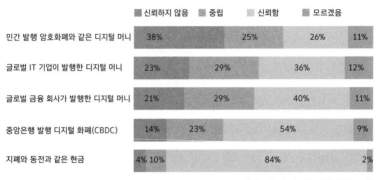

투자대상에 대한 신뢰도

	신뢰하지 않음	중립	신뢰함	모르겠음
민간 발행 암호화폐와 같은 디지털 머니	38%	25%	26%	11%
글로벌 IT 기업이 발행한 디지털 머니	23%	29%	36%	12%
글로벌 금융 회사가 발행한 디지털 머니	21%	29%	40%	11%
중앙은행 발행 디지털 화폐(CBDC)	14%	23%	54%	9%
지폐와 동전과 같은 현금	4%	10%	84%	2%

출처: 이코노미스트 인텔리전스 그룹

대한 설문 조사 결과에 따르면, 441개 미국 기관 투자자 중 27%가 디지털 자산을 갖고 있다고 대답했다. 이는 전년의 22%보다 높아진 것이다. 이중 25% 이상이 비트코인을 갖고 있다고 했고, 11%는 이더리움을 갖고 있다고 했다. 다만 자산 중 보유 비중은 높지 않았다. 향후 5년간 적어도 자산의 0.5%를 디지털 자산에 투자하겠다는 대답은 88%였다. 아직은 그 정도도 안 된다는 뜻이다. 이 조사 결과는 기관투자자들도 가치 저장 수단으로 자산 포트폴리오에 암호화폐를 넣어 두고 있다는 것으로 해석하면 될 것이다. 암호화폐 전문가들은 적어도 2020년 현재 시점에서 암호화폐는 지불 수단으로서는 안정적인 신뢰를 얻지 못하고, 가치 저장 수단으로는 받아들여진 상태라고 본다.[115]

---

115 암호화폐 조사업체 코인메트릭스 최고경영자 닉 카터는 비트코인의 비전이 2014~2015년을 경과하면서 소액 지불수단에서 '디지털 콜드'로 그 비중이 높아져, 현재는 지불수단의 비전은 거의 악화되고 자산으로서 자리매김했다고 말한다.(인호, 오준호(2020))

한편 영국 경제 잡지 이코노미스트의 계열사인 이코노미스트 인텔리전스 그룹이 암호화폐 업체인 크립토닷컴과 2020년 4월 세계 가상자산 투자자 3000명에 대해 공동 조사한 결과에 따르면, 가상자산(암호화폐) 투자자들 역시 아직까지는 비트코인 등 기존 가상자산보다는 앞으로 나올 중앙은행 디지털 화폐에 대한 선호도가 더 높은 것으로 나타났다. 민간 발행 암호화폐에 대한 신뢰도는 26%였던데 반해, 중앙은행 디지털 화폐의 신뢰도는 54%에 달했다.

비트코인과 같은 암호화폐에 대해 앨런 그린스펀Greenspan 전 미 연방 준비제도 의장이 미국의 독립전쟁 시기의 컨티넨털 화폐Continental currency 와 비교하면서 일시적으로만 가치를 가질 수 있다고 한 적이 있다.[116] 암호화폐 업계에서는 이에 대해 그린스펀 전 의장이 비트코인에 대해 부정적으로 언급했다며 반발했다. 하지만 거꾸로 해석한다면 비트코인이 남발되지 않고 가치를 유지할 수 있다는 '신뢰'만 준다면 가치 저장 수단의 기능을 지속할 수 있다고도 볼 수 있을 것이다.

컨티넨털 화폐는 1775년 미국 독립전쟁 자금 조달을 위해 미국 13개 식민지 대표들이 모은 대륙 의회의 결정으로 발행됐다. 하지만 금이나 은 등으로 보증이 되지 않았다. 그럼에도 당시 조지 워싱턴이 이끄는 미국 독립군은 이를 주고 무기와 식량 등을 구입했다. 액면가치도 6분의 1달러에서 80달러로 다양했고, 2억 4150만 달러어치가 발행됐다. 하지만 1780년이 되면서 액면가의 40분의 1로 가치가 폭락했고, 1781년쯤엔 완전히 가치가 바닥나 돈으로서 사용되지 않게 됐다. 그래서 미국에

---

116 "Greenspan compares bitcoin to Colonial America currency that eventually became worthless", *CNBC*, 6 Dec. 2017.

서는 '전혀 가치가 없다'는 뜻의 숙어로 'not worth a continental(컨티넨털 화폐 정도의 가치도 없다)'는 말을 쓰기도 할 정도다.

그런데 그린스펀이 비트코인을 컨티넨털 화폐에 비유한 것은 아무런 가치가 없어 보이는 것도 화폐로 기능할 수 있다는 의미도 포함된 것이었다. "비트코인은 정말로 어떻게 인간이 가치를 창조하고, 가치를 예측하고 판단하는지에 대한 놀라운 사례이다. 그것은 항상 합리적이지만은 않다. 아무 것도 없는 데서 교환 가치를 가진 것을 창조할 수 있다고 얘기할 수 없다. 그런 의미에서 합리적인 화폐가 아닌 것이다. 하지만 그렇다고 해서 그것(비트코인)이 거래될 수 없다는 뜻은 아니다. 인간은 가치가 없는 많은 것들을 사곤 한다. 사람들은 딴 가능성이 없어도 카지노에 가서 도박을 한다. 누구도 막을 수 없는 일이다." 그린스펀의 말이다. 비트코인과 같은 암호화폐는 과거엔 볼 수 없었던 디지털 머니 시대의 가치 저장 수단이지만, 익명성을 지킬 수 있는 디지털 머니라는 투자자들의 '신뢰'만 얻을 수 있다면 중앙은행 디지털 화폐가 나와도 생명력을 유지할 수 있을 것이다. 다만 그 같은 '신뢰'를 어떻게 확보하고 유지할 수 있을지는 암호화폐 업계의 숙제로 남아 있을 것이다.

중앙은행 디지털 화폐는 현금, 암호화폐 등과 같이 화폐적 성격이 강한 가치 저장 수단 이외의 다른 가치 저장 수단에도 영향을 줄 수 있을까? 특히 중앙은행 디지털 화폐가 현재 세계적으로 가장 비중이 높은 가치 저장 수단으로 떠올라 있는 부동산에 영향을 미칠 수 있을까? 이것도 그냥 넘어갈 수 없는 질문이다.

가치 저장은 돈의 대표적인 세 가지 속성 중 하나이면서 동시에 자산의 기능이다. 가치 저장 수단으로서 역할은 돈뿐만 아니라 현재의 구매력을 미래로 이전할 수 있는 어떤 물건이라도 할 수 있다. 현금 뿐 아니라 금, 은 같은 귀금속, 채권, 주식 등 금융 자산, 그리고 부동산 같은 실물 자산 등이 가치 저장 수단으로서의 역할을 하는 것이다.

현재 세계적으로 가장 큰 자산군은 주택이다. 영국 경제전문 잡지 이코노미스트는 2020년 1월 선진국 주택 시장 정책 실패의 원인과 해법을 짚어보는 기획 기사[117]에서 18세기에는 농장이 세계 유일의 최대 자산 군이었다면, 19세기 들어서는 산업 혁명의 동력인 공장이 그 자리를 차지했고, 현재는 주택이 세계에서 가장 큰 자산 군으로 성장했다고 분석했다. 특히 우리나라에서는 강남 아파트로 대표되는 부동산이 가치 저장 수단의 특별한 지위를 차지하고 있다. 한국은행, 금융감독원, 통계청 등이 조사한 '2019년 가계 금융·복지 조사'를 보면, 2019년 3월말 기준으로 우리나라 가계의 평균 자산은 4억 3191만 원인데 그중 70.3%인 3억 379만 원이 부동산이다.

우리나라 가계의 부동산 보유 비중은 다른 나라에 비해서 높은 편이다. 그 만큼 우리나라에서 가치 저장 수단으로서의 부동산 선호도가 높다는 뜻이다. 가계가 보유하는 자산 구성의 국제비교를 위한 자료로는 통계청과 한국은행이 내는 '국민대차대조표'가 있다. 2017년 국민대차대조표 통계에는 참고 자료로 각국의 가계자산 구성 중 부동산 등을 포함한 비금융자산과 금융자산의 비중을 비교한 자료가 첨부돼 있다. 이 자료를 보면 한국의 가계자산 중 비금융자산 비중은 62.4%로 이탈리아(61.2%), 프랑스(60.4%), 일본(37.4%), 미국(29.9%) 등 대부분 선진국보다 높은 수준을 보이고 있다. 이 비중은 금융부채를 뺀 순자산 기준으로 보면 더 높아진다. 한국이 75.4%로 역시 주요국 중에는 가장 높은 수준이다.

그런데 이렇게 우리나라의 부동산 등 실물자산 보유비중이 높은 이유는 단순히 우리나라 사람들이 부동산을 더 좋아하기 때문일까. 다른 나

....

[117] "How housing became the world's biggest asset class", *The Economist*, 18 Jan. 2020.

라 사람이라고 자기 집을 갖고 싶어 하는 욕구가 덜하지는 않을 것이다. 우리나라에서 부동산 비중이 높은 이유 중 하나로 부동산이 우리나라에서 가치 저장 수단으로서 차지하는 '특별한' 역할이 강하기 때문이라고 해석할 수 있는 자료도 있다.

미래에셋은퇴연구소의 '국제비교를 통해 본 우리나라 가계 자산 특징 및 시사점'(2018년 10월)에 나온 다른 나라의 가계 자산 중 거주주택 구성비와 우리나라의 '가계 금융·복지 조사' 통계에 나온 가계 자산 중 거주주택 구성비를 비교하면 그렇다. 우리나라의 가계 자산 중 거주주택 비중은 41.5%로 미국(40.6%), 영국(34.6%), 호주(42.5%) 등과 그다지 다르지 않다. 하지만 거주주택 외 부동산 비중은 우리나라가 28.8%로 10% 이하인 다른 나라에 비해 압도적으로 높다. 그만큼 다른 나라보다 거주주택 외에도 부동산을 가치 저장 수단, 즉 투자 수단으로서 더 투자하고 있다는 방증인 것이다.

그렇다면 중앙은행 디지털 화폐가 발행되면 가치 저장 수단으로서 부동산에도 영향을 줄 수 있을까. 디지털 원화가 발행되면 부동산에 영향을 줄 수 있는 두 가지의 통로를 생각해 볼 수 있다.

첫째는 디지털 원화를 국민들이 누구나 보유해야 하는 강한 '안전 자산'으로 여길 경우이다. 이론적으로 중앙은행 디지털 화폐를 보유하면 이자를 받을 수 있다. 지폐나 동전과 달리 이자도 나오면서 절대로 망하지 않을 중앙은행이 발행하는 디지털 원화가 보편적인 '안전 자산'으로 받아들여질 수 있다는 것이다. 또 디지털 원화는 모든 국민을 대상으로 발행되기 때문에 국채보다는 쉽게 보유할 수 있게 된다. 이 경우 강력한 가치 저장 수단으로 디지털 원화가 부동산과 경쟁 관계에 놓일 수 있다.

국가별 가계 자산 구성

단위: %

	한국	미국	영국	호주	네덜란드
금융자산	24.5	30.2	33.9	36.5	41.7
실물자산	75.5	69.8	66.1	63.5	58.3
(거주주택)	41.5	40.6	34.6	42.5	43.3
(거주주택 외 부동산)	28.8	3.2	2.8	7.9	2.2

*한국은 2019년 가계 금융·복지 조사, 다른 나라는 미래에셋 은퇴보고서.

출처: 한국은행, 미래에셋은퇴연구소

부동산 중 주택은 보수를 제 때 안 해주면 시간이 갈수록 가치가 떨어질 수 있고, 거기에 더해 보유 세제가 강화되면 가치 저장 수단으로서의 매력이 떨어질 수 있다. 하지만 디지털 원화에는 이자가 나오고 인플레이션도 잠잠해진다면 투자 매력이 높아질 수 있다는 것이다. 다만, 디지털 원화의 경우 플러스 이자 뿐만이 아니라 마이너스 이자를 매길 수 있다는 위험성이 있다는 걸 고려해야 할 것이다. 또 부동산을 살 수 있을 정도의 거액을 디지털 원화 형태로 보유하게 될 지도 의문이 든다.

둘째는 디지털 원화가 가치 저장 수단으로서 은행 예금을 압도하는 경쟁력을 갖게 된다고 국민들이 인식하는 경우다. 디지털 원화는 중앙은행에 계좌를 갖거나 중앙은행이 가치를 보증하는 디지털 토큰 형태로 발행된다. 때문에 가치 안정성에 있어서는 은행 예금보다 경쟁력이 뛰어나다. 국민들이 디지털 원화를 더 선호해 은행 예금에서 돈을 빼서 디지털 원화로 '쏠리는 현상'이 벌어진다면, 은행의 대출 원천이 부족해지는 일이 벌어질 수 있다. 2019년 우리나라 은행권의 대출 중 주택담보대출 비중은 31.4%, 가계대출 중 주택담보대출 비중은 69.6%에 달한다. 은행 대출의 원천이 되는 은행 예금이 줄어든다면 주택담보대출 규모에도 영향을 줄 수 있다. 은행들은 예금 축소에 대응하기 위해 주택담보대출 규모를 줄이거나, 예금 금리와 주택담보대출 금리를 동시에 올려서 규모를 유지하는 등의 전략을 선택할 수 있다. 어느 경우나 부동산 시장에 영향을 미치게 된다. 부동산 시장을 지탱하는 한 축이 주택담보대출인데, 이 규모가 줄어들거나 주택담보대출 금리가 오른다면 부동산 가격 하락이 불가피하다. 가격이 흔들리면 구매력을 미래로 전달하는 역할을 하는 가치 저장 수단으로서의 부동산의 지위가 흔들릴 수 있는 것이다.

만약 디지털 원화가 부동산 보유에 영향을 준다면 첫 번째 통로보다는 두 번째 통로로 나타날 가능성이 더 높다. 다만 이 같은 두 시나리오가 현실화될지는 현재로선 불분명하다. 아직 중앙은행 디지털 화폐는 실험 단계이고, 실제 은행 예금을 대체하는 정도까지 성장할 수 있을지 가늠하기는 쉽지 않기 때문이다. 하지만 디지털 원화가 발행되는 경우 부동산 시장에까지 영향을 미칠 수 있다는 점을 기억해 둬야 향후 자산 관리에도 도움이 될 것이다.

한편 한 시대를 풍미했던 가치 저장 수단도 영원히 그 지위를 누리지 않을 수 있다는 점도 기억해 두는 게 좋다. 그래야 경제 환경이 바뀌면 대표적인 가치 저장 수단으로 갈아탈 수 있는 준비를 할 수 있다. 국제 금융 시장에서 금 가격이 움직였던 게 가장 좋은 예일 것이다. 금 가격은 영원히 우상향 하는 그래프를 그릴 것이라고 생각할 수 있지만, 전혀 그렇지 않다.

국제 금 가격과 관련해 두 가지 그래프를 소개하도록 하겠다. 첫 번째

금 가격 추이

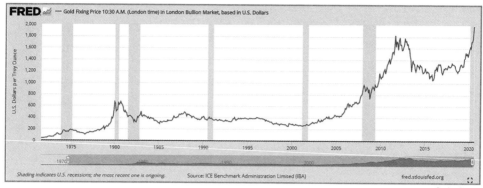

출처: 미 연준

그래프는 1971년 8월 리처드 닉슨Nixon 미국 대통령이 금 태환을 금지한 이후 런던 금 시장의 금 가격을 미국 달러로 표시한 것이다. 두 번째 그래프는 역시 1971년 8월 이후 런던 금 시장의 금 가격인데, 미국 소비자 물가 지수로 나눈 것이다. 물가 상승을 따졌을 때 금 가격이 어떻게 움직였는지 보여주는 그래프인 것이다.

첫 번째 그래프를 보면 금 가격이 계속 우상향하는 모양은 아니다. 한동안 횡보를 하다가 2008년 글로벌 금융위기에 즈음해서 급등락하다가 상승세를 탔다. 그러나 2013년 즈음해선 금값이 급락세를 보이다가 2020년 들어 다시 급등세를 타고 있다. 이렇게 예측 불가능한 금값의 움직임 때문에 안정적인 수익을 추구하는 투자들은 금 투자에 주저하는 경향이 있었다.

또 금은 그 자체로는 이자가 나오는 채권이나 배당이 나오는 주식처럼 현금 흐름이 전혀 나오지 않기 때문에도 기관 투자자들의 투자 리스트에 이름을 올리기 어려웠다. 그래도 금 투자를 좋아하는 개인 투자자

물가 상승률을 감안한 금 가격 추이

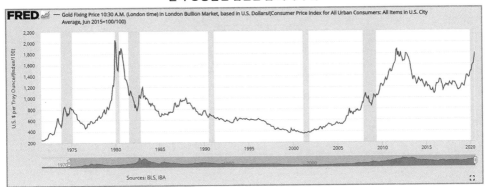

출처: 미 연준

에 대해 '골드 버그gold bug(금벌레)'라고 다소 낮춰 부르는 별명을 붙이기
도 했다.

그럼에도 '금 가격은 오르지 않았나', '2020년 들어 사상 최고치 아닌
가'라고 한다면, 두 번째 그래프를 보길 바란다. 소비자물가 상승률을 감
안하면 2020년 8월 현재 국제 금 가격은 1980년대 초에 못 미친다. 금을
보유하지 말라는 말이 아니라, 한동안 출렁였던 금 가격을 감안하면서
가계 자산 구성에서 금의 보유 비중을 조절해야 한다는 얘기인 것이다.
'몰빵'은 금물이다. '항상 승리하는 가치 저장 수단이란 믿음을 버려라'는
자산 구성 전략에 대한 조언은 가치 저장 수단으로서의 부동산을 보유
할 때도 동일하게 적용된다. 경제 환경 변화에 주목하고 그에 맞게 자산
구성을 바꿔 가는 게 가장 현명한 전략이다.

디지털 원화와 자산 배분 전략

한 가지 가치 저장 수단에 '몰빵'할 것이 아니라면 '자산배분 전략'을 추구해야 한다. 투자에 있어서 자산배분 전략이란 자신이 보유할 자산의 구성(포트폴리오)을 시장 상황에 맞게 짜서 안정된 수익률을 올리면서도 위험(리스크)를 최소화하는 전략을 뜻한다.

디지털 달러, 디지털 위안화, 디지털 원화 등 중앙은행 디지털 화폐는 지폐와 동전 등 현금을 대체하는 게 가장 기본적인 기능이다. 그렇다면 자산배분 전략에서도 현재 현금이 차지하는 비중을 중앙은행 디지털 화폐가 차지하게 될 것이다. 다만, 자산배분 전략을 따질 때 현금은 지폐와 동전 등 실제 현금 뿐 아니라 현금으로 쉽게 전환이 가능한 만기 3개월 이내의 당좌예금, 머니마켓펀드 등 디지털 형태의 현금성 자산을 가리킨다. 때문에 디지털 형태의 중앙은행 디지털 화폐가 발행되면 자산배분

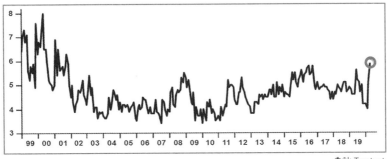

뱅크오브아메리카 메릴린치가 조사한 펀드매니저들의 평균 현금 보유 비중

출처: Trustnet

전략에서 현금은 더욱더 실제 디지털 형태인 중앙은행 디지털 화폐로 보유할 유인이 생기게 된다.

통상적으로 자산배분에 있어서 현금이 차지하는 비중은 5% 내외다. 미국 금융회사인 뱅크오브아메리카 메릴린치는 매달 전 세계 펀드매니저를 대상으로 설문조사를 벌인다. 그 설문조사에 따르면 2020년 초 코로나 사태가 벌어진 뒤 펀드매니저들의 현금 보유 비중은 늘었다. 2020년 4월 전체 운용 자산중 현금 비중이 평균 5.9%로 조사됐는데, 이는 2001년 9·11 테러 이후 가장 높은 비중이라는 게 미국 언론들이 전언이다. 시장이 불안할 때 현금 보유 비중이 늘어나는 경향이 있는 것이다.

뱅크오브아메리카 메릴린치의 조사에서 현금 보유 비중의 역사적인 추이를 보면 2001년 이전만 해도 6~8% 수준이었지만, 이후 5% 내외에서 움직이고 있는 것을 알 수 있다. 2020년 들어서는 2월에 4%였지만, 3월 5.1%, 4월 5.9%로 치솟다가 5월 5.7%, 6월 4.7%로 다시 하락하는 모습을 보였다.

그런데 자산배분 전략에서 현금 비중이 5% 내외라는 '5% 룰'은 현금에서 이자가 나오지 않는다는 전제로 만들어진 것이다. 중앙은행 디지털 화폐는 앞서 언급했듯이 단순히 현금을 대체하는 것 외에도 이자가 나올 수 있다는 특징이 있다. 중앙은행 디지털 화폐의 금리는 중앙은행 등 정책 당국이 결정하겠지만, 중앙은행이 발행해서 부도 위험이 없기 때문에 무위험 자산과 같은 수준의 금리가 나와야 한다는 게 일반적인 학자들의 주장이다. 그렇다면 현재 대표적인 무위험 자산인 국채와 같은 수준의 금리가 보장될 수 있다는 얘기다. 중앙은행 디지털 화폐에 이자가 나올 경우엔 주식과 채권의 투자 비중을 조정할 때도 중앙은행 디지털 화폐를 고려할 필요가 생긴다. 원래 채권 보유 비중 안에 중앙은행 디지털 화폐를 포함시켜야 한다는 얘기다.

주식과 채권 투자 비중은 투자자의 성향에 따라 다양하게 달라진다. 주식은 기업 성장 가능성에 따라 가격이 변하기 때문에 투자에 있어서 경제 성장의 과실을 나눠 갖는 것을 반영한다. 반면 채권은 안정적으로 고정된 이자 수익이 나오기 때문에 수익률을 안정화시켜 준다.

투자 대가들도 주식과 채권 투자 비중에 대한 다양한 조언을 하고 있다. 대표적인 '가치 투자자'인 벤자민 그레이엄Graham은 이 비율을 50대 50으로 하는 걸 기초로 해서 시장 상황에 따라 주식이나 채권의 비중을 최대 75%까지 늘리는 전략을 사용하라고 했다.

또 1975년 자산운용사인 뱅가드를 설립해 자산 5조 달러 규모의 세계 최대의 뮤추얼 펀드 운용사로 키웠던 존 보글Bogle은 주식 60%, 채권 40%라는 '60대40 전략'을 대중화시켰다. 미국 뮤추얼 펀드 업계에서는 이 전략을 전통적인 자산배분 전략으로 부른다. 존 보글은 또 주식 보유 비중을 '100-나이'로 하라는 조언도 했다. 40대라면 주식 대 채권 비중을 60대40으로 하지만, 60대라면 거꾸로 40대60으로 하라는 것이다.

이밖에도 자산배분 전략으로 예일대 기금을 30여 년간 30배 수준으로 불려서 '예일의 은둔자'로 불리는 투자전략가 데이비드 스웬슨Swensen 은 주식, 채권, 부동산펀드에 각각 55%, 30%, 15%로 나눠 넣는 전략을 구사했다.

이들 투자 대가들의 자산배분 전략에선 현금은 주요한 고려 사항이 아니다. 그렇지만, 이자가 나오는 중앙은행 디지털 화폐라면 국채 등 채권과 같은 자산으로 분류될 수 있기 때문에 채권 꾸러미에 넣을 수 있다는 얘기가 된다. 안정적으로 고정적인 수익이 나오면 수익률을 안정화시키고 위기 때에 가치를 보전하는 채권의 기능을 중앙은행 디지털 화폐도 수행하기 때문이다.

참고로 자산운용사 뱅가드는 홈페이지에서 각 자산배분 전략의 장기적인 수익률을 소개하고 있는데, 미국에서 전통적인 자산배분 전략으로 불리는 주식 60%, 채권 40% 전략의 경우 1926~2018년 연평균 8.6%의 수익률을 올렸다.[118] 93년 중 손실이 난 해는 22년으로 23.7%였다. 2020년 코로나 사태로 연초에 주식 시장이 급락세를 보이면서 60대40 전략의 투자 포트폴리오는 같은 해 3월에 20% 이상 손실을 보기도 했다. 하지만 이후 회복세를 보여 다시 수익률이 플러스로 돌아섰다. 한편 50대50 전략은 1926~2018년 연평균 수익률이 8.2%였다.

또 한 가지 자산배분 전략에서 중앙은행 디지털 화폐의 비중에 대해 고려할 사항은 코로나 사태 이후에 글로벌 시장에서 나타날 '안전자산'

....

118 https://personal.vanguard.com/us/insights/saving-investing/model-portfolio-allocations.

선호 경향이다. 안전자산이라고 하면 경제 위기나 금융 위기가 닥쳤을 때 부도 위험이 크게 증가하지 않는 자산을 가리킨다. 글로벌 투자자들은 금, 미 국채(미 달러), 선진국 국채 등을 안전자산으로 분류한다. 지폐나 동전 등 현금의 경우에도 미 달러와 같이 안전자산이 될 수 있다. 그런데 디지털 달러가 발행되면 디지털 형태로 쉽게 보관하고 이전이 가능하기 때문에 100달러짜리 현금 등보다도 중앙은행 디지털 화폐가 안전자산으로서의 선호도가 더 높아질 수 있다.

한편 코로나 사태 이후 안전자산의 수요는 크게 늘지만 투자할만한 안전자산은 부족해지면서 '안전자산 함정safety trap' 현상이 벌어질 수 있다는 의견과 오히려 위기 극복을 위해 재정을 늘리는 와중에 국채 발행이 크게 늘어 안전자산이 넘칠 것이란 의견이 모두 나오고 있다.[119] 한편 코로나 위기에 대응해 미 연준이 회사채를 직접 매입하는 등의 비상 정책으로 인해 시장의 부도 위험도 대폭 감소하고 있다는 게 안전자산의 공급이 늘어날 것이란 전망을 뒷받침해주고 있다. 그러나 제로금리 상황에선 안전자산 수요가 증가해도 더 이상 금리가 낮아질 수 없기 때문에 안전자산 초과 수요가 해소될 수 없다는 게 안전자산 함정이 생길 수 있다는 논리다. 어쨌든 두 가지 다른 상황에 따라 중앙은행 디지털 화폐가 투자 포트폴리오에서 비중이 늘어날지 줄어들지 결정될 것이다. 시장에서 안전자산의 부족 현상이 벌어지지 않는다면 투자자산에 중앙은행 디지털 화폐의 보유까지 검토할 필요성은 줄어들 것이다. 하지만 시장에 안전자산이 부족해진다면 투자자산 중에 중앙은행 디지털 화폐의 보유를

....

119 "The safe-asset shortage after Covid-19", *Financial Times*, 28 Jun, 2020.

늘릴 유인이 충분해진다.

　마지막으로 중앙은행 디지털 화폐가 자산배분 전략에 있어서 주식과 같은 위험자산으로 분류될 가능성이다. 비트코인 등 민간 암호화폐는 현재는 위험자산으로 분류하는 게 맞는 것으로 보인다. 누구도 현금 등 다른 안전자산으로 교환 가능성을 보증하고 있지 않고, 가치 변동성도 크기 때문에 암호화폐에 대한 투자는 위험자산에 대한 투자로 분류하는 것이다. 디지털 자산 전문 투자회사인 그레이스케일 인베스트먼트는 암호화폐 투자는 전통적인 효율적 투자 가능 영역을 확대하는 것으로 해석한다.[120] 같은 투자 손실 위험(리스크)이 있는 전통적인 투자 자산인 주식 등보다 더 높은 수익률을 줄 수 있다는 것이다. 하지만 중앙은행 디지털 화폐는 비트코인 등과 달리 중앙은행이 지불을 보증하고 법정 화폐로도 인정이 된다. 그렇기 때문에 위험자산으로 분류될 가능성은 없다. 투자수단으로서는 국채와 같은 무위험 자산으로 분류될 것이다.

120　Beck, Matthew, "A New Frontier: How digital Assets Are Reshaping Asset Allocation", *Grayscale Investment*, Oct. 2018.

화폐 전쟁 속 디지털 달러와 디지털 위안화 저울질

　해외에 있는 가치 저장 수단에 대한 관심이 점차 늘어나고 있다. 해외 분산 투자를 통해서 국내에만 '몰빵'하는 투자 위험을 분산하려는 것이다. 예컨대 국내 부동산 투자가 많은 자산가들의 경우에는 국내 금융 시장이나 부동산 시장에 위기가 닥칠 경우 가치가 떨어지는 부동산에만 모든 투자금을 넣어 두는 게 아니라 국내 시장에 위기가 오면 강세가 될 미국 달러에도 투자금을 넣어 두는 것이다. 또 투자 방식도 점차 디지털화가 되면서 쉽게 손 안의 스마트폰을 통해 해외 주식 투자 등을 할 수 있게 되면서 해외 투자 수단에 대한 관심도 높아지고 있다. 이에 따라 해외 투자 비중이 늘어나고 있는 것이다.

　한국은행의 자금순환 통계에 따르면 2019년 우리나라 가계와 비영리 단체는 해외 부문에 채권, 주식 등 33조 6000억 원의 금융 자산을 보유하고 있는데, 이는 가계와 비영리단체가 갖고 있는 금융자산 3978조 원의 0.8%쯤 된다. 10년 전인 2009년만 해도 개인이 갖고 있는 해외 부문의 금융 자산은 9조 6000억 원 정도였다. 해외 금융 자산 투자가 10년 사이에 금액으로 3배 이상 불어난 것이다. 2009년 개인 금융 자산 중에서 해외 금융 자산은 0.5%를 차지하는 정도였다.

이 같이 해외 가치 저장 수단에 대한 관심이 늘어나는 추세는 국내 투자처를 찾지 못한 자금과 위험 분산 수요 때문에 앞으로 더 강해질 것으로 보인다. 이웃 일본의 경우 가계 금융 자산 중 해외 자산과 해외 펀드가 차지하는 비중은 2009년 이후 2.8~3% 수준에 머무르고 있다.[121]

해외 가치 저장 수단에 대한 관심은 디지털 달러와 디지털 위안화에 대한 관심으로 이어지게 될 것으로 보인다. 한국은행 등이 만드는 국제투자대조표에 따르면, 2019년 말 우리나라 국민들의 해외 금융자산의 통화별 비중은 미 달러 표시가 56.2%로 가장 많고, 그 다음으로 유로화 (9.8%), 중국 위안화(7.8%), 일본 엔화(3.0%) 순이다. 지역별로는 미국이 32.0%지만, 유럽(19.2%), 동남아(13.1%), 중국(11.0%) 등에 대한 금융상품 투자도 상당 부분 달러로 하기 때문에 미 달러 표시 비중이 압도적인 것이다.

그런데 디지털 위안화 발행이 상당 부분 진척돼 있다. 때문에 디지털 달러에 앞서 디지털 위안화가 나오면 위안화 표시 금융자산이 차지하는 비중이 늘어날 가능성이 있다. 특히 우리나라 가계는 중국 주식에 대한 투자 비중이 높다. 자본시장연구원에 따르면, 2018년 기준으로 우

---

121 "Next 20년, 내 자산을 어디에 둘까: 일본의 '과거 20년'이 주는 교훈", 미래에셋은퇴연구소, 2018년 12월 5일.

달러	유로화	위안화	엔화	파운드화	기타
56.2%	9.8%	7.8%	3.0%	2.8%	20.4%

출처: 한국은행

리나라 투자자가 가장 많이 보유하고 있는 해외 주식은 미국 주식으로 47.1%에 달한다.[122] 다음이 중국 주식으로 7.1%다. 그런데 기관 투자자들을 제외한 개인의 국가별 투자 비중을 보면 조금 얘기가 달라진다. 개인 등의 해외 주식 중 미국 비중은 46.2%지만, 중국 비중은 24.6%로 확 높아진다. 그만큼 중국 금융 자산에 대한 관심이 개인들 사이에서 높다는 방증이다. 그렇다면 디지털 위안화가 나온다면 국내 가계가 적극적으로 해외 가치 저장 수단의 하나로서 디지털 위안화를 고려할 것이라고 추정할 수 있다.

그런데 해외 가치 저장 수단으로 디지털 달러와 디지털 위안화를 고려하는 경우, 달러와 위안화 사이에서 벌어질 화폐 패권 다툼의 추이를 감안해야 한다. 여기서 화폐 패권 다툼이라고 표현한 것은 디지털 달러와 디지털 위안화의 화폐 전쟁은 통상적인 화폐 전쟁과는 다를 것이라는 점을 나타낸 것이다. 통상 화폐 전쟁은 각국이 자국만의 수출 경쟁력을 높여 경기를 부양하기 위해 통화 가치를 낮추려는 싸움을 가리킨다. 하지만 미중 간의 화폐 전쟁을 약籠 달러와 약籠 위안화를 위한 다툼으로 이해하면 화폐 패권 다툼이라는 '큰 그림'을 놓칠 수 있다. 디지털 달러와

----

122 김한수(2020).

디지털 위안화의 패권 다툼은 국제 무역과 금융 거래 등에서 '제1 기축 통화'가 되기 위한 싸움으로 이해해야 한다.

현재 글로벌 '제1 기축 통화'는 미국 달러다. 글로벌 무역액의 50% 정도는 달러로 거래가 된다. 세계 외환 거래의 90%는 달러를 매개로 한 것이다. 또 각국 중앙은행이 위기를 대비해서 보유하는 글로벌 외환보유액의 60%가 미 달러다. 2008년 글로벌 금융위기가 닥쳤을 때 위기의 진앙이 미국이었음에도 미국 달러에 대한 수요가 몰리기도 했었다.

하지만 2018년 기준 세계 무역 중 비중이 11.8%(세계 수출 중 비중은 12.8%)를 차지해 세계 1위 무역국인 중국으로서는 이런 달러의 패권 자리에 위안화도 올리고 싶을 것이다.[123] 위안화로 무역 거래를 하게 되면 환율 변동 위험을 피할 수 있게 되고, 위안화로 금융 거래를 하면 미국에서 금융 위기가 터지더라도 안전하게 중국의 금융 자산을 지킬 수 있다고 생각하기 때문이다.[124] 그렇기 때문에 중국 정부는 위안화 국제화를 2009년부터 국가 전략으로 채택한 것이다.

달러로서는 글로벌 1위 기축 통화 자리를 유지해야 하고, 위안화로서는 그 자리를 노리는 패권 다툼의 핵심은 '통화 가치 안정'에 있다. 가치가 안정돼 있어야 어느 나라나 달러나 위안화를 받으려고 할 것이기 때문이다. 그래서 트럼프 미 대통령이 중국과 유럽이 환율을 조작한다고 비난하고, 달러 약세가 필요하다는 취지의 주장을 펴도 미국 정부는 1995년 클린턴 행정부 이후 공개적으로 천명해 온 '강强 달러strong dollar'

---

123 2018년 기준 세계 무역 중 미국의 비중은 10.9%, 전 세계 수출 중 미국 비중은 8.5%다.("World Trade Statistical Review 2019", World Trade Organization)
124 독일 금융회사 알리안츠의 집계 따르면 중국의 대외 금융 자산은 2019년 현재 20조 9430억 유로로, 미국(74조370억 유로)에 이어 세계 2위 규모다. 중국은 2015년 일본을 제치고 세계 2위의 대외 금융 자산 보유국이 됐다.

전략을 포기한다는 공식 발표를 하지 않고 있다. 뱅크오브아메리카의 분석에 따르면, 미국이 당장 강 달러 전략을 포기한다는 발표만 해도 달러 가치는 5~10% 하락할 것이란 분석까지 나오는 데도 말이다. 2019년 8월5일 달러 대비 위안화 환율이 달러당 7위안 선을 뚫고 올라가는 일이 발생하자, 미국 재무부는 전격적으로 중국을 환율조작국으로 지정하기도 했다. 하지만 5개월쯤 지난 2020년 1월 13일 미 재무부는 반기 환율 보고서를 내면서 미중 무역 협상이 진전을 보인다는 이유로 중국을 슬쩍 환율조작국에서 풀어줬다.

위안화의 약세를 막는 것은 곧 달러 약세를 추구하는 것이다. 그렇지만 트럼프 정부의 실제 환율 정책을 보면 달러 약세 일변도가 아니라 과도한 강세를 막는 정도에 그치고 있다. 미국은 연준, 재무부, 그리고 시장 참가자들의 밀고 당기는 가운데 달러의 가치가 정해진다. 돈줄을 쥐고 있는 연준과 큰 경제 정책의 방향을 끌고 가는 재무부의 영향력이 가장 강하긴 하지만 변수가 너무도 많다. 미 행정부가 달러 약세를 추구하려고 해도 외환 시장이 너무 커져서 1985년의 플라자 합의와 같은 글로벌 공조가 있더라고 해도 통제가 불가능하다는 평가가 나오기도 하다. 강달러 전략을 공언할 당시인 1995년 글로벌 시장에서 달러는 하루 평균 9810억 달러가 거래됐지만, 2019년엔 5배가 넘는 하루 평균 5조 8240억 달러가 거래됐다.

다만 과거엔 미국 대통령이 달러 가치에 대해 구두 개입을 거의 하지 않았으나, 트럼프 대통령은 구두 개입을 수시로 하고 있다. 예컨대 2019년 7월 트럼프 대통령은 중국과 유럽이 환율 조작을 하고 있고, 미국도 가만히 있어서는 안 된다는 취지의 트위터를 날렸다.[125] 달러 약세를 추구하겠다는 말로 해석되는 내용이다. 그러나 당시 므누신 재무장관은 "안정된 달러는 매우 중요하고, 장기적으로 볼 때 나는 달러 강세를 믿고 있다"고 트럼프의 발언을 진화하고 나섰다.[126] 므누신 재무장관은 2020년 7월에도 시장에서 달러 약세 추세가 나타나자, "안정된 달러를 선호한다. 달러는 세계의 기축 통화 지위를 갖고 있으며, 우리는 이를 지켜낼 것이다"라고 달러 약세를 추구하지 않는다고 강조했다.[127] 루치르 샤르마Sharma 모건스탠리 최고 글로벌 전략가는 이미 트럼프 대통령이 당선인 시절이던 2017년 "달러에 대한 신뢰는 미국 금융과 정치 제도에 대해 오랫동안 이어진 믿음에 바탕을 두고 있다"며 "심지어 트럼프의 변덕스러운 리더십일지라도 세계 금융의 수퍼 파워로서의 미국의 지위를 손상시키지는 못할 것"이라고 하기도 했다.[128] 때문에 누구 한 사람의 힘으로 달러 가치가 일거에 무너지거나 크게 움직이거나 하지는 않을 것으로 보인다. 오히려 달러의 가치를 움직이는 시장의 기저에 흐르는 묵직한 흐름에 주목해야 한다. 바이든 시대에도 기본적으로는 경기 부양을 위해 달러를 풀면서도 겉으로는 달러 가치 안정을 표방할 것으로 보인다.

중국도 미중 무역 전쟁 국면에서 미국의 관세 인상을 상쇄하기 위해 위안화 가치 절하를 전략적으로 이용하는 듯하다. 그러나 공식적인 입장은 위안화 절하를 추구하지 않는다고 한다. 국가주도, 중앙집중식의 정책 결정 과정을 가진 중국에서 환율 정책은 시진핑 중국 국가 주석의 한

....

125 https://twitter.com/realdonaldtrump/status/1146423819906748416.
126 "Treasury Secretary Mnuchin says he does not advocate a weak dollar policy", CNBC, 24 Jul. 2019.
127 "'We want a stable dollar,' says U.S. Treasury Secretary Mnuchin", Marketwatch, 23 Jul. 2020.
128 Sharma, Ruchir, "Which Nation Does the World Trust Most?", New York Times, 25 Dec. 2017.

마디로 결정이 된다고 봐도 과언이 아니다. 시 주석은 환율에 대해서 거의 언급하지 않는다. 공식적인 자리에서 위안화 환율에 대해 한번 언급을 했다.

2019년 4월 중국 베이징에서 열린 '일대일로 국제협력 포럼'에서 시 주석은 38국 국가원수를 포함한 150국 대표단을 모아 놓고 "중국은 위안화 환율의 절하를 유도하지 않을 것中国不搞以邻为壑的汇率贬值"이라고 선언한 바 있다. 2019년 8월 위안화 환율이 7위안을 돌파했을 때도 중국 중앙은행인 중국인민은행은 "시장의 수급과 국제 환율시장의 파동을 반영한 결과"라며 미국이 환율 조작국으로 지정하기도 했지만 큰 의미를 두지 않았다. 중국인민은행은 "과거 20년 위안화 환율 추이를 돌이켜보면 달러당 8위안을 넘던 때도 있었다며, 7이란 숫자가 무슨 방파제 같은 것도 아니다"라고 했다. 당시 이강易綱 중국인민은행 총재도 소셜미디어를 통해 "시장이 결정한 것"이라며 "중국 경제의 기초나 수급 균형 관점에서 볼 때 위안화 환율은 합리적인 수준"이라고 평가했다. 이미 시 주석이 "위안화 환율의 절하를 유도하지 않을 것"이라고 얘기한 이상 거기서 벗어나는 언급을 하지 않는 것이다. 겉으로는 위안화 약세를 추구한다는 말을 결코 하지 않는 것이다. 실제 이후 다시 6위안대로 위안화 환율이 떨어지기도(위안화 강세) 했다.

여기서 미래의 해외 가치 저장 수단으로 디지털 달러가 낫냐, 디지털 위안화가 낫냐고 단정적으로 판단하려는 건 아니다. 가치 저장 수단으로서의 지위를 유지하기 위한 패권 다툼은 결국 디지털 달러나 디지털 위안화의 가치를 안정적으로 잘 유지하는 데 있다는 걸 강조하려고 한다. 이 다툼에서 진다면 통화 가치가 불안해질 수밖에 없다. 디지털 달러나 디지털 위안화 중 어디에 비중을 둘 것인가를 결정할 때는 '어느 나라가 통화 가치를 잘 유지할 것인가'를 잣대로 두고 판단해야 한다. 화폐 전쟁에서 승리했다고 해도 가치가 널뛰기를 한다면 단순한 결제 수단 이상으로 더 많이 보유해야 할 유인이 없을 것이다. 미래에도 안정적인 가치를 유지할 지가 가치 저장 수단으로 보유할 지를 결정하는데 가장 중요한 기준인 것이다.

코로나 디플레 대 코로나 인플레

가치 저장 수단으로서 중앙은행 디지털 화폐를 얼마나 보유할 것이냐 결정하는 데 있어 인플레이션이나 디플레이션이 올 것이냐는 전망은 아주 중요하다. 인플레이션은 물가가 지속적으로 상승하는 현상이고, 디플레이션은 물가가 지속적으로 하락하는 현상이다. 바꿔 말하면 인플레이션은 화폐 가치가 떨어지는 현상이고, 디플레이션은 화폐 가치가 올라가는 현상이다. 인플레이션 시대에는 화폐 보유는 최소화하고 물가 상승률을 넘어서는 수익률을 낼 수 있는 주식, 채권 등 금융자산이나 금, 부동산 등 실물 자산을 가치 저장 수단으로 선택하는 게 유리하다. 디플레이션 시대라면 역시 '현금이 왕'이다. '잃어버린 20년'으로 불리는 일본의 디플레이션 불황에 대응해 일본인들은 현금을 쥐고 있으려는 경향이 강해졌다. 물론 이때도 수익을 낼 수 있는 주식 등 투자 자산이나 해외 자산 등을 찾으면 자산 가치를 불릴 수 있다.

디지털 달러, 디지털 원화 등 앞으로 등장할 중앙은행 디지털 화폐는 중앙은행으로서는 잘만 활용하면 인플레이션이나 디플레이션을 컨트롤할 수 있는 강력한 수단이 된다. 현재 중앙은행의 통화 정책은 정책 금리를 조정해서 단기 금리에 영향을 미치고, 이는 은행의 대출 금리에 영향을 미쳐 결국은 은행이 창출하는 신용을 조절하는 긴 경로를 거친다. 직접적으로는 금리 조정 선언이 인플레이션 기대 심리에 영향을 주게 된다. 하지만 인플레이션 기대 심리에 영향을 주기 위해선 중앙은행의 커뮤니케이션 능력이 잘 유지돼야 한다. 역시 쉽지 않은 과제다.

그런데 중앙은행 디지털 화폐 시대에는 중앙은행이 직접 모든 국민들의 중앙은행 계좌나 디지털 지갑에 있는 중앙은행 디지털 화폐의 양을 조절할 수 있다. 예컨대 중앙은행 디지털 화폐에 적용되는 금리를 올리면 국민들은 당장 돈을 쓰는 걸 줄일 것이다. 이렇게 수요가 줄면 물가 상승을 막을 수 있다. 거꾸로 금리를 내리면 돈을 쓰게 되니 곧바로 수요가 늘게 된다. 제로(0) 금리라는 이제까지의 명목 금리 하한도 통화 정책을 제약하지 못 한다. 제로 금리로도 수요가 진작되지 않으면, 마이너스(-) 금리를 매겨 돈을 쓰게 할 수 있다. 그래도 안 되면 아예 '헬리콥터 머니' 정책으로 국민들의 중앙은행 계좌나 디지털 지갑에 중앙은행 디지털 화폐를 직접 쏴 줄 수도 있다.

현재 미국 등 선진국의 중앙은행들은 2%의 인플레이션 목표를 제시하고 있다. 우리나라는 인플레이션 목표가 과거 3% 내외(2.5~3.5%)였지만, 2016년 이후 2%로 하고 있다. 이렇게 인플레이션 목표를 제로(0)보다 높게 잡는 이유는 정책 금리를 제로(0)보다 높게 유지해서 경제 충격이 닥쳤을 때 금리를 낮출 수 있는 완충 구간을 두기 위한 의미도 있었다. 그러나 중앙은행 디지털 화폐가 도입되고 마이너스(-) 금리 정책을 제약 없이 펼 수 있게 되면, 굳이 완충 구간을 둘 필요가 없어진다. 이 경우 중앙은행이 심지어 물가 수준을 현 상태에서 유지하는 정책을 펼 수 있다. 개별 가격은 변할 수 있지만 전반적인 물가 수준 목표를 정하고 이를 달성할 수 있는 것이다. 즉, 미래에 인플레이션이나 디플레이션이 없는 경제를 유지할 수도 있다는 것이다.

마이클 보르도Bordo 럿거스대 교수와 앤드루 레빈Levin 다트머스대 교수는 이에 대해 "가계와 기업이 중기는 물론 5년, 10년, 20년, 심지어 50년까지 대략적으로 대표적인 소비 아이템 구성의 비용이 일정하다는 신뢰를 갖고 각자의 (소비와 투자) 계획을 짤 수 있다"고 표현하기도 했다.[129] 유명 칼럼니스트인 윌리엄 페섹Pesek은 심지어 오랫동안 디플레이션 상태에 빠져 있는 일본 경제마저 '디지털 엔'을 활용하면 디플레이션에서 빠져 나올 수 있을 것이라고 주장하기도 했다.[130]

중앙은행 디지털 화폐가 인플레이션이나 디플레이션에 대응하는 만병통치약이 될 지는 실제 도입 과정에서 증명이 될 것이다. 특히 2020년 코로나 사태가 터지면서 글로벌 거시 경제뿐만이 아니라 한국 거시 경제에 큰 변수가 되고 있다. 코로나로 인한 수요와 공급 부족으로 디플레이션이 닥칠지, 아니면 이에 대응해 막대한 돈 풀기에 나선 효과로 인플레이션이 나타날지를 살펴봐야 한다. 중앙은행 디지털 화폐도입으로 인플레이션이나 디플레이션에 대응할 강력한 도구가 나올 수 있다는 걸

....

129 Michael Bordo and Andrew Levin(2017)
130 William Pesek, "Digital yen could reverse Japan's deflation", *Asia Times*, 10 Jul. 2020.

염두에 두면서 코로나로 인한 물가의 방향성에 대해 예측해보도록 하자.

2020년 6월 《로이터》통신은 전 세계 이코노미스트 160명을 대상으로 설문 조사를 했다.[131] '코로나 팬데믹(대유행) 이후에 가장 큰 리스크는 무엇이냐'는 질문이었다. 이코노미스트들의 73%는 '수요 약화로 인한 디스인플레이션이나 디플레이션'을 꼽았다. 디스인플레이션dis-inflation은 물가는 상승하지만 그 상승률이 지속적으로 낮아지는 현상을 가리킨다. 물가가 지속적으로 하락하는 디플레이션보다는 약하지만, 같은 경향을 뜻한다. 한편 '무역 갈등과 공급망 재편으로 인한 높은 인플레이션'을 꼽은 이코노미스트는 27%에 불과했다. 경제분석가 대부분은 코로나로 인한 디플레이션 가능성을 높게 본다는 것이다.

로버트 카르넬Carnell ING 아태지역 수석 이코노미스트는 "팬데믹이 가라앉아도 팬데믹으로 인한 공급 마찰로 인한 디스인플레이션이 점차 큰 우려가 될 것"이라며 "어떠한 인플레이션도 일시적일 뿐이고, 초기 충격으로 인한 낮은 인플레이션이나 낮은 가격 수준이 계속해서 문제가 될 것"이라고 했다. 케이스 웨이드Wade 슈로더자산운용 수석 이코노미스트는 자사 홈페이지에 올린 자료에서 "각국 정부는 팬데믹 시기에 불어난 정부 부채를 해결하려고 할 것이기 때문에 수요는 계속 약할 것이고, 기업과 소비자들은 지출을 여전히 꺼리게 될 것"이라며 "더구나 팬데믹의 경험으로 기술 도입과 4차 산업 혁명이 가속화되면서 자동화가 더 진전돼 물가를 낮추게 될 것"이라고 했다. 미 연준은 2020년 9월 제로(0) 금리를 2023년까지 유지할 것을 시사했다. 3년 정도 더 제로 금리를 유

....

131 "Coronavirus legacy will be weak global inflation: economists", *Reuters*, 26 Jun. 2020.

지해야 할 정도로 물가 상승 우려는 없다는 의미로 해석된다.

하지만 코로나 인플레이션 우려가 완전히 없는 것은 아니다. 올리비에 블랑샤르Blanchard 전 IMF 수석 이코노미스트는 코로나 인플레이션 가능성이 낮다고 하면서도 "높은 인플레이션 우려가 선진국에서 완전히 불가능한 것은 아니다"라고 주장하고 있다.[132] 코로나 대응을 위해 정부 부채와 가계와 기업의 빚이 늘어나면서 풀리는 막대한 돈의 귀결은 인플레이션으로 나타날 수 있다는 것이다. 더구나 미래에 미국에서 포퓰리스트 대통령이 말 잘 듣는 연준 의장을 임명하게 되면, 인플레이션 우려에도 저금리가 계속 유지되면서 심지어 초超인플레이션이 올 수도 있다고 경고했다.

당분간은 코로나 디플레이션 우려가 높지만, 코로나 인플레이션 가능성도 완전히 배제할 수는 없는 상황인 것이다. 향후 물가 방향 예측에 따라 자산 운용 전략도 달라질 수밖에 없다. 디플레이션은 빚을 많이 진 사람들에게는 최악의 시나리오다. 갚아야 될 돈은 그대로인데, 물가뿐만이 아니라 자산 가치도 떨어지는 상황이기 때문이다. 이 경우에는 빚은 최대한 줄이고 현금 흐름이 나올 수 있는 투자를 해야 한다. 인플레이션 아래에선 은퇴자와 이자 생활자들의 어려움이 가중된다. 자산 투자에서 나오는 현금 흐름은 같은데, 그 현금의 가치가 떨어지기 때문이다. 연간 2%의 물가 상승률이 있더라도, 월 200만 원의 가치는 현재 가치로 따져 10년 후 163만 원, 20년 후 134만 원으로 줄어든다고 한다. 이 경우 물가 상승률보다는 높은 수익률을 올려야 은퇴 생활수준을 유지할 수 있다.

....

132 Olivier Blanchard(2020).

만약 마이너스 금리 디지털 화폐가 등장한다면

아직은 가능성이 매우 낮아 보이지만, 중앙은행 디지털 화폐에는 이론적으로는 마이너스(-) 금리가 적용될 수 있다. 이런 경우는 어떻게 대응해야 하는지 미리 고려해 둘 필요도 있다.

사실 중앙은행 디지털 화폐가 없어도 마이너스 금리가 도입될 수 없는 건 아니다. 이미 2008년 글로벌 금융위기 이후 경기 침체가 심각해졌던 유럽과 일본에서는 마이너스 정책 금리가 등장했다. 덴마크 중앙은행은 2012년 7월 중앙은행이 제시하는 정책금리 중 하나인 예치금 금리를 -0.2%로 인하하고 계속 금리를 낮추면서 마이너스 금리를 유지하고 있어 글로벌 금융위기 이후 유럽에서 대표적인 마이너스 정책 금리 운용국가로 꼽힌다. 이에 앞서 스웨덴 중앙은행이 2009년 7월 예치금 금리를 -0.25%로 낮췄지만 잠시 마이너스로 운용하다 2010년 9월 다시 플러스로 만들었다. 이후 스웨덴은 2014년 7월 다시 예치금 금리에 마이너스 금리를 도입했다.

예치금 금리는 은행들이 중앙은행에 여유자금을 만기 하루짜리 예금으로 예치할 때 중앙은행이 주는 금리이다. 이전까지는 중앙은행이 금리를 줬지만, 이 금리가 마이너스 금리가 되면서 은행들이 중앙은행에 보관료를 내듯 이자를 줘야 했다. 스웨덴, 덴마크 등에 이어 유럽중앙은행, 스위스중앙은행, 일본중앙은행 등이 마이너스 정책 금리를 예치금 금리 등에 도입했다. 은행들이 여윳돈을 중앙은행에 예치하지 말고, 대출 등으로 시중에 풀게 해서 경기를 부양하겠다는 의도였다. 효과에 대해서는 논란이 많지만, 유럽중앙은행에 따르면 마이너스 금리 등 비전통적 통화정책으로 2014년 중반 이후 2019년 말까지 누적 경제 성장률이 2.5~3.0%포인트 올랐는데, 그중 약 6분의 1이 마이너스 금리 정책의 효과인 것으로 추정하고 있다.[133]

주요 마이너스 금리 정책 도입 국가 현황

	중앙은행 예치금 금리		비고
	도입 시	현재	
스웨덴	−0.25(2009년 7월)	−0.1	2009년 7월~2010년 9월 마이너스로 운용하다 플러스 전환. 2014년 7월부터 다시 마이너스.
덴마크	−0.2(2012년 2월)	−0.6	2020년 3월 −0.7%에서 −0.6%로 소폭 인상
유로존	−0.1(2014년 6월)	−0.5	2019년 9월 −0.5%까지 내린 후 동결
스위스	−0.25(2014년 12월)	−0.75	2014년12월부터 기준금리도 마이너스로 운용
일본	−0.1(2016년 1월)	−0.1	

출처: 국제금융센터

....

133 Miguel Boucinha and Lorenzo Burlon(2020).

마이너스 금리는 중앙은행이 은행에 매기는 금리에만 적용되는 데서 그치지 않고, 은행이 일반 금융소비자에게 매기는 일도 생겼다. 2019년 8월 덴마크 3위 은행인 유스케Jyske은행은 은행 계좌 잔액이 750만 크로네(약 14억 원)가 넘는 예금주에게는 이자는 주지 않고 오히려 0.6%의 수수료를 받기로 했다. 마이너스(-) 0.6%의 금리를 매기는 셈이다. 예금을 하면 이자를 받는게 아니라, 웃돈을 주고 은행에 '제발 돈을 맡아 주세요'라고 해야 하는 것이다. 만약 대출에 마이너스 금리를 매기면, 만기 때 상환할 돈이 당초 빌린 돈보다 적어지는 일도 발생한다.

채권 시장에선 유럽 등 선진국 국채를 중심으로 마이너스 금리 채권이 넘쳐 나고 있다. 2019년 말 기준으로 보면 전 세계 마이너스 금리 채권은 15조 달러에 달했다. 당시 전 세계 채권의 30% 가까이가 마이너스 금리 상태에서 거래됐다. 채권 금리가 마이너스란 의미는 투자자들이 웃돈을 주고 채권을 사고판다는 뜻이다. 예컨대 10년 만기 때 1억 원을 받는 채권의 금리가 −0.5%라면, 원금에 10년간 이자인 500만 원을 웃돈을 주고 산다는 것이다. 언뜻 보기에는 이상해 보여도 실제로 시장에서 벌어지는 일이다. 채권 투자자들은 앞으로 더 경기가 안 좋아져서 채권 가격이 오를 것(마이너스 금리 상태가 더 심해질 것)이라고 생각하면 이런 채권 거래도 할 수 있다. 또 안전자산을 보유해야 한다는 수요도 적지 않다. 망할 위험이 없다면 마이너스 금리에라도 사겠다는 것이다. 실제로 2019년 3월 독일 정부가 10년 만기 국채 24억 유로 어치를 −0.05%에 발행했는데 당시 투자자들이 발행액의 3배나 많은 돈을 갖고 몰려들었다. 미국 국채와 더불어 세계에서 가장 안전한 자산으로 꼽히는 독일 국채를 갖고 싶어 하는 수요가 많았다는 것이다.

7장의 스탬프가 붙어 있는 오스트리아 뵈르글시의 화폐(노동 증명서)

출처: 위키피디아

　과거에 지폐에도 마이너스 금리를 매길 수 있다는 걸 실험한 사례도 있다. 여기서 잠깐 오스트리아에서 있었던 지폐에 마이너스 금리를 매기려 했던 시도를 알아보도록 하자. 아래의 사진은 오스트리아 서부 티롤 지방의 뵈르글^{Wörgl}시에서 1932~1933년 발행했던 노동증명서이다. 지폐라는 논란을 피하기 위해 노동증명서라는 이름으로 발행했다고 한다.

　1실링의 노동증명서는 매월 가치가 액면가의 1%(연간 12%)가 떨어지도록 설계가 돼 있었다. 매달 1%의 마이너스 금리를 매기는 방식인 것이다. 만약 매달 0.01실링(1%)의 스탬프를 세금 형태로 내고 노동증명서에 붙이면 액면 가치가 유지가 됐다. 마을 주민들이 돈의 가치가 떨어질까 봐 빨리 돈을 쓰면서 경기가 살아났고, 아니면 스탬프를 구하기 위해 시 정부에 세금을 냈기 때문에 재정이 튼튼해지는 일이 벌어졌다. 그러나 위헌 판결로 뵈르글시의 실험은 중단됐다. 그러나 이 실험은 마이너스 금리가 경기를 부양하는 데 효과가 있다는 사례로 여전히 회자되고 있다.

그런 만큼 마이너스 금리가 '괴상한' 일은 아닌 것이다. 중앙은행 디지털 화폐가 도입되고, 디지털 화폐에는 이자도 줄 수 있다는 사실을 일반 국민들이 받아들이기 시작하면 궁극적으로 중앙은행 디지털 화폐에도 마이너스 금리가 적용될 가능성이 높아진다.

그렇다면 앞으로 중앙은행 디지털 화폐가 도입되고, 이 디지털 화폐에 마이너스(-) 금리를 매기는 경우, 중앙은행 디지털 화폐를 보유한 사람들은 어떻게 행동해야 할까. 우선 다시 지폐나 동전 같은 현금으로 도피할 수 있을 것이다. 중앙은행 디지털 화폐가 완전하게 현금을 대제하기 전까지는 지폐나 동전도 사용되고 있을 것이기 때문이다. 지폐나 동전에는 마이너스 금리를 매길 수 없다. 다만, 중앙은행 디지털 화폐가 완전하게 도입된 뒤에는 이를 지폐나 동전으로 바꿀 때 수수료를 부과할 가능성이 있다. 수수료를 내야 한다면 지폐나 현금으로 도피할 유인이 줄어든다. 이와 비슷한 개념으로 IMF 이코노미스트인 루치르 아가왈Agarwal 등은 디지털 화폐로 완전히 대체되기 전에는 디지털 머니와 현금 사이에 일종의 환율을 정하는 걸 제안하기도 했다.[134] 예컨대 은행 예금에 들어 있는 디지털 달러에는 연 -0.3%의 마이너스 금리를 부과한다면, 현금을 디지털 달러로 바꿀 때는 매년 0.3%씩 절하되는 교환 비율을 적용한다는 것이다. 연 초에 있던 100달러를 그대로 1년간 지폐로 쥐고 있으면 그대로 100달러지만, 이를 연말에 디지털 달러로 바꾸면 97달러가 되게 한다는 것이다. 이렇게 되면 지폐도 마이너스 금리를 적용받는 디지털

....

134 Ruchid Agarwal and Signe Krogstrup, "Cashing In: How to Make Negative Interest Rates Work", *IMF*, 5 Feb. 2019.

달러와 마찬가지로 가치가 떨어지게 되는 셈이다.

　마이너스 금리가 적용되면 중앙은행 디지털 화폐의 보유 비율은 줄이는 대신, 소비에 쓰거나 투자에 활용할 가능성은 높아진다. 소비나 투자를 진작시키려는 정책 목표가 달성될 가능성이 높은 것이다. 중앙은행 디지털 화폐를 현금으로 바꾸는 게 아니라 소비나 투자에 쓸 때는 문턱을 두지 않을 것이다. 그렇다면 투자 기회를 선점해서 수익을 올릴 수 있는 방법을 고민할 필요가 있다. 투자자들은 중앙은행 디지털 화폐 대신 수익률을 높일 수 있는 주식이나 회사채 보유를 늘리거나, 금 ETF(상장지수펀드)나 리츠(부동산투자신탁회사)와 같은 금융 상품화된 실물 투자에 관심을 두게 될 것이다. 아니면 직접 실물 투자에 나설 수도 있을 것이다. 기존에 마이너스 금리 정책을 쓰고 있는 유럽, 스웨덴, 스위스 등에선 부동산 가격이 크게 오르는 일이 나타났다. 다만 부동산 투자에는 목돈이 필요하기 때문에 리츠와 같은 금융 상품화된 실물 투자로 부동산 가격 상승의 과실을 나눌 수 있다는 것이다.

　하지만 투자 위험을 극도로 싫어하는 투자자라면 부도 위험이 거의 없는 중앙은행 디지털 화폐 보유 비중을 그대로 유지할 수도 있다. 현재도 마이너스 금리 채권에 대한 수요가 적지 않게 있는 것은 마이너스 금리 때문에 웃돈을 주고 사더라고 부도 위험이 거의 없는 안전 자산을 보유하려는 수요가 있기 때문이다. 자산 관리는 한 두 개 자산에 '몰빵' 하는 게 아니라 전체 자산의 수익률이 꾸준히 목표하는 수준에서 나오게 관리하는 게 핵심이다. 마이너스 금리라고 해도 안전성이 높으면 중앙은행 디지털 화폐를 그대로 보유하는 대신, 수익률이 높게 나올 수 있는 다른 자산들에 적절히 분산 투자해서 전체 수익률을 유지하면 되는 것이다. 또, 중앙은행 디지털 화폐마저 마이너스 금리를 준다는 것은 경기 침체가 심각해서 다른 자산에서 수익률이 내지 못할 가능성이 높다. 그렇다면 마이너스 금리 상태의 중앙은행 디지털 화폐의 보유 비중을 유지하는 것도 하나의 투자 전략이 될 수 있다. 이런 상황에선 중앙은행이 수요 진작을 위해 중앙은행 디지털 화폐를 가계의 계좌와 디지털 지갑에 뿌려주는 '헬리콥터 머니' 정책을 쓸 가능성도 기대해 볼 수 있다.

결국 중앙은행 디지털 화폐 시대에는 과거와 똑 같은 투자 패러다임으로 대응해서는 안 된다는 결론에 이르게 된다. 다양한 가능성이 열려 있는 만큼 앞에서 제시한 프레임을 갖고 스스로 자신에게 맞는 투자 전략을 만들어 볼 필요가 있다.

디지털 머니 시대, '신뢰 화폐'가 살아남는다

"아! 돌 화폐가 이렇게 생겼구나."

2018년 3월 일본 도쿄 니혼바시日本橋에 있는 일본은행 화폐박물관을 찾았을 때의 일이다. 그때 입구에서 책에만 봤던 '돌 화폐' 실물을 볼 수 있었다. 어떻게 해서 남태평양 야프Yap섬에서 사용되던 돌 화폐가 도쿄 한복판까지 왔는지는 정확히는 알 수 없었다. 야프 섬 추장이 1900년대 초에 일본을 방문했을 때 기념으로 돌 화폐를 줬다는 기록이 있기도 한데, 그 돌 화폐가 화폐박물관에 전시된 것과 같은 것인지는 분명하지 않다. 하지만 사람 키보다 약간 작은 1m 정도 되는 둥근 석판 가운데에 구멍이 뚫려 있는 게 돌 화폐가 분명했다. 전시물에는 '야프 섬의 돌 화폐'라는 작은 팻말도 붙어 있었다.

20세기 경제학의 대가인 고^故 밀턴 프리드먼 시카고대 교수는 저서 『돈의 이야기^{Money Mischief}』135 첫머리에서 '돌^石 화폐 섬' 얘기를 꺼냈다. 야프^{Yap}섬의 돌 화폐는 크기가 클수록 가치가 큰데, 지름이 4m에 달하는 것도 있었다고 한다. 그런데 이 섬에서 큰 부자로 알려진 집에는 대형 돌 화폐가 없었다는 것이다. 대신 먼 조상이 다른 섬에서 거대한 돌 화폐를 뗏

일본은행 화폐 박물관에서 만난 돌 화폐.

목으로 싣고 오다 폭풍우를 만나 바다에 빠트렸다는 얘기가 전해지고 있었다. 섬 주민들이 모두 그 사실을 알고 있기에 바다 밑에 있을 거대한 돌 화폐가 그 부잣집 소유라고 인정하고 있었다는 것이다. 프리드먼이 화폐는 눈에 보이는 실물보다는 '신뢰'가 중요하다는 사례로 든 것이다.

야프 섬 사람들의 돌 화폐 얘기를 듣고, '어떻게 본 적도 없는 바다에 빠진 큰 돌 화폐가 있다는 걸 믿다니 참 순진한 사람들이다'라고 생각할 수도 있을 것이다. 그런데 조금만 생각해 보면 우리가 일상생활에서 접하는 화폐도 야프 섬 사람들이 가치가 있다고 믿는 돌 화폐와 같다는 것을 알 수 있다. 우리가 돈이라고 믿는 것은 대부분 컴퓨터 화면이나 스마트폰 화면에 보이는 은행 계좌나 각종 '페이'에 표시된 숫자거나, ATM

<hr />

135 1992년 우리나라에 번역됐을 때는 『돈의 이야기』란 제목으로 출판됐지만, 이후 2010년 『화폐경제학』으로 제목을 바꿔 나왔다.

화면에 찍힌 숫자이다. 주머니에 있는 동전 몇 개와 지갑에 있는 현금 몇 장은 내가 가진 돈의 극히 일부에 불과하다. 대부분은 은행 서버에 저장돼 있다고 믿고 있을 뿐이다. 신용카드를 쓸 때도 결국은 은행 계좌에 들어 있는 돈이 상점 주인에게 갈 것이라고 믿는 것이다. 실제로 돈이 움직이는 것을 본 적은 없다. 2000년대 들어 인터넷 뱅킹이 일반화되기 전까지만 해도 통장에 숫자가 찍히는 것을 돈이라고 생각했던 때도 있었다.

이제 더 나아가서 디지털 달러, 디지털 위안화, 디지털 원화 같은 중앙은행이 발행하는 디지털 화폐를 만나게 될 때가 멀지 않았다. 코로나 사태로 인해 세상의 디지털화가 한층 더 진행되면서 무대 뒤에 있던 디지털 달러, 디지털 위안화 등이 무대 전면에 등장할 것으로 보이기 때문이다. 화폐 영역에서 마지막 남은 접촉면인 지폐와 동전이 중앙은행 디지털 화폐로 대체될 가능성이 커지고 있다. 더더욱 눈으로 볼 수 있는 돈은 사라지는 시대에 살고 있는 것이다.

야프 섬 사람들이 바다 속에 빠진 거대한 돌 화폐가 있다고 믿듯이, 우리는 서버 속에 돈이 있다고 믿는 시대에 살고 있다. 그리고 눈에 보이는 지폐와 동전은 점차 디지털 머니money로 바뀌어 가는 과정을 보고 있다.

그런데 중앙은행 디지털 화폐는 단순히 지폐와 동전을 디지털 형태로 바꾸는 것만을 의미하지 않는다. 그렇게 쉬운 일이었다면 우리는 이미 스마트폰의 전자 지갑에서 디지털 달러와 디지털 위안화, 그리고 디지털 원화를 이미 사용하고 있었을 것이다. 초기 핀테크 업체들은 기존 제도권 금융 시스템 중에서 신용카드 회사를 위협하는 서비스를 주로 내놨다. 결제를 편하게 해주는 서비스들이다. 그런데 중앙은행 디지털 화폐는 현대사회 금융 시스템의 근간을 이루고 있는 은행의 지위를 위협할 수 있는 가능성을 내포하고 있다. 디지털 형태의 현금이라 은행 예금처럼 이자를 줄 수 있고, 중앙은행이 보증하기 때문에 은행 부도와 같은 일 때문에 가치를 잃어버릴 일도 없다. 그렇다면 금융 소비자들은 현재 아무 의심 없이 평소 사용하고 있던 디지털 머니인 은행 예금을 버리고 중앙은행 디지털 화폐로 달려갈 가능성이 있는 것이다.

실제 이런 일이 벌어진다면 현재 금융 시스템이 근본적으로 바뀌는 대 전환이 불가피하다. 은행 예금이 빠지면, 은행은 대출도 줄여야 한다. 궁극적으로는 100% 지급준비금을 보유하고, 중앙은행 디지털 화폐만 중계하는 기능으로 은행의 역할이 축소될 수도 있다. 대신 정보기술^{IT} 기업들도 같은 일을 할 수 있기 때문에 은행과 IT 핀테크 기업들 사이에 구분이 사라져 버릴 수 있다. 이미 국내에선 네이버, 카카오, 토스 등이 은행이 되려고 준비 중이다. 중국에선 알리페이, 위챗페이 등 거대 IT 기업의 핀테크 부문이 은행이 할 일을 대체해 나가고 있기도 하다. 중앙은행 디지털 화폐는 이런 추세를 더 빠르게 만들 수 있다.

중앙은행은 디지털 화폐를 발행하는 데 대응해서 자산을 보유해야 하는데, 이를 코로나 위기로 재정 조달에 어려움을 겪고 있는 정부의 국채를 보유하는 데 활용할 수도 있다. 이렇게 되면 재정정책과 통화정책의 역할에 대한 근본적인 변화도 일어날 수 있다.

모든 게 아직은 가정과 이론 속의 얘기지만, 중앙은행 디지털 화폐가 불러올 수 있는 변화는 금융 시스템과 경제 시스템을 근본적으로 바꿀 수 있는 폭발력을 지닌 것이다. 때문에 각국 정부와 중앙은행은 중앙은행 디지털 화폐 도입에 신중했다. 그렇지만 코로나 사태를 겪으면서 디지털화와 비접촉화에 가속도가 붙는 흐름은 거스르기 어렵게 됐다. 디지털 달러, 디지털 위안화, 그리고 디지털 원화가 등장하는 건 시간문제가 됐다.

　그러면서 기존 화폐 이론도 새롭게 검토할 필요가 생기고 있다. 전통적인 화폐 이론은 '경제학의 아버지'로 불리는 경제학자 애덤 스미스Smith의 분업과 물물교환에 바탕을 둔 설명에 기초를 두고 있다. 스미스는 분업이 이뤄진 물물교환 경제에서 생기는 문제를 해결하려는 욕구에서 화폐가 탄생했다고 설명하고 있다. 물물교환을 하려는 두 사람이 교환을 원하는 대상이나 수량이 같지 않거나, 한 사람이 원하는 물건을 다른 사람이 갖고 있지 않으면 물물교환이 이뤄질 수 없다. 그런데 누구나 교환하고자 하는 물건이 있다면, 이런 문제는 해소가 될 것이다. 그런 물건들로 스미스는 원시 시대의 소, 조개껍질, 말린 막대기, 담배, 설탕 등을 들었다. 그리고 무엇보다도 사라지지 않으면서도 잘게 나눌 수 있고 다시 쉽게 합칠 수도 있는 금속을 선호하게 됐다고 봤다. 그리고 그 금속에 도장을 찍어 무게를 표시하게 되면서 화폐가 탄생하게 됐다고 설명했다. 즉, 물물교환에서 교환의 매개물로 화폐가 탄생했다는 것이다. 화폐는 교환을 순조롭게 해주는 매개물이라고 본다. 이는 화폐는 귀금속이나 귀금속으로 바꿀 수 있는 지폐상징물을 뜻한다는 '상품화폐론'으로 발전하게 된다. 화폐는 본질적으로 형태를 띄는 물질이고, 그래서 모아둘 수 있고 이 사람에서 저 사람으로 이전되고 유통될 수 있다는 것이다. 아직도 화폐 가치는 금에 의해 뒷받침 돼야 한다는 금본위제도를 주장하는 사람들도 있다. 상품화폐론에서 화폐는 교환의 매개물이고 교환을 순조롭게 해주는 역할이라, '화폐는 베일(면사포)'에 불과하다고 보게 된다. 화폐는 명목이고 껍데기일 뿐 실질 경제의 움직임에 영향을 미치지 못한다는 생각에까지 이어지는 것이다. 그러다 보니 2008년 글로벌 금융위기처럼 화폐나 신용 과잉에서 출발한 위기 등은 예측하지 못하고 대안도 내지 못하는 단점이 있었다. 더군다나 눈에 보이는 실물 화폐가 점점 사라져 시대에는 뭔가 앙꼬 빠진 찐빵과 같은 느낌을 주는 이론이 돼가고 있다.

'상품화폐론'과 달리 화폐를 애초부터 귀금속과 같은 물질과 분리해서 신용의 한 형태로 봐야 한다는 주장이 오래전부터 있었다. '신용화폐론'이다. 이 같은 이론을 전개한 학자들의 선구자로는 애덤 스미스와 마찬가지로 스코틀랜드 출신 경제학자 헨리 더닝 머클라우드[Macleod]를 든다. 머클라우드는 '악화가 양화를 구축한다'는 그레샴의 법칙이란 용어를 만들기도 한 학자이다. 머클라우드는 경제학이 기초를 다져가던 19세기에 선구적으로 '화폐는 신용이다'라는 주장을 했지만, 오랜 동안 이름 없는 경제학자로 묻혀 있었다. 그런데 2008년 미국에서 신용 버블이 터져 발발한 글로벌 금융위기 이후 '신용화폐론'이 재조명을 받으면서 머클라우드의 이름이 최근 자주 거론되고 있다. 머클라우드는 화폐의 기원을 '부채', 즉 빚에서 찾았다.[136] 세상에는 불균형 교환이 존재할 수밖에 없고, 교환 중에 상품이나 서비스를 덜 받은 사람은 받을 게 남을 수밖에 없다는 것이다. 받을 게 있고, 줄 게 있다는 뜻에서 부채란 개념이 먼저 존재했다는 것이다. 누구나 알 수 있게 부채의 양을 표시하기 위해 누구나 받아들이는 교환 가능한 물질을 사용했는데, 그게 화폐라는 설명이다. 때문에 화폐는 꼭 귀금속일 필요는 없다. 부채의 양을 표시하는 물

....

136 Henry Dunning Macleod(1882).

건이기만 하면 된다. 야프 섬의 돌 화폐도 화폐의 역할을 할 수 있는 것이다. 부채의 양이란 건 빚을 내주는 사람의 입장에서는 신용이다. 머클라우드는 "화폐는 신용의 가장 일반적인 형태에 다름 아니다"라고 했다. 더 나아가서 부채나 신용의 양을 표시하는 게 물건일 필요도 없다. 신용이라는 추상적인 개념이 먼저 있고, 화폐는 단지 그것을 알려주는 표식이라는 것이다.

머클라우드를 시초로 하는 '신용화폐론'은 디지털 머니 시대에 '돈이란 무엇인가'를 이해하는 데 도움을 준다. 디지털 머니 시대에 실물 화폐는 사라져 가고 있다. 디지털 형태는 눈에 보이지 않는 컴퓨터 코드인데, 화면 속 숫자만 보고 가치가 있다고 믿는 것이다. 은행 예금과 같은 은행이 창출한 디지털 머니, IT 기업이 보관하고 있는 비트코인, 이더리움 등과 같은 암호화폐 모두 마찬가지다. 여기에 중앙은행 디지털 화폐까지 나오게 되면 모든 종류의 화폐가 디지털화되는 셈이다.

디지털 머니 시대에 화폐는 어떻게 정의될 것인가. '거래 정보의 기록'이나 '가치 정보의 기록'이라는 개념으로 바뀌게 되지는 않을까. 결국 화폐의 물질적 형태는 사라지고 '정보'만이 남을 것으로 보인다. 나라야나 코철라코타Kocherlakota 전 미국 미니애폴리스 연방준비은행장은 "돈은 기억이다"라는 연구 보고서를 쓰기도 했다.[137] 미국 팝스타 저스틴 팀버레이크Timberlake가 주연한 SF(공상과학) 영화 '인타임'In Time에서 미래 사회는 '시간'이 돈인 사회다. 디지털화된 수명이 팔목에 표시되고, 시간을 돈처럼 쓴다는 설정이다. 디지털로 표시된 돈인 '시간을 이용해 물건을 사고,

---

137 Narayana Kocherlakota(1996)

버스나 택시도 타고, 숙박비도 계산하고, 심지어 도박도 할 수 있다. 그러다 돈인 시간이 '제로(0)'가 되면 숨을 거두기 때문에 남에게서 시간을 뺏기 위한 싸움이 끊이지 않는 사회다. 팔목에 디지털 머니인 '시간'이 표시되는 극단적인 설정은 아니더라도, 디지털 머니 시대에 우리가 접할 수 있는 것은 결국 컴퓨터와 스마트폰 화면의 숫자뿐이다. 어쩌면 스마트워치에 표시되는 디지털화된 시간과 다를 바 없는 숫자이다. 하지만 디지털 머니의 숫자가 다른 디지털 숫자와 다른 것은 '선택 가치choice value'를 준다는 것이다. 선택 가치라는 것은 내가 원하는 상품이나 서비스를 선택해서 얻을 수 있게 해준다는 것이다.

그렇다면 '선택 가치'를 줄 수 있는 디지털 숫자라면 그것이 디지털 달러이건, 디지털 위안화이건, 디지털 원화이건 중요하지 않다. 수많은 디지털 머니의 경쟁 시대에서 살아남을 수 있는 건 이런 가치를 줄 수 있다는 '신뢰'를 주는 화폐이다. 중앙은행 디지털 화폐는 중앙은행이 가치를 보증한다는 점에서 생존 가능성이 매우 높다. 여기에 더해 어느 나라 중앙은행이나 통화 당국이던지 다른 나라에 비해 통화 가치를 안정되게 운용하고, 거래 편리성이나 환전에 걸림돌이 적게 중앙은행 디지털 화폐를 운용한다면 경쟁 우위를 얻을 수 있을 것이다.

페이스북과 같은 거대 IT 기업이나, 네이버, 카카오, 토스 등 국내의 IT 강자들이 중개하는 디지털 머니는 은행이 발행하는 디지털 화폐와 경쟁하게 될 가능성이 높다. 국경이 없는 디지털 세상에서 중앙은행 디지털 화폐보다 편리성을 더 준다면, 가치 안정성이 조금 떨어진다고 해도 결제 수단으로 사용할 수 있기 때문이다. 마지막으로 비트코인, 이더리움과 같은 암호화폐는 중앙은행 디지털 화폐가 줄 수 없는 높은 익명성이라는 이점을 가지고 살아남을 수 있을 것이다.

그러나 어떠한 디지털 머니든지 금융 소비자들에게 가치를 준다는 신뢰를 주지 못한다면 언제든지 퇴출될 가능성을 갖고 있다는 데 유념할 필요가 있다. 그것은 디지털 달러나 디지털 위안화도 마찬가지다. 미국이나 중국이라는 강력한 국가가 뒷받침을 하고 있지만, 디지털 금융 세상에서 신뢰를 잃는다면 디지털 화폐를 도입하려다 금융 시스템에 혼란만 초래하는 초라한 결과를 낳을 수도 있다. '버블 붕괴 이론'을 만든 미국 경제학자 하이먼 민스키Minsky는 "화폐는 누구든 만들 수 있지만, 문제는 그것을 남이 받아들이게 만들 수 있느냐이다Everyone can create money, the problem is to get it accepted"라는 말을 남기기도 했다.[138]

중앙은행 디지털 화폐는 궁극적으로는 '화폐란 도대체 무엇인가'란 질문을 던지는 주제이다. 우리는 미국의 디지털 달러, 중국의 디지털 위안화에서 출발해서 은행시스템의 역할 변화 가능성을 점쳐 보고, 더 나아가 통화 정책이 어떻게 변할지 점검해 봤다. 그리고 디지털 달러와 디지털 위안화의 패권 다툼의 미래도 잠시 고민해봤다. 그리고 나서 중앙은행 디지털 화폐가 가치 저장 수단으로 어떤 역할을 할 수 있을지도 점검해봤다. 자. 이제 코로나 시대에 무대에 등장할 디지털 달러, 디지털 위안화, 그리고 디지털 원화를 어떻게 맞이해야 할지 대응할 수 있는 프레임을 독자들이 갖게 된 셈이다.

이 책을 쓰는 궁극적인 목적은 디지털 달러와 디지털 위안화로 대표되는 중앙은행 디지털 화폐가 글로벌 시장에서 본격적으로 사용되는 경

---

138 Randall Wray(2015).

우 한국은 어떤 영향을 받게 될지, 어떤 방식으로 대처해야 될지 살펴보고자 하는 것이었다. 코로나 시대에 디지털 달러, 디지털 위안화 등이 등장하면서 바뀔 화폐 전쟁의 양상과 그것이 세계 경제와 우리 경제에 줄 다양한 영향을 분석하려는 것이었다. 그렇게 함으로써 우리나라 가계, 기업, 정부가 코로나 시대에 한국 경제와 금융이 나아갈 길을 찾는 데 기여하고자 한다.

'코로나 화폐 전쟁'이 격화됐을 때 이 책을 다시 펼쳐보길 바란다. 그 때 우리 가계, 기업, 정부가 방향을 가늠하고 의사 결정을 내리는 데 도움이 됐으면 좋겠다. 그 정도면 이 책을 쓴 목적은 달성됐다고 할 수 있다.

항상 책을 낼 때마다 관심을 가지고 조언을 해주는 하준경 한양대 교수, 이강국 리쓰메이칸대학 교수께 감사를 드린다. 중국 금융 전문가인 서봉교 동덕여대 교수는 중국의 디지털 국제 금융과 관련해서 많은 인사이트와 도움을 줬다. 변제호 금융위원회 자본시장과장은 초고를 읽고 평소 상당히 관심을 두던 주제라면서 사견임을 전제로 중앙은행 디지털 화폐 발행의 화폐사적 의미에 대해 해설하는 글을 보내왔다. 그리고 이름을 거명할 수는 없으나 책이 나오기까지 많은 도움을 주신 정부와 한국은행 관계자들에게도 감사를 드린다. 물심양면으로 도와준 조선일보 선후배, 동료들에게도 감사를 드린다. 저술 지원대상으로 선정해 이 책이 빛을 보게 해준 관훈클럽정신영기금 관계자들에게도 감사를 드린다. 주말을 이용해 글을 쓸 때 묵묵히 지켜봐 주던 가족들에게 감사를 전한다. 여기에 일일이 이름을 쓰지는 않았지만 도움을 준 모든 분들께 감사를 드린다.

중앙은행 디지털화폐 발행의 화폐사적 의미(변제호)

대부분의 사람들은 중앙은행이 디지털화폐를 발행한다고 하더라도 대수롭지 않은 일이라고 생각할 것이다. 일상에서 지폐와 주화를 사용하는 경우가 드물어진 만큼 우리는 이미 '현금 없는 사회'를 경험하고 있기 때문이다. 물건을 구입하거나 채무를 상환해야 하는 경우에도 지갑을 꺼내는 대신 은행이나 핀테크 기업의 앱을 사용한다. 앞으로 지폐나 주화가 더 이상 발행되지 않더라도 큰 불편이 있을 것이라고는 생각하지 않는다. 세뱃돈이나 경조사비처럼 그나마 현금지급의 예의를 갖춰야 하는 경우에도 이제는 자금이체로 처리해야 한다는 도덕적 생경감 정도를 우려할 뿐이다.

. . . .

139 금융위원회 자본시장과장. 본고는 금융위원회의 견해와는 상관이 없음.

이처럼 현금사용이 현저히 감소했음에도 불구하고, 우리의 의식 속에는 여전히 화폐는 곧 중앙은행이 발행한 지폐와 주화라는 생각이 자리 잡고 있다. 마찬가지로 은행예금은 언제든지 찾아 쓸 수 있도록 은행에 맡겨 놓은 현금이라고 생각한다. 은행대출은 은행이 맡아 놓은 고객의 현금을 대신 빌려주는 것으로 본다. 물건을 구입하고 각종 간편 결제 서비스를 이용하는 경우도 현금지불과 차이가 없다고 느낀다. 이러한 지급수단들을 현금의 대용물 정도라고 여기는 것이다. 오늘날 화폐에 대한 우리의 인식과 태도는 여전히 물리적 형체를 가진 지폐와 주화의 존재를 전제로 하고 있다.

중앙은행이 더 이상 지폐와 주화를 발행하지 않는다면 화폐에 대한 우리의 인식과 태도에는 어떤 변화가 생길까? 현금이 더 이상 존재하지 않게 된다면, '지불 및 수취라는 것이 과연 무엇일까'라는 근본적인 질문을 피할 수 없을 것이다. 더 이상 화폐라는 실체가 없는 경우라면 현금이 이동한 것이라고 가정하고 이해하던 지급거래와 금융거래를 앞으로는 어떻게 이해해야 할까?

이러한 고민이 전혀 새로운 것은 아니다. 사실 오랜 기간 경제학자들이 치열한 논쟁을 거치면서 다루었던 주제이다. 논쟁에서 승리한 측의 주장은 정책으로 실현되었지만, 의도와 달리 실패를 경험하기도 했다. 당연히 새로운 시각으로 화폐를 봐야한다는 주장이 등장하였고 이는 또 다른 논쟁으로 이어지는 계기가 되었다.

이 글에서는 화폐의 본질과 기능을 두고 경제학자들 간 있었던 주요 논쟁을 소개하려고 한다. 주장들은 아직까지 현대 경제학계의 주요 계파들에게 큰 영향을 미치고 있다. 이러한 논쟁을 소개함으로써 중앙은행이 디지털화폐를 발행하는 경우 화폐와 금융을 어떻게 이해할 것인지에 대한 실마리를 찾아보려고 한다.

논쟁 #1. 화폐의 본질에 대한 시각

화폐는 '소재가치를 가진 재화'라고 보는 견해가 오랫동안 정통이론으로 자리 잡아 왔다. 화폐는 자체 가치를 가지고 있기 때문에 다른 사람들과 재화와 용역을 교환하는 데 매개체medium of exchange로 활용될 수 있다는 주장이다. 이러한 주장은 '상품화폐설commodity theory'또는 '금속주의설metalism'이라고 불린다.

이 이론은 인류 경제생활의 발전과 화폐의 등장과정을 배경으로 한다. 인류는 오랜 기간 자급자족의 생활에서 벗어나 잉여물을 교환하는 물물교환의 시대에 진입하게 된다. 하지만 물물교환은 자신이 팔고자 하는 물건을 원하면서 자신이 원하는 물건을 팔고자하는 거래상대방을 찾아야만 하는 불편함이 있었다. 거래당사자간 욕망의 이중적 일치가 있어야만 한다는 것이다. 시간이 흐르면서, 사람들은 누구나 원하고 주위에서 흔히 접할 수 있는 대표적인 상품을 교환 매개체인 화폐로써 활용했다. 팔고자 하는 재화를 일단 상품화폐로 교환하고 이 상품화폐를 활용하여 추후 원하는 재화를 구입하는 간접 교환방식이다. 화폐라는 중간 매개체를 이용하면서 시간과 공간적인 제약을 벗어난 거래는 크게 확대될 수 있었다.

하지만 상품화폐는 가분성, 동질성, 내구성, 휴대성 등 측면에서 문제를 드러내고 말았다. 이를 극복하는 과정에서 사람들은 점차 금속, 특히금·은과 같은 귀금속을 화폐로 사용하게 되었다. 이러한 금속화폐는 처음에는 시장상인들이 자신의 거래편의를 위해 만들어 사용했지만, 금화의 품질와 진성을 보장하는 업무는 점차 국가로 이전되었다고 한다.

화폐를 자체 가치를 가진 교환의 매개체라고 보게 되면, 화폐가 수행하는 거시경제적 기능은 기계적으로 도출된다. 두 가지로 요약해 보면, 화폐는 실물경제의 베일veil에 불과한 중립성을 가지며, 화폐의 공급은 외부에서 통제할 수 있다는 것이다. 화폐는 교환의 매개체에 불과하기 때문에 화폐는 실물의 이동방향과 반대로 이동할 뿐이라고 볼 수 있다. 경제를 움직이는 것은 재화에 대한 수요와 공급일 뿐이며, 재화의 교환에 따라 부수적으로 이동하는 화폐에는 별도로 관심을 두지 않아도 된다는 것이다. 또한, 화폐는 손에 쥘 수 있는 물건이기 때문에 그 물건의 생산을 관리하면 경제 내 화폐총량을 통제할 수 있다고 생각하게 된다. 이를 화폐의 외생성이라고 한다.

이러한 주장들은 우리에게 익숙한 '화폐수량설'에 잘 반영되어 있다. 화폐공급이 늘어나면 실물생산이 증가하는 것이 아니고 단지 물가만 상승하게 된다. 실제 인플레이션이 나타난다면 그것은 무분별한 화폐공급이 원인인 것이다. 따라서, 정부는 화폐증발의 유혹을 이겨내고 원칙과 규율에 따라 통화정책을 운영해야 한다는 유명한 결론이 나온다. 화폐수량설은 과거로부터 현재까지 경제학계의 정통이론으로 자리 잡아 왔고, 일반인의 화폐에 대한 인식도 여기에서 크게 벗어나지 못하고 있다.

물론 정통이론에 대한 의문과 반박이 꾸준히 제기되어 왔다. 상품화폐가 과연 자연발생적으로 등장할 수 있었을까 라는 의문이 그 시작이다. 교환은 거래참가자들의 주관적 가치판단에 따라 이루어지는 것이므로 특정 상품에 대해 모든 사람이 동의하는 교환비율이 성립되기 어렵다는 주장이다. 예를 들어, 옥수수가 화폐로 사용되는 경제에서 옥수수와 사과간 교환비율은 교환참자자와 교환시기에 따라 다를 수밖에 없다. 어떻게 모든 사람이 사과 1개의 가격은 옥수수 200g과 같다는 동일한 결론에 이를 수 있다는 것인가? 단 하나의 재화에 대한 옥수수로 표시된 가격에도 합의를 이루기 힘들 것인데, 모든 재화의 가격을 옥수수로 통일적으로 표시한다는 것이 가능한 것일까?

이들은 화폐의 가장 중요한 기능은 교환매개가 아니라 계산단위^{unit of account}라고 주장한다. 화폐란 결국 가치를 측정하기 위한 표준적인 척도라는 것이다. 원래 가치란 사람들이 가지고 있는 특정 물건에 대한 주관적인 욕망과 선호의 감정을 의미하지만, 경제적인 측면에서 가치는 상대적인 것이다. 경제적으로 관심을 두는 가치는 물건이 교환대상으로서 다른 재화와 비교하여 평가를 받게 되는 경우에만 의미를 가진다. 특정 물건의 경제적 가치는 그 물건과 교환될 수 있는 모든 물건들의 양으로 표현할 수 있다. 그 양을 하나의 수치로 표현한 것이 바로 화폐의 계산단위로서의 기능이다. 구체적으로 어떤 특정 물건과의 교환을 상정하는 것이 아니라 잠재적으로 교환될 수 있는 모든 물건들의 양을 의미한다는 점에서 화폐는 추상적이다. 국가별로 파운드, 달러, 유로, 원 등 자신만의 화폐단위를 사용하고 있는데, 이러한 화폐단위는 바로 계산단위로서의 기능을 수행한다.

이들은 또한 화폐의 교환매개 기능과 계산단위 기능은 분리될 수 있다고 본다. 가치에 대한 추상적인 측정단위라는 개념만 존재한다면, 그러한 가치를 전달하기 위한 매개체는 어떤 물건이라도 무방하다는 것이다. 내재가치를 가지지 않는 종이나 증표도 교환의 매개 기능을 수행할 수 있다고 본다. 이러한 주장은 몇 가지 실례로 뒷받침된다. 금본위시절

금화의 가치는 정부에 의해 고정된 것이지 금의 소재가치와 반드시 일치하지는 않았다. 2002년 유로화가 실제 발행되기 전까지 유로화는 1년 넘게 계산화폐로만 존속한 바가 있다. 화폐의 계산단위 기능은 교환매개 기능과 분리될 뿐 아니라 논리적으로 선행한다고 본다. 화폐가 꼭 내재가치를 가질 필요가 없다는 점에서 이는 '명목주의nominalism' 또는 '증표주의chartalism'라고 불린다.

명목주의는 누가 처음 그 계산단위를 만들어 냈는지를 밝혀야 했다. 거래당사자들의 자발적인 선택에 따라 화폐가 진화해 왔다는 상품화폐설을 부정했던 명목주의는, 화폐의 기원을 사회관습 또는 국가권위에서 찾았다.

부족사회에서 구성원이 남에게 피해를 입혔을 때 복수를 피하고 공동체를 유지하기 위해 만들어 놓았던 인명보상에서 그 기원을 찾는 주장이 있다. 처음에는 사람의 목숨에서 시작하였지만 곧이어 손, 손가락 등 신체 부위별로 보상내용이 정해졌고, 나중에는 각종 소유물로 까지 확산되었다는 것이다. 모든 물건에 가격표가 붙게 되었고 이것이 바로 계산단위로서 화폐가 등장한 과정이라는 것이다.

1905년 크나프Georg Freedrich Knapp의 '국정화폐론state theory of money'이 등장하면서 명목주의는 보다 세련되어 졌다. 국정화폐론은 국가가 법화의 사용을 강제함으로써 화폐가 통용성을 가진다는 주장으로 알려져 있지만, 실제로는 그 이상의 의미를 가지고 있다. 먼저, 화폐는 가치의 측량적 도구로서 '지불의 양이 표현되는 단위'일 뿐이며, 실제로 지불수단으로 사용되는 '가치의 담지자'와는 구분된다고 주장한다. 나아가, 가치표준을 정하고 특정 물질이 지급수단으로서 통용되도록 하는 것은 바로 국가의 권위라고 주장한다. 여기서 국가가 특정 지급수단의 사용을 강제하는 방식은 단순한 법적강제가 아니라 유인부합적 방식이다. 국가가 지급수단을 발행하면서 그 지급수단으로만 조세채무를 이행할 수 있다고 선언하는 순간, 사람들이 그 수단으로만 거래를 하게 됐다는 도전적인 내용을 담고 있다. 국민들은 조세를 납부하기 위해서 국가가 지정한 지급수단을 벌어야 하기 때문에 그 지급수단으로의 거래가 자연스럽게 활성화된다는 것이다. 이렇게 국가가 스스로 채무상환 수단으로 받아들이기만 한다면 그것이 금, 은, 심지어 종이로 만들어져도 무방하다. 이러한 지급수단은 결국 증표token나 티켓ticket에 불과하지만 교환의 매개 기능을 무리 없이 수행할 수 있다.

최근 주목을 받고 있는 현대화폐이론MMT도 국정화폐론을 발전시킨 것이라고 볼 수 있다. 현대화폐이론은 정부부채가 곧 화폐가 된다는 점에 주목했다. 정부는 조세를 통해 자금을 확보해야만 지출할 수 있는 것이 아니라, 정부조세가 존재하는 한 어떤 규모의 정부부채도 감당가능하다고 주장한다. 정부는 파산 걱정 없이 무제한 화폐를 발행140할 수 있다는 주장이 나오게 된다. 정부부채의 한도를 제약하는 요소는 인플레이션 정도를 중요하게 고려할 뿐이다.

논쟁 #2. 18~19세기 금융위기에의 대응

두 번째 논쟁은 18세기 말부터 19세기 중반까지 영국이 경험한 금융

---

140 화폐를 발행하는 중앙은행과 재정의 기능이 분리된 경우에는 정부부채를 중앙은행 화폐로 전환하는 과정이 필요하다. 이는 중앙은행이 정부부채를 인수하고 화폐를 발행하여 정부에 제공하는 방식으로 이루어진다. 이를 '재정의 화폐화'라고 한다.

위기에 대한 대응이라는 보다 실용적인 목적 하에 벌어졌다. 당시 영국은 산업혁명을 거치면서 근대적 산업국가로 성장해 나갔고 산업혁명이 다른 나라로 확대되면서 국제무역도 크게 신장되었다. 실물경제의 발전에 따라 영국의 화폐·통화시스템도 현대화되어 갔다. 은행권을 발행하는 상업은행이 번성했고 1821년에는 세계 최초로 금본위제를 도입한다. 하지만, 국제화가 진전되면서 국내경기의 진폭이 커지고 프랑스 혁명의 여파로 1793~1815년간 전쟁을 겪는 등 정치적 혼란이 찾아오자 영국은 잦은 금융 불안을 겪었다.

1797년 프랑스가 침공해 올 것이라는 소문이 돌자, 영국 정부는 잉글랜드은행의 은행권 금태환을 일시 중지하였다. 금태환 중지에도 불구하고 잉글랜드은행과 지방은행[141]이 은행권 발행을 지속하자 은행권 가치와 환시세는 크게 하락했고 금 가격은 등귀했다. 경제가 혼란한 가운데 1804년에는 공황이 찾아오자, 1810년 하원에는 '지금위원회[Bullion Committee]'가 설치되었다. 사태의 원인과 대책을 논의하는 과정에서 '지금론자[bullionist]'와 '반지금론자[anti-bullionist]'간 의견대립이 발생하였다. 지금론자는 문제의 원인을 무분별한 은행권 남발에서 찾았다. 이들은 당시 금화와 함께 화폐로 사용되고 있던 은행권은 잉글랜드은행이 보유한 금괴[bullion]의 양에 의해 제한되어야 한다고 제안하였다. 반면, 반지금론자는 은행권은 우량어음을 할인하는 과정에서 발행된 것이므로 은행권 과잉 발행은 애초에 있을 수 없다고 반박했다. 1810년 8월 지금위원회는 지금론자의 의견을 채택하여 은행권 발행을 제한해야 한다는 보고서[Bullion

---

141 당시에는 지방은행[country banks]도 은행권을 발행할 수 있었으며 통상 잉글랜드은행권으로 태환되었다.

report를 의회에 제출하였다. 하지만, 전쟁 수행과정에서 경기침체가 가속화될 것을 우려한 하원은 보고서 채택을 거부한다.

이후, 잉글랜드은행의 은행권 발행은 계속 늘어난다. 1814~16년간 수많은 지방은행이 파산하고 지방은행권 발행이 줄어들자 은행권과 금의 가격은 오히려 안정을 되찾았다. 이를 계기로 1821년 잉글랜드은행은 금태환을 재개한다.

1815년부터 1830년대 말까지는 영국이 장기간 디플레이션을 겪었던 시기였다. 1821년 금태환 재개 이후 1825년, 1836년, 1839년에 심각한 경제공황이 발생하여 수많은 은행이 파산했다. 잉글랜드은행 역시 금보유량이 급격하게 감소하여 파산상태로 내몰리기도 했다. 이를 계기로 잉글랜드은행 운영에 결함이 있다는 인식이 확산되었고 1840년 하원에는 '발권은행특별위원회Select Committee on Banks of Issue'가 구성되었다. 이 위원회에서 또 다시 첨예한 의견대립이 발생했는데, 바로 '통화주의Currency School'와 '은행주의Banking School'간 논쟁이었다.

이번 논쟁은 지금 논쟁의 연장선이었다. 통화주의는 은행권 남발이 물가상승의 원인이었으므로 발권기능을 잉글랜드은행으로 일원화하고 잉글랜드은행의 발권은 잉글랜드은행의 금보유량에 따라 제한되어야 한다고 주장했다. 은행주의는 발권은행의 은행권 발행은 화폐수요에 따른 수동적 반응일 뿐이며, 은행권 발행 증가는 물가상승의 결과이지 물가상승의 원인이 아니라고 반박하였다. 설사 은행권의 과잉발행이 있더라도 결국 그 사용목적을 달성한 이후에는 다시 은행으로 환수될 것이라고 봐서 큰 문제가 아니라고 주장하였다.

특별위원회에서는 통화주의 주장을 채택했다. 1810년 지금주의 논쟁 때와 마찬가지로 금 보유량에 따라 화폐발행을 엄격히 제한해야 한다는 측이 승리를 거두었다. 이번에는 1844년 당시 총리였던 필^{Robert Peel}의 이름을 딴 '필 은행법'[142]이라는 형태로 실제정책에 반영되었다. 이 법에서는 지방은행 등 다른 은행의 은행권 발행을 금지하고 잉글랜드은행만이 은행권을 발행할 수 있도록 하였다. 또한, 잉글랜드은행의 은행권 발행을 엄격하게 제한하기 위해 잉글랜드은행을 '발권부^{Issue Department}'와 '은행부^{Banking Department}'의 두 부서로 분리하기로 하였다. 이전에 잉글랜드은행이 보유하고 있던 증권과 금(금화와 금지금)을 모두 발권부로 이전하고, 발권부는 그 보유량의 한도내에서만 은행권을 발행하도록 하였다. 은행부는 발권부에서 발행한 은행권을 기반으로 예금수입과 상업어음 할인 등 상업적 기능을 수행했다.

1844년 필 은행법은 머지않아 한계를 드러냈다. 영국은 1847년, 1857년, 1866년 또 다시 금융위기를 겪었음에도 불구하고 잉글랜드은행은 화폐공급 확대를 통해 대응할 수 없었다. 극한 상황에 이르러 정부가 필 은행법의 적용을 중지하고 나서야 은행권 발행을 확대할 수 있었다. 잉글랜드은행의 대출이 확대되자 금융시장의 공포는 순식간에 사라졌다.[143] 앞에서 설명한 금속주의와 명목주의간 논쟁에서와 달리, 통화주의와 은행주의는 모두 자체적인 소재가치를 가지지 않은 화폐의 존재

---

142 이 법의 정식명칭은 'An Act to regulate the Issue of Bank Notes, and for giving to the Bank of England certain Privileges for a limited Period'이다.
143 이 당시 경험은 추후 베그홋^{Walter Bagehot}이 중앙은행의 최종대부자 기능을 주장하게 되는 배경이 되었다. 베그홋은 필 은행법 제정이후 세 차례 금융위기 과정에서 통화학파의 해법이 한계를 노출했다고 보았다. 잉글랜드은행의 어정쩡한 유동성 공급이 화폐시장을 안정시키기는커녕 부작용만 일으켰다고 보았다. 그는 1873년 저서 『롬바드 스트리트^{Lombard Street}』에서 금융위기 상황에서 잉글랜드은행은 높은 금리수준에서 우량채권을 가진 금융기관에 대해 충분히 대출을 지원해야 한다고 주장하였다.

를 인정한다. 다만, 통화주의는 금과 연계되어 있지 않은 화폐의 발행은 인플레이션 등 경제와 금융에서의 불안을 초래하기 때문에 은행권은 발권은행의 금보유량과 일대일의 대응관계를 유지하는 선에서만 발행되어야 함을 주장하였다. 하지만, 현실에서는 은행권 발행 없이도 수표발행[144]과 환어음 할인을 통해 지급이 이루어졌기 때문에 통화주의의 대응은 빈틈을 가질 수밖에 없었다. 반면, 은행주의는 현실적으로 금과 직접 연계되지 않는 화폐가 존재함을 인정하여 통화주의의 대안이 실효성이 없다는 점을 지적하면서도 이러한 화폐는 실물경제적 수요에 의해 발생한 것이므로 애초부터 제한이 필요 없었다고 주장하였다.

논쟁 #3. 신용화폐의 등장

경제규모가 확대되고 화폐·금융제도가 발달함에 따라 거래에 쓰이는 지급수단은 다양해져 갔다. 상품화폐설이나 금속화폐설에서는 받아들이기 힘든 지폐나 은행예금의 사용이 확산되었다. 1971년에는 달러의 금태환이 공식 종료되었고 금과의 어떤 연계도 없는 불환지폐가 일반화되자 화폐는 내재가치를 가진 물질이라는 이념은 더욱 설 자리를 잃었다.

정통이론 입장에서는 화폐의 진화라는 개념으로 이러한 현상을 자신의 이론 틀에 반영하였다. 화폐경제는 '물품화폐'와 '상품화폐'의 단계를 거쳐 '명목화폐'의 단계로 점차 발전해 나간다는 주장이다. 화폐가 내재가치를 가진 물질이라는 껍데기를 벗어버리고 탈물질화 되었다고 본다.

....

144 은행의 예금자가 수표를 발행하여 제3자에게 지급하고 그 제3자가 은행에 수표를 제출하여 금을 인출하는 경우 은행권의 반환없이 금만 유출되기 때문에 금과 은행권의 일대일 대응관계는 유지될 수 없게 된다. 환어음을 할인하는 경우에도 유사한 상황이 발생한다.

용어 측면에서도, 화폐 보다 포괄적인 의미를 가진 '통화currency'를 사용하게 되었다. 이러한 화폐의 진화론은 인류경제의 발전단계를 '자연경제' '화폐경제' '신용경제'로 분류한 힐데브란트Bruno Hildebrand의 주장과 궤를 같이 한다. 명목화폐는 금은세공인Goldsmiths이 귀금속을 예탁 받으면서 발행한 예탁증서와 같은 것이라고 본다. 하지만 이러한 명목화폐도 예탁자가 언제든지 반환을 요구하면 귀금속을 반환해야 한다는 물질적 화폐관화폐로 사용되는 신용의 양이 사전에 정해진 것이 아니라 경제활동의 결과로 사후적으로 결정된다는 점에서 화폐의 내생성을 보여주는 것이라고 하겠다.

화폐논쟁을 거치는 과정에서, 화폐가 애초부터 어떤 물질이라기보다는 경제주체들간 '신용credit'에 불과하다라는 주장이 꾸준히 제기되어 왔다. 화폐란 결국 경제 내에 있는 누군가의 부채라는 것이다. 내가 타인에 대해 가지고 있는 채권을 나의 채무를 상환하는데 사용할 수 있는데, 이 때 그 채권이 바로 화폐로 기능한다는 것이다. 화폐가 물질에서 신용으로 진화한 것이 아니라 화폐는 애초부터 물질이라는 외피가 필요 없었다는 주장이다.

이러한 신용화폐이론은 아직까지 정통이론 만큼 체계성과 포괄성을 갖추고 있지는 않다. 자신들의 주장을 입증하는 방법으로도 역사적, 고고학적 방법보다는 사고실험을 통한 논리적 방법을 주로 사용했다. 신용은 눈에 보이지 않기 때문에 옛날 동전에 상응하는 신용에 대한 역사적 사료를 찾기가 힘들 것이기 때문일 것이다.

인류의 생활에서 부채가 발생했다면, 그 부채는 어떤 양으로 표현·기록될 수밖에 없다. 이처럼 부채를 표시하는 양의 단위가 바로 계산단위로서의 화폐이며, 부채의 발생은 곧 화폐의 등장을 의미하는 것이다. 화폐는 경제주체들간 부채를 기록하는 장치로 기능한다. 나아가, 경제주체 간 복잡하게 엮인 채권-채무관계는 채권과 채무간 상쇄과정을 통해 종료될 수 있다. 청산에 해당하는 기능으로서 상계[145]라는 법적 개념에 해당한다. 이처럼 채권이 채무의 상환에 쓰임으로써 기록으로서의 화폐가 지급수단의 기능을 수행하게 된다.

하나의 가상적 사례를 들어보자. 세 사람이 A → B → C → A 식으로 순환적인 채권-채무관계를 가지고 있다고 해 보자. 그 채권과 채무의 양이 동일하다면, 모든 채권과 채무는 상쇄시킬 수 있다. A는 B에 대한 자신의 채권을 가지고 C에 대한 자신의 채무를 상환하는 식이다.

역사적으로 신용을 광범위하게 화폐로 사용하기 까지 여러 제도적 요인을 극복해야 했다. 먼저, 채권은 채무자의 동의없이 자유롭게 양도될 수 있어야 한다. 화폐로서의 신용이 이전될 때마다 채무자의 동의를 받는 번거로운 절차를 거쳐야 한다면, 부채는 화폐로서 사용될 수 없다. 로마시대에는 채권과 채무를 인적 결합으로 보았기 때문에 채권이 제3자에게 양도될 경우에는 채무는 소멸한다고 보았고, 그 법리는 오랫동안 영국에도 남아있었다. 하지만, 상거래가 활발해짐에 따라 부채의 이전 필요성이 커졌다. 또한, 채무자가 바뀌는 것은 채무자의 신용도가 달라져 채권자가 수용하기 곤란하지만, 채권자가 바뀌는 채권의 양도의 경우에는 채무자의 경제적 부담이 증가하는 것은 아니라는 인식이 확산되었다. 영국에서는 18세기가 되어 채권은 채무자의 동의가 없어도 양도할

---

145 다수의 채권자와 채무자간 상계를 '다자간 상계'라고 한다.

수 있는 법적 기반이 확립되었다.

또 다른 문제는 채무자의 상환능력이 천차만별이기 때문에 지급을 위해 양도하려는 채권을 과연 상대방이 수용할 것이냐 였다. 매 지급시 마다 채무자의 상환능력을 일일이 평가해야 한다면 그 수고는 민간에서 스스로 주조한 금화의 품질을 거래에 앞서 매번 평가해야 하는 것과 마찬가지일 것이다. 이 문제는 서로를 잘 알고 있는 사람들 간 제한된 범위 내에서만 신용화폐를 사용함으로써 해결했다. 품성, 자질과 능력을 서로 잘 알고 있는 사람들의 채무이기에 별도의 신용평가를 생략할 수 있었다. 환어음은 바로 상인네트워크에 한정되어 활용된 신용화폐였다. 상인 네트워크 밖에 있는 최종 소비자는 자신이 발행한 환어음을 판매상에게 지급을 할 수는 없었다.

화폐의 사용공간이 제한되어 있다면, 화폐의 효용성 역시 제한될 수밖에 없다. 상업은행의 등장은 이러한 제약을 극복하는데 아주 효과적이었다. 환어음은 상인 네트워크 내에서 유통되는 것이지만, 만기 이전에 상업은행을 통해 화폐로 교환할 수도 있었다.[146] 이를 '어음할인 discount'이라고 하는데, 은행은 어음할인의 대가로 자신의 신용증서인 은행권을 발행하거나 예금 잔고를 증가시켜 주었다. 은행예금은 수표를 통해 제3자에게 지급수단으로 사용될 수 있었다. 상업신용은 어음할인을 통해 상인네트워크를 넘어서는 수용성을 가지게 되었다.

은행신용 역시 수용성을 높이기 위한 노력이 지속되었다. 먼저, 은행

. . . .
146 은행은 실물거래에 기반한 진성어음real bill의 경우에는 어음에 상응하는 재화가 존재하는 것이므로 채무불이행 위험이 크지 않다고 인식했다.

간 채권-채무를 정리하기 위한 청산소clearing house147가 설립되었다. 청산소를 통해 은행간 채권-채무가 1대1 액면가치대로 교환됨에 따라 은행신용은 은행간 신용도 차이에 상관없이 널리 사용될 수 있었다. 청산소는 회원제로 운영되었으며 회원의 적격성에 대한 심사와 회원에 대한 긴급유동성 지원 기능도 수행하였다. 또한, 상업은행이 중앙은행과 거래를 하게 됨에 따라 은행신용의 수용성은 한층 강화되었다. 중앙은행은 상업은행이 할인한 어음을 재할인하거나 상업은행에게 대출하는 방식으로 상업은행과의 거래를 확대해 왔다. 상업은행이 중앙은행 신용을 확보할 수 있는 창구가 생김에 따라 은행신용은 중앙은행 신용과 유사한 수준으로 신뢰를 높일 수 있었다.

이처럼 화폐경제에서 신용화폐는 발행자의 신용도에 따른 계층적 성격을 띈다. 피라미드처럼 그 정점에는 가장 수용성이 높은 중앙은행 신용이 자리 잡고 있고, 그 밑에는 은행신용, 그리고 맨 밑에는 상업신용 등 다양한 사적신용이 자리를 차지하고 있다. 각 계층의 신용화폐는 상위계층의 신용화폐와 활발하게 거래하면서 신뢰성을 높이려고 노력한다. 이런 피라미드는 경기와 금융상황에 따라 커졌다 작아졌다를 반복한다. 사람들의 경제활동을 뒷받침하기 위해 신용은 증가하기도 하고 감소하기도 하는 것이다. 신용은 양도성과 수용성을 바탕으로 경제활동의 뒷받침하는 화폐의 기능을 수행하고 있는 것이다. 화폐로 사용되는 신

....

147 A은행의 고객인 a가 B은행의 고객인 b에게 화폐를 전달해야 하는 경우, A은행과 B은행은 먼저 자신의 고객인 a와 b에게 자금을 받거나 지급하고 나중에 A은행이 B은행에 결제를 하는 방식을 채택한다. 하지만 이러한 거래는 하루 중에도 수 없이 발생할 것이므로 A은행과 B은행은 매 건마다 결제하는 대신 하루 중 주고받을 것을 쌓아 놓았다가 한꺼번에 상쇄시키고 나머지만 결제하는 방식을 채택한다. 이 경우 은행간 주고받을 금액을 상쇄하여 순수하게 결제가 필요한 금액을 산정하는 역할을 청산소가 담당한다. 우리의 경우 금융결제원이 청산소 역할을 한다.

용의 양이 사전에 정해진 것이 아니라 경제활동의 결과로 사후적으로 결정된다는 점에서 화폐의 내생성을 보여주는 것이라고 하겠다.

논쟁 #4. 은행의 신용창조 과정에 대한 시각

현대는 신용화폐의 시대라는 점에 대해 공감대가 이루어진 듯하다. 하지만, 화폐생산과 유통의 근본원리에 대한 인식에는 여전히 차이가 있다. 특히, 통화중 가장 높은 사용비중을 차지하는 은행예금의 생성원리와 거시적 기능에 대해서는 아직 합의가 이루어지지 않았다. 이는 은행이 과연 여느 금융기관과 다른 특수한 것이냐 라는 문제와 관련되어 있다.

은행의 정의를 다시 살펴보자. 일반적으로 은행은 고객으로부터 예금을 받아 대출하는 중개기관이라고 알려져 있다. 예금이 고객으로부터 은행에 유입되고 은행이 이를 대출로 연결시키는 물리적 흐름을 가정한 것이다. 은행의 중개기능은 흑자주체의 자금이 기업생산과 투자로 흘러들어가도록 하여 경제전반의 효율성을 높이게 된다.

이러한 전통이론은 우리에게 익숙한 통화승수^{multiplier} 모델을 전제로 한다. 중앙은행이 지폐를 1억원을 추가 발행한다고 해 보자. 이 지폐를 가진 사람은 장롱 속에 넣어두기 보다는 지급결제의 편의나 이자수입을 얻기 위해 은행에 예금을 하게 된다. 은행은 이 예금 중 지급준비율에 해당하는 부분을 중앙은행에 적립하고 나머지를 대출한다. 차입자가 대출받은 자금을 지출하면 그 거래상대방의 예금이 증가하게 된다. 은행은 추가적인 예금에 대해 이전과 마찬가지로 지급준비금을 제외하고 대출에 활용하게 된다. 이러한 과정은 지급준비금이 애초에 처음 유입된 예금과 같아질 때 까지 계속된다. 지급준비율이 10%라고 할 경우 총 10억 원의 예금이 창출된다. 은행예금은 곧 민간경제에서 화폐로 사용될 수 있으므로 통화가 총 10억원 늘어났다고 볼 수 있다. 처음 1억원의 지폐 발행이 총 10억원의 통화를 창출한 만큼 통화승수가 10배라고 할 수 있다. 이 이론에 따르면, 처음에 중앙은행이 발행한 지폐가 통화창출에 있어 주도적인 역할을 하게 된다.

이에 대한 반론이 존재한다. 은행은 예금을 받아 대출하는 것이 아니라, 대출을 통해 예금을 창출한다는 주장이다. 정통이론과 달리 예금과 대출간 인과관계를 반대로 보는 것이다. 실제로 은행은 대출을 실행하기 전에 예금이 얼마나 들어왔는지 또는 금고 속에 현금이 얼마나 남아 있는지를 확인하지 않는다. 은행은 단지 차입자의 예금 잔고를 늘려주고 대출을 자산으로 기재한다. 차입자가 대출을 받은 것은 누군가에게 화폐를 지불해야 하기 때문이었을 것이므로 그는 예금을 다른 사람의 계좌로 이체해 줄 것을 요구할 것이다. 지급대상자가 같은 은행에 계좌를 가지고 있다면 은행이 계좌 대체로 간단히 처리할 수 있다. 다른 은행에 계좌를 가지고 있었다면 청산clearing과 결제settlement라는 추가적인 절차를 거쳐야 한다. 지급대상자의 계좌가 어디에 있든지 대출을 통해 창출된 화폐량은 동일하다. 은행이 중앙은행 화폐의 추가적인 공급 없이 스스로 대출을 통해 화폐를 창조한 것이다. 이러한 차원에서 은행예금은 은행이 고객에게 지고 있는 부채를 단순히 기록한 장부라고 할 수 있다. 은행이 허공에서 신용을 창출해 낸 것이다.

이 과정에서 지급준비금은 은행의 화폐창출에 제약이 되지 않는다. 현대의 통화정책은 중앙은행이 스스로 설정한 정책금리 수준에서 화폐시장의 금리가 움직이도록 관리하는 방식으로 이루어진다. 만약 은행의 화폐수요가 갑자기 확대될 경우 화폐시장의 금리는 정책금리 수준 이상으로 상승하게 된다. 이 경우 중앙은행은 화폐시장의 금리를 정책금리 수준에서 안정시키기 위해 은행수요가 안정될 때까지 자금을 빌려주어야 한다. 이러한 금리중심의 통화정책은 곧 중앙은행이 은행의 화폐수요를 언제나 충족시켜야 한다는 것을 의미한다. 은행은 화폐가 필요한 만큼 언제나 중앙은행으로부터 빌릴 수 있으므로 지급준비금 마련을 위해 굳이 대출규모를 줄일 필요가 없다. 결국, 은행의 지급준비금은 은행의 화폐창출 규모에 영향을 미칠 수 없다.

그렇다고 해서 은행이 적극적으로 신용규모를 결정한다고 보기는 어렵다. 은행이 대출을 하기 위해서는 먼저 대출수요가 존재해야 한다. 민간의 대출수요는 이자율에 영향을 받기 때문에 은행의 화폐창출 규모에 영향을 미치는 것은 이자율이라고 할 수 있다.

이러한 은행의 화폐창출 모델이 작동할 수 있는 것은 사람들이 은행예금을 신뢰하여 지급수단으로 광범위하게 받아들이기 때문이다. 차입자가 은행예금을 지폐로 인출하여 사용한다면 은행의 화폐창출은 이루어질 수 없다. 하지만, 실제로 대부분의 사람들은 위기시가 아니라면 은행예금을 굳이 지폐로 인출하여 사용하지는 않을 것이다. 따라서 대출과정에서 창출된 예금은 그 대출이 상환되기 전까지 화폐로서의 기능을 수행한다.

상호저축은행, 새마을금고 및 신협도 은행과 마찬가지로 예금수입과 대출업무를 동시에 취급한다. 이들은 제한적인 범위이긴 하지만 수표발행 등 고객에 대한 지급결제 서비스도 제공한다. 하지만, 이들 금융기관의 예금은 은행예금 만큼의 수용성을 가질 수 없다. 따라서 이들 금융기관의 화폐창출 기능은 제한적일 수밖에 없다. 이들 금융기관의 대출은 대부분 고객으로부터 수입한 예금을 대출하는 것에 불과하다.

은행의 화폐창출에 관한 새로운 모델은 오래전부터 학계에서 지적되어 왔지만 주목을 받지는 못했다. 하지만, 최근 잉글랜드은행과 독일의 중앙은행인 분데스방크는 공식적으로 새로운 이론의 정당성을 인정했다. 2014년 잉글랜드은행은 '현대경제하에서 화폐창조Money Creation in the Modern economy'라는 보고서를 내고 정통이론은 은행기능에 대한 오해에 기반하고 있다고 비판하였다. 2017년 분데스방크는 '화폐창출 과정에서 은행, 비은행과 중앙은행의 역할The role of banks, non-banks and the central bank in the money creation process'라는 보고서를 통해 잉글랜드은행의 분석에 대해 지지 입장을 밝혔다.

두 모델은 모두 은행의 신용창출 기능을 인정하고 있다. 하지만, 두 이론은 은행신용이 수용성을 얻게 되는 방식에서 차이가 있다. 정통이론은 은행신용이 중앙은행 신용으로 교환될 수 있기 때문에 수용성을 가진다고 본 것이다. 지급준비금은 은행신용을 중앙은행 신용으로 교환하려는 수요를 충족시킬 수 있는 은행예금의 환금성을 나타낸다. 은행이 충분한 지급준비금을 보유하고 있으면 은행신용은 현금과 유사한 신뢰를 가질 수 있다는 것이다. 금본위제에서 은행권이 금과 태환될 수 있기 때문에 신뢰를 받는다는 것과 유사하다.

반면, 새로운 이론은 은행신용은 중앙은행 신용과의 교환을 전제로 하지 않은 채 그 자체로서의 신뢰를 바탕으로 수용성을 얻게 된다는 점을 강조한다. 중앙은행 화폐와의 직접적인 교환이 전제되어 있지 않지만 다른 사람들이 은행예금을 화폐로 받아들이기 때문에 은행예금을 화폐로서 사용한다는 것이다.

화폐로 사용되는 신용이 일반적인 부채와 동일한 방식으로 채무자의 상환을 전제로 할 필요는 없다. 중앙은행 신용 역시 중앙은행의 부채이다. 중앙은행은 지폐를 발행하는 순간 자신의 대차대조표에 화폐발행량 만큼을 부채로 기재한다.[148] 하지만, 중앙은행은 부채의 상환을 요구하는 자신의 채권자에게 다른 권종의 지폐를 지급하는 것 이외에 부채를 상환할 수 있는 방법은 없다.[149] 그럼에도 불구하고 사람들은 상환 받지 못할 중앙은행의 부채를 안정성 측면에서 가장 선호하는 이유는 무엇일까? 그 이유는 다른 사람들이 가장 선호하는 화폐이기 때문이다. 중앙은행 신용으로 지급하는 경우 누구나 이를 거부하고 다른 화폐의 지급을 요구하지는 않을 것이다.[150] 중앙은행 신용에 대한 신뢰는 중앙은행의 상환능력에 좌우되는 것은 아니다. 중앙은행이 자신의 신용을 유지하기 위해 역점을 두어야 할 것은 파산위험을 줄이는 것이 아니라 물가를 안정적으로 관리하는 것이다. 급격한 인플레이션하에서는 누구나 중앙은행 신용으로 지급 받기를 거부할 것이기 때문이다. 화폐의 구매력 유지가 중앙은행의 신용을 유지하기 위한 가장 중요하다.

논쟁 #5. 중앙은행 디지털화폐 발행의 의의

화폐의 본질과 기능에 대해 화폐사에 존재했던 여러 논쟁을 소개했

....

148 중앙은행이 지폐를 발행하는 경우는 은행에게 빌려주거나 국채 등 채권을 시장에서 구입하고 그 대가로 지불하는 경우이다. 이 경우 부채로서 지폐가 증가하고 동일 규모의 자산(은행대여금, 국채 등)이 기재된다.
149 다만, 중앙은행과 상시적으로 거래를 하는 은행의 경우에는 중앙은행 신용을 통해 중앙은행에 대한 채무를 상환할 수는 있다.
150 중앙은행 화폐는 법에 의해 강제통용력이 부과되는 법화이기 때문에 법에 의할 경우 중앙은행 화폐를 거부할 수는 없다.

다. 시기별로 당시의 경제·금융상황과 금융·화폐제도 발전수준을 반영하여 세부적인 쟁점과 논거에 차이가 있었다. 하지만, 각 시기의 논쟁은 화폐가 물건이냐 또는 신용이냐 라는 근본적 관점의 차이에서 비롯되었다고 요약할 수 있다. 화폐를 물건으로 본 측에서는 화폐는 자체 가치를 가졌거나 다른 가치 있는 것과의 교환이 보장된 것이라고 주장한다. 반면, 신용화폐론은 다른 사람들이 받아들이려고 하는 부채가 바로 화폐라고 주장한다. 그들은 실제 화폐로 사용되는 신용은 수용성 측면에서 많은 차이가 있는데, 낮은 수용성을 가진 신용은 높은 신용과의 지속적인 거래관계를 유지함으로써 수용성을 높일 수 있다고 보았다. 전자가 물권적 성질을 가졌다면 후자는 채권적 성질을 가졌다고 볼 수 있다. 전자가 담보대출과 비슷하다면 후자는 신용대출과 유사하다.

아직까지 경제학계에서 정통이론으로 인정받고 있는 것은 화폐가 물건이라는 주장이다. 일반인 또한 정통이론에 친숙하다. 사람은 추상적이고 무형보다는, 구체적인 유형의 것을 쉽게 이해하기 때문일 것이다.

이번에는 기존 역사적 논쟁을 통해 파악된 양측의 논거를 바탕으로 중앙은행 디지털화폐의 발행을 두고 벌어질 수 있는 논쟁을 예상해 본다.

화폐를 물건이라고 보는 이론은 그 동안 화폐기술의 변화에 맞춰 꾸준히 이론적 개편을 거쳤다는 점을 감안해 보면 중앙은행의 디지털화폐 발행을 계기로 다시 한 번 이론의 보완이 진행될 것 같다. 그들은 중앙은행의 디지털화폐는 결국 중앙은행의 보유자산에 의해 가치가 보장되는 것이라는 점을 강조할 듯하다. 일반적으로 중앙은행의 자산은 대對은행여신과 국채 및 외환준비금으로 구성된다. 대對은행여신은 중앙은행 신용보다 신용도가 낮아 중앙은행의 자산운용이라고 볼 수 있어 이를 제외한다면, 중앙은행 디지털화폐는 중앙은행이 보유한 국채와 외환준비금을 통해 가치가 보장되는 것이라고 주장할 것이다.[151] 그러면서 중앙은행의 디지털화폐는 수천년간 이루어진 인류의 화폐적 진화가 비로소 완성된 것이라고 선언할 것이다.

반면, 신용화폐론자들은 화폐가 진정한 모습을 찾게 된 것이라면서 자신의 승리를 자축할 듯하다. 인류는 신용에 불과한 화폐를 상품, 금속, 지폐 등의 다양한 기록장치를 통해 표현해 왔지만 이제는 이러한 외형에서 완전히 탈피하게 되었다고 할 것이다. 중앙은행의 디지털화폐 발행은 인간의 기억에서 출발한 신용이 전자적 장치에 의해 기록되는 역사적 사건으로 평가할 것이다. 나아가, 화폐를 신용이론으로 해석했듯이 금융과 거시경제 전반을 신용의 시각에서 바라볼 수 있는 보다 포괄적인 경제이론체계의 구축도 추진될 것이다.[152]

양측은 역사적 경로를 달리했지만 결론은 상당히 유사해졌다. 과연, 중앙은행의 디지털화폐 발행은 양측의 공동우승을 선언하면서 오랜 기간 논쟁을 마무리하는 계기가 될까? 불행인지 다행인지, 그렇지 않을 것 같다. 오히려 앞으로 양측의 논쟁은 더욱 치열하게 전개될 수밖에 없을 것이다. 중앙은행 디지털화폐는 고도로 발달된 전자기술을 바탕으로 하기 때문에 그 동안 이론적으로만 논의되었던 정책대안을 실제 실행할 수 있게 될 것이다. 아울러, 그러한 정책대안의 실행을 전제로 중앙은행

---

151 페이스북에서 준비중인 리브라는 주요국의 통화와 미국채 등을 담보자산으로 보유함으로써 리브라의 가치를 보장하려고 한다. 가치보장 메커니즘이 불명확하긴 하지만 화폐를 물건으로 보는 시각을 채택한 것임에는 틀림없다.
152 실제 현대화폐이론에서는 화폐 분야뿐 아니라 재정, 고용, 인플레이션 등 다양한 분야로 자신들의 이론을 확장시키고 있다.

디지털화폐 시스템 구조가 설계되어야 한다는 주장도 있을 것이다. 중앙은행 디지털화폐 시스템의 구축와 운영을 둘러싸고 앞으로 벌어질 논쟁에서는 당연히 이전 쟁점이 다시 부각될 뿐 아니라 새로운 쟁점도 수 없이 제기될 것이다.

현재 은행들은 중앙은행에 계좌를 개설하여 거래하고 있기 때문에 중앙은행 디지털화폐 발행은 일반기업 및 개인들이 중앙은행에 직접 계좌를 가진다는 점에서 실질적 의미가 있다. 이를 전제로 앞으로 발생할 수 있는 논쟁을 예시로 몇 가지 제시해 본다.

현대 금융시스템은 은행의 무분별한 신용확대로 인해 주기적으로 위기에 노출될 수밖에 없기 때문에 은행의 신용창출을 제한해야 한다는 주장이 꾸준히 제기되어 왔다.[153] 개인들이 중앙은행과 거래하게 되고 은행예금보다 중앙은행 예금을 선호[154]한다면 은행의 신용창출 기능은 크게 제약될 것이다. 이 경우 은행은 대출을 통해 신용을 창조할 수 없게 되고 예금을 받아 대출하는 기능만을 수행하게 될 것이다. 이 경우 신용과잉에 따른 위기가능성이 줄게 될 것이지만, 경제활동에 필요한 신용이 적기에 공급되지 못하여 경기위축시 문제가 심각해 질 것이다. 과거 금본위제하에서 나타났던 것과 동일한 문제다.

하지만 중앙은행이 경제주체들과 직접적인 접점을 갖는 것은 통화정책의 유효성 측면에서 긍정적이다. 현대의 통화정책은 은행을 통해 경제주체들에게 간접적으로 영향을 미치는 방식이므로 은행이 어떻게 행동

---

153 100% 지급준비제도와 내로뱅킹 도입 주장 등이 이에 해당한다. 심지어 금본위제도로 복귀해야 한다는 주장도 있는데 은행의 신용창출을 제한해야 한다는 점에서 동일한 취지이다.
154 개인들이 은행예금과 중앙은행예금 중 어느 것을 선호할 것인지는 양자간 안정성, 수익성, 편리성 차이에 의해 결정될 것이다.

하느냐에 따라 통화정책의 효과가 달라지는 한계가 있었다. 가령, 중앙은행이 저금리를 유지하더라도 은행이 자신의 리스크를 우려하여 대출 확대를 주저하거나 대출금리를 낮추지 않을 경우 확장적 통화정책의 효과는 제한될 수밖에 없다. 하지만, 중앙은행은 디지털화폐 체계에서는 통화정책을 민간 경제주체들에게 직접 전달하는 경로를 보유함에 따라 그 효과를 높일 수 있게 된다.

디지털화폐 체계에서 중앙은행은 자신에 대한 민간예금의 이자율을 조정하는 방식으로 통화정책을 수행할 수 있다. 지폐와 주화 체제에서는 상상할 수 없었던 방식이다. 경기가 위축되어 민간지출의 확대가 필요한 경우 중앙은행 예금에 대해 마이너스(-) 금리를 부과할 수 있다. 시간이 지날수록 예금잔액이 줄어들기 때문에 소비지출을 확대하는 효과가 있다.[155] 반대로 경기가 과열일 경우에는 높은 금리를 제공함으로써 과열을 진정시킬 수 있을 것이다. 제3의 대안으로 물가수준에 연동하여 중립적으로 금리를 결정·적용하는 방법도 있을 것이다. 이 경우에는 화폐의 실질가치가 안정될 수 있기 때문에 계산단위로서의 화폐 기능을 보다 정확하게 수행할 수 있게 된다.

하지만, 이러한 상황에서 중앙은행이 과연 민간 경제주체들의 손익으로 귀속되는 금리수준을 결정하는데 순수한 통화정책적 고려만 감안할 수 있을까? 가뜩이나 경제가 어려운 시기에 그 나마 서민들의 예금을 줄어들게 하는 마이너스 금리정책이 실제 실행될 수 있을까? 중앙은행이

....

[155] 중앙은행 디지털화폐 발행에도 불구하고 기존 지폐와 주화체제를 병행하는 경우 마이너스 금리부과에 따른 지출유도 효과는 줄어들 수밖에 없다. 중앙은행 예금 대신 현금 보유를 통해 마이너스 금리를 회피할 수 있기 때문이다.

정부로 부터의 독립에 이어 대중적 압력으로부터의 독립을 새롭게 요구할 수도 있을 것이다.

중앙은행 디지털화폐 도입에 따라 발생할 수 있는 몇 가지 문제만을 생각해 보았는데도 만만치 않다. 결국은 앞으로 치열한 논쟁을 거쳐 해법을 찾아야 할 것이다. 이것이 우리가 완수해야 할 시대적 사명이 아닌가 싶다.

코로나 화폐전쟁

초판 인쇄 2020년 12월 24일
초판 발행 2020년 12월 31일

지은이 방현철
펴낸이 김승욱
편 집 김승욱 심재헌
디자인 김선미
마케팅 백윤진 이지민
홍 보 김희숙 김상만 이소정 이미희 함유지 김현지 박지원
제 작 강신은 김동욱 임현식
펴낸곳 이콘출판(주)
출판등록 2003년 3월 12일 제406-2003-059호
주 소 413-120 경기도 파주시 회동길 455-3
전 화 031-8071-8677
팩 스 031-8071-8672
전자우편 book@econbook.com

ISBN 979-11-89318-21-5 03320

이 책은 관훈클럽정신영기금의 도움을 받아 저술 출판되었습니다.

이 도서의 국립중앙도서관 출판예정도서목록(CIP)은 서지정보유통지원시스템 홈페이지
(http://seoji.nl.go.kr)와 국가자료공동목록시스템(http://www.nl.go.kr/kolisnet)에서
이용하실수 있습니다. (CIP제어번호: CIP2020053844)